로제타 홀 일기

6

Diary of Rosetta S. Hall 1895.1.18~1900.5.23

에디스 마가렛 홀 육아일기
Journal of Edith Margaret Hall

로제타 홀 일기

6

Diary of Rosetta S. Hall
1895.1.18-1900.5.23

예디스 마가렛 홀 육아일기
Journal of Edith Margaret Hall

로제타 홀

김현수 · 문선희 옮김 | 양화진문화원 편

차례

일러두기

- 로제타 홀은 총 여섯 권의 일기를 남겼다. 네 권은 선교일기, 두 권은 육아일기다.
  《로제타 홀 일기 6》은 육아일기 두 번째 권이자 《로제타 홀 일기》의 마지막 권이다.
  (로제타 홀이 한국에 오기까지 그리고 한국에서 선교 사역을 감당해 나간 내용을 담은 선교일기는
  《로제타 홀 일기 1-4》로 출간되었다.)
- 본서는 내용적으로 크게 세 부분으로 구분된다. 에디스 마가렛 홀의 출생과
  미국생활(1895.1.18-1897.10.18), 한국에 다시 온 때부터 사망할 때까지(1897.10.23-1898.5.23),
  그리고 에디스 사망 이후(1898.5.25-1900.5.23).
- 본서의 1부는 일기 원본 사진으로 구성하였고, 2부는 원본의 영문을 한글로 번역한 것이다.
- 2부에서 한글로 번역된 내용을 원본에서 찾아보기 쉽도록, 해당 한글 번역 부분에 원본 일기의
  쪽수를 기입해 놓았다.
- 로제타 홀은 일기 중간 중간에 사진이나 문서, 편지들을 스크랩했다. 스크랩에 대한 설명글은
  2부 본문에서 해당 내용이 나오는 부분에 실었으며 ⬦으로 표시해 놓았다.
- 로제타 홀은 일기 내용을 보완할 필요가 있을 때 그 날짜에 해당하는 일기 페이지의 여백에 주로
  세로 글씨로 추가 기록했는데, 이에 대한 번역은 { } 안에 넣었으며 책 뒤의 주에서 설명했다.
- 옮긴이가 추가한 내용은 [ ] 안에 표기했다.
- 책에 나오는 주는 옮긴이가 달았으며, 성경구절 번역본은 개역개정판 성경을 사용했다.
- 본문에 나오는 연도와 날짜에는 원문과 다르게 색을 넣어 구별되도록 했다.
- 로제타 홀은 일기의 첫 부분에 날짜, 인용 성경구절, 인용 시를 쓰고 그날 있었던 일들을 기록했는데,
  원문은 그 요소들의 행갈이가 일정하지 않아 우리말 번역문에서는 가독성을 고려해 일률적으로
  행을 띄워 정리했다.
- 본서에 나오는 사진은 남기용 사진작가가 찍었으며, 모든 사진의 저작권은 양화진문화원에 있다.

1부
영인본

Journal of Edith Margaret Hall
1895.1.18-1900.5.23

EDITH MARGARET
HALL's DIARY KEPT
BY HER MOTHER, ROSETTA
SHERWOOD HALL. EDITH WAS
BORN JANUARY 18 1895 IN
LIBERTY NY IN SAME HOUSE AS HER BROTHER

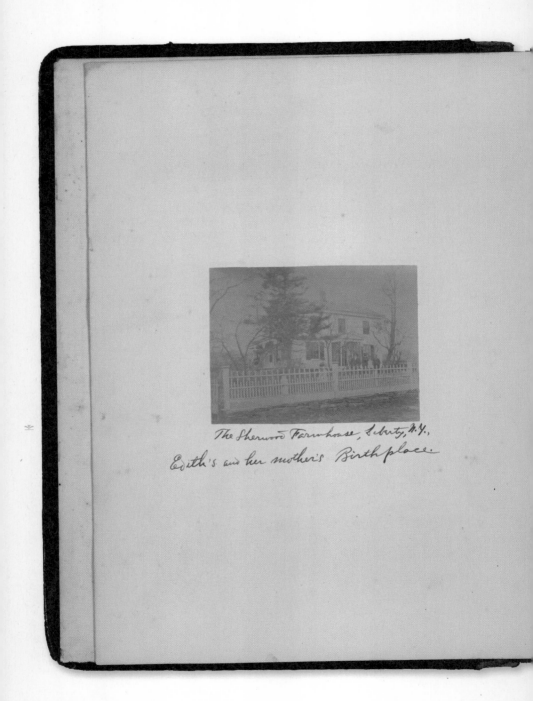

The Sherwood Farmhouse, Liberty, N.Y.,
Edith's and her mother's Birthplace.

Thou art the Helper of the
fatherless.   Psalms 10, 14.

Ere last year's moon had left the sky,
　A birdling sought my mournful rest
And folded, oh so lovingly!
　Her tiny wings upon my breast.

From morn till evening's purple tinge,
　In winsome helplessness she lies;
Two rose leaves with their silken fringe
　Shut softly on her starry eyes.

This beautiful, mysterious thing,
　This seeming visitant from heaven
This bird with the immortal wing,
　To me - to me, thy hand is given.
　　　　　　　　　　　　"Fanny Forester"

　　Friday, Jan. 18, 1875.
　　　　　　　　At seven o'clock
this morning, a precious little baby-girl
was laid in mama's arms. Her name
is Edith Margaret Hall, a name chosen
long ago in Korea by her papa and mama,
the "Margaret" because it is papa's dear
mother's name, and "Edith" was a favorite
name with both papa and mama.   Little
Edith Margaret weighs seven and one-half
pounds in her "birthday dress". Aunt Esther washed
and dressed her, she was very good, crying

but very little, and not at all after being
nursed. My! but she is a little smacker,
when she nurses, from the very first she
did just as the Koreans do when they
want to show they like what they are
eating. Edith Margaret seems like a
real strong baby — she can lift her head right
up now. She is better looking than
her brother when he was a little baby, but that
is not saying she is pretty by any means. She
has round blue eyes that stare with wonder
at the strange things now about her,
she has a sweet little rosebud of a mouth and
prettily shaped ears. Her nose is rather large and
a bit "stuck up" at present and her forehead is
low, and she has not much hair on the top
of her head, however, these things will no
doubt all straighten out in time, and my little
daughter will grow up a good-looking girl —
"But handsome is who handsome does"
  When heart is filled with grace
  And pleasant words are lovelier far
    Than many a pretty face,"
  When Sherwood came in he looked
surprised to see a little baby in mama's
arms, but he seemed pleased, and laid
his head lovingly against mama's, and
then gently patted sister's little head, and kissed
her. I am sure he will love his baby
sister more and more as the days and

years go by, and what a dear brother
he will be to little Edith Margaret.
Poor babe, she never saw her father,
his eyes closed in death before her eyes even
opened in life. Dear papa, how much
he would liked to have seen his own little
daughter, — how much he would have
loved her, — rather how much he does
love her, for he knew she was coming, and
remembered her when he was almost too sick
to think or to talk, and he asked about
her, and smiled and seemed pleased when
mama said she thought she was going to
be a strong baby. "Love is the one indestructable
element in the universe", so our little
daughter may be assured she has dear papa's
love, though she can not have him until
"the tabernacle of God is with men, and he
will dwell with them, and they shall be
His people, and God himself shall be with
them, and be their God. And God shall
wipe away all tears from their eyes;
and there shall be no more death, nor
crying, neither shall there be any more
pain. Rev. XXI 3, 4.

  Little Edith first opened her blue eyes in
the home where her mamma was born. see picture In
her papa's favorite chapter (Isa 43) there is one
verse that reads "Fear not; for I am with thee; I
will bring thy seed from the east and gather

thee from the west." And it seems strange
to note that Sherwood was born in Korea
in the "Far East" while his little sister
not fifteen months later was born ten
thousand miles away in Liberty, New York.

Leave thy fatherless children, I
will preserve them alive, and let thy
widows trust in me. Jer. 49:11.

Just a little baby, lying in my arms —
Would that I could keep you with your baby charms,
Helpless, clinging fingers; bonny brown hair;
Where the sunshine lingers, caught from otherwhere;
Blue eyes asking questions, lips that cannot speak,
Roly-poly shoulders, dimple in your cheek;
Dainty little blossom, in a world of woe,
Thus I fain would keep you, for I love you so.
— Louisa Chandler Moulton

Monday, Feb. 18, 1895
Dear little Edith Margaret
is one month old to-day. "One month old,
eat and sleep, — Precious little human heap."
She has been a good girl, and has gained
2½ lbs, so she now weighs 10 lbs, and is 23 in.
long. A bit of her "bonny brown" hair is fastened to this
page. Poor little Edith, she has to wear her
brother's baby clothes altogether, mama did not
make her one thing for her very own self. How-
ever Aunt Maggie Sherwood knit her a pretty pair of
baby socks, and Cousin Kelt also sent her a pair;
and Mrs. Reynolds of Korea gave mama a little package
"to be opened after arriving home", and this also proved to be
a pair of dainty white socks for little Edith Margaret. Also
on the good steam ship "China" on the way to

(this hair)

to America Miss Laura J. Barton, a missionary upon her way home from China, knit her a pretty light blue cap. Cousin Emma Young sent a handsome carriage-blanket white on one side and blue on the other with a border crocheted of white. Aunt Maggie also sent some of little cousin Fannie's baby clothes, so altogether little Edith has a good supply — many of brother Sherwood's things had not been worn at all or but a very little.

Last Friday was the first that Mamma went away and left baby Edith — she went to see Prof. Abrams about Aunt Esther going to school — the Prof. has a little boy named Horace who was born on the 18th of Jan. last year, so he is just one year older than Mamma's little girl. He runs alone. Edith got on so nicely without her mama, she went again the next day and took Aunt Esther as the Prof. wanted to see her. Grandma took good care of her little granddaughter, and fed her some cat-nip tea.

Mama got a nice letter from Aunt Lillie Hall, Grandpa and Grandma Hall send their love to their new grand-child.

All the accomplishments that little Edith Margaret can boast of as yet are to eat and sleep and smile. She is a good little girl sleeping most of the time and crying but little so far — she sleeps so well at night, only waking once to nurse. So far mamma has had enough milk of her own for her wee daughter.

Monday, March 18, 1895.
In Thee the fatherless findeth mercy. Ps. 68.5.
These severe afflictions
Not from the ground arise
But oftentimes celestial benedictions
Assume this dark disguise. — Longfellow.

To-day mamma's little girl is two
months old, and weighs 11 lbs, she is 24 in.
long and her head 14¾ in. in circumference. She
looks much larger than last month, and she
smiles and coos and almost laughs outloud, and
is beginning to talk "baby talk" already.

Little Edith had an attack of dysentery the
first part of the month that lasted about a
week — she suffered much pain, and cried very
hard at times, but had only one bad night. It happened
to be the first week that Aunt Esther went to school
and mamma got very tired working over her dear little
sick baby so much, her back has not got rested yet; but
little Edith is quite well and strong again and that is so
good, mamma is very thankful. I suppose having had
the dysentery, and then growing an inch longer
is the reason that she only weighs one pound more
than last month when she looks so much larger.

Grandma Sherwood loves little Edith very much
and likes to take care of her a little most every day;
she kisses her and talks baby talk with her, and
they get on very happily together. Edith has also
sat upon Grandpa's knee two or three times and

was a good girl.

Mamma saw a pretty picture one morning that she would liked to have had photographed. Dear Grandma had little Edith on one knee and a great big Maltese cat on the other, while Grandpa sat close by holding Sherwood, and little dog Frisskie was trying to climb up.

Thursday, Apr. 18, 1895.
The Lord relieveth the fatherless and widow.
Psa. 146:7.

"How many pounds does baby weigh?
Baby who came three months ago?
How many pounds, from the growing crown
To the rosy joint of the restless toe?"
Only twelve and one-half pounds, but there

"Nobody weighed the baby's smile,
Or the love that came with the helpless one;
No index tells the mighty — worth
Of a little baby's quiet breath.

Nobody weighed the baby's soul,
For here on earth no weights there be
That could avail; God only knows
Its value in eternity."

Again little Edith Margaret has been quite sick with dysentery, for a whole week when she was ten weeks old — mamma used the

same treatment as before – washing out the bowl
with a little warm water i.e. (about ʒii with Listerine ℥v) and
this quickly relieved the straining and pain and the
frequent movements; then she ate only Horlick's food alone
leaving out the cow's milk, and had mama's milk only at
night. Mama had to wean her baby girl from her milk in
the day time, because mama did not grow stronger but
felt so tired every day. Edith was able to eat well and to
retain her food after the first day, and did not
suffer much, so in spite of the dysentery she gained
one and one half pounds. Her head now measures 15½ in.
and she is 25 in. long.

    On Apr. 10th baby Edith really laughed aloud heartily
like Sherwood began to do when he was six months old. She
likes to play with her baby fingers and begins to notice
a tin rattle her mamma bought for her the other day, but
though she will grasp it in her tiny hand she soon drops
it. She is fond of company and likes someone to play with her.

    She seems real well and strong now, sleeps
well at night – sometimes all night long, and seldom
wakens more than once. In the morning she will
lie for an hour often, cooing and laughing, kicking and
stretching, as happy as a baby can be. She doesn't
like to be washed though, especially the dressing part –
she is often good through the bathing, but when it comes
to putting on her clothes she most always cries hard
like a naughty baby. Grandma sometimes makes her
a "sugar-teat" of cracker and Horlick's food, and that often
comforts her, but not always.

    Though mamma stopped nursing Edith through the

day soon after her two months birthday, and only nurses her when she goes to sleep at night and once when she wakes up — yet mamma doesn't get rested, and her back aches so, that she has decided that she better not nurse baby Edith any more at all, and probably to-morrow will be the last time — mamma is so sorry, for Edith enjoys it so, and mamma did want to nurse her through the summer so much.

Edith had her little hood and cloak on for the first time to-day and had a short walk out doors. She took a nice long sleep afterwards.

Aunt Alice Gray wrote mamma a nice letter recently in which she said Grandma Hall was pleased with Edith Margaret's name.

Saturday, May 18, 1895.

The Father Himself loveth you. Jno. 16. 27.

Hush, my dear, lie still and slumber;
　Holy angels guard thy bed;
Heavenly blessings without number,
　Gently falling on thy head.
Sleep my babe, thy food and raiment,
　House and home, thy friends provide;
All without thy care, or payment,
　All thy wants are well supplied.

Edith Margaret is 4 mos. old now, and weighs

14 pounds, — more than Sherwood did when
he was 5 mos. old, and was getting short
dresses made ready to start for Pryon Jays. Baby
Edith is yet in long clothes, and Mamma wishes
to keep ...

Cradle hymn, by Dr. Watts

Hush, my dear, lie still and slumber;
  Holy angels guard thy bed;
Heavenly blessings without number,
  Gently falling on thy head.

Sleep, my babe, thy food and raiment,
  House and home, thy friends provide;
All without thy care, or payment,
  All thy wants are well supplied.

Soft and easy is thy cradle
  Coarse and hard thy Savior lay
When his birthplace was a stable
  And his softest bed was hay,

Lo, He slumbered in a manger
  Where the horned oxen fed!
Peace, my darling, here's no danger
  There's no oxen near thy bed.

She has been real well this month, and
pretty good — often sleeps all night without
awaking.* She goes out doors every nice day,

Eugene Field.

Tuesday, June 18, 1895.

For now we see through a glass,
darkly. — I Cor. XIII. 12.

" 'Who'd be a mother- bird, worried all day?
Fledglings are so absurd, always at play'
I'd be a mother bird; ah, who would not?
'Worried' is not the word, 'tis a sweet lot.
Think when her wings are spread over her nest!
Think when each little head leans to her breast!
Though then no song will come, not a note's heard,
'Tis but for joy she's dumb, glad mother- bird."

During these four weeks that have just gone
by baby Edith Margaret has been just one of the
best of little girls. She eats, and sleeps so well,
and she awakes so happy every morning and coos,
and laughs and plays a long time. She has laughed
out loud now heartily all the month every time Aunt Esther
tries to make her, and she loves to watch her brother
at play, he will amuse her a long time some days. Edith
is so strong, she can almost lift herself straight up
to a sitting posture, and she can sit alone quite a few
moments. She enjoys new things to play with — gets
tired of the old ones. Mamma gave her a rubber doll that
use to be brother's, that she likes quite well, also a
new rattle with a lot of little bells on. She begins to
like to put things in her little mouth pretty well.
One day mamma took baby and Sherwood

and uncle YouSanie, and went to Liberty and
spent the day at Mrs. Sarles. Edith was such a
good baby — never cried there once — they thought
her the best baby they had ever seen.

Mamma took baby Edith to the artist's to
get her picture taken; she was very happy
when she went, but was suddenly taken with
pangs of hunger after getting there, and mamma
wanted the artist to wait till uncle YouSanie made
the food for her, and she had eaten, but the artist per-
sisted in taking it at once between the cries, and
the result is not satisfactory to mamma, she
hopes she can get it done better soon.

Little Leslie Sarles quite fell
in love with baby Edith, he
told his mother he thought
she was the nicest baby he
ever saw, and he didn't see
why they couldn't keep her there
all the time, that Edith's mam-
ma didn't need two babies.

Edith Margaret weighs 15 lbs
now, her head measures 16⅛ in. (41c.m.)
and she is 26 in. long. So she
is larger than brother was at
the same age, though somehow
it doesn't seem as if she were.

Edith Margaret Hall, 4½ mos.

She is very sunny hearted and sweet tempered
as a rule, and we all love her so much.

Thursday, July 18, 1895.

A merry heart doeth good like
medicine. Prov. 17, 22.

" It gives to beauty half its power
The matchless charm worth all the rest
The light that dances o'er the face
And speaks of sunshine in the breast.
If beauty ne'er have set her seal
It well supplies her absence too
And any cheek looks passing fair
Whene'er a sunny heart shines through.

Edith Margaret's six month's birthday finds
her at Uncle Frank's in Northville, N.Y.
She left Liberty on the 10th with her
mamma and brother & Mr. & Mrs. Park and
spent two days in N.Y. city, went one after-
noon to Central Park and enjoyed a nice car-
riage ride. She was a good baby girl, and
made but little trouble all the way to
Uncle Frank's. She lived on Horlick's mal-
ted milk, but the next day after getting
settled in Uncle Frank's comfortable home
mamma began giving her cows milk again,
seemed so nice there and agreed with broth-
all right, but before 36 hrs had passed by she
was again taken with dysentery, so mamma
stopped the milk at once, and treated her

as she had before, and she got all over it in
three days, but when she was weighed
she had lost a half pound, though she
has gained an inch in length.

Just a little while before leaving Liberty
Mamma took baby Edith to another artist's and
had her picture taken again, and she was as
happy and good; though the artist was a long time
about it, she kept so merry; and mamma is
pleased with the result, though she had bad

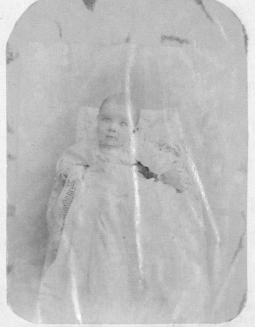

Edith Margaret Hall 5½ mos.

luck in getting one of the pictures off the
card and mounted in Edith's journal.

Three weeks ago, upon the 2nd anniversary
of mamma's wedding day dear Grandpa left us
for his heavenly home — just the day before
he kissed little Edith for the last time,
and now he is with dear papa. Poor
Grandma is so lonely without him, and so
are we all — even brother misses him — we
ask him where Grandpa is and he will go and
look in the bed; then he will come out and
point to his empty chair; but both he and
his baby sister will no doubt forget him.

Edith has enjoyed her visit at Uncle
Frank's, both he and Aunt Kit and cousins
Walt & Clare are so kind — and Uncle
Frank takes us all out riding every eve-
ning, then Edith is undressed and goes
to bed and sleeps so well.

In another week we shall be on our
way to Grandpa and Grandma Hall's who
are eagerly waiting to see their little Korean
grandchildren. Mamma trusts we shall
all get there safely, and keep well. It
will be rather trying to see all the dear
people and visit the places that papa loved
so well without him, but no doubt he
will be near us in spirit, and the God he
served so faithfully will give us grace.

Sunday, Aug. 18, 1895.

Whether we live we live unto the Lord;
and whether we die we die unto the Lord; whether
we live therefore, or die, we are the Lord's. Rom 14:8

Lord, give me grace, that I may be
Thine with such soul sincerity,
That, wheresoe'er my steps may move,
My first, last thought may be Thy love.

This day finds baby Edith Margaret — at her
Grandpa and Grandma Hall's in Glen Buell, Canada.
It was quite a hard day's journey here, we
left Uncle Frank's at 6 a.m. and did not reach
Grandpa's till 11 p.m. July 24 but Edith stood it very
well, and was a good little girl. She was
sleeping when she got to Grandpa's, but in
in the morning she got a warm welcome
from all, and especially from dear Grandma.

Many people came to see little Edith and her
brother and her mamma — over 100 during the first
two weeks. Most of people think baby Edith re-
sembles her papa's people. Her eyes are much
like her uncle John's, and I notice in Grandpa
Hall's family of those that I have seen of his brothers
and sisters Uncle James Hall, and Aunt Sarah Percival
have similar eyes, though Grandpa Hall and Papa did
not.

For a while Edith was quite well, and seemed to be gaining again after her attack of dysentery at Uncle Frank's, but after she began taking about her usual quantity of cows milk she was again taken sick, and is just now nicely getting over it. She, however, has lost a pound and now weighs but 14 lb.

Baby Edith Margaret has made a few visits with her mamma and grandma, and among them, she went to see her Great Grandfather Bolton at New Dublin. He is 90 yrs old and looks real well yet, but has been in bed over a year with a broken hip. Poor Grandpa, he is so patient. He was so pleased to see his great-grandchildren that came so far to see him; their dear papa was a favor with him, he use to sing, and read & pray with him. The Boltons are a long-lived family — mama traced them back through the help of Grandfather and Aunt Sarah to George Bolton a United Loyal who was born in Ireland, and there married Nancy Bick. They early emigrated to Canada. Upon their way in the United States, a boy baby was born to them who received name of William. He had a sister Alice who married a Mr Currie and lived to a great age. His brother Abram Bolton cut down a tree when he was 100 yrs old, and he lived to be 103. They were 7 boys altogether, and but the one girl. George Bolton is buried at Lynn, and a large basswood tree has grown over his grave since that time. The son William married Martha Elliott, she was of Dutch descent and was born in Vermont July 3, 1777. To them were born Sarah, Rebecca, John, Benjamine, Nancy & Wm. Jno. Bolton at the age of 28 married Alice Colborne aged 23. To them were born six girls and three boys in the following order: Thomas (Grandma Hall) Benjamin, Martha, Henry, Sarah, Susan, Jane Ca... William John... Uncle Henry, Aunt Sarah & Uncle Will...

are unmarried and are yet home with Grandpa Bolton on the old homestead. The Grandma was Sarah Kin 1830. Grandfather Grandmother Rhoda Elliott Bolton died, lived with the son John until March of 1879 when she died aged 102 yrs. Papa remembers this dear old grandmother very well. She use to tell about driving off cattle from a cattle field when she was 12 yrs old.

Though Edith has not gained in weight,
but rather has lost, yet she is quite strong
and has gotten so that she can sit
alone nicely during the last month,
and she can hold her bottle with six
ounces of food in right up straight in
her two tiny hands — she looks so cunning,
she is such a doll-like little creature — and
her feet and hands are so little, and her legs
so thin. Yet she does not look sickly or puny,
she goes out of doors so much that she is tanned a
little, and her lips and cheeks are rosy, and
she is a healthy looking baby, only small for her age.
She talks a lot of baby-talk, and begins
to say "goi goi goi" like Sherwood use to say so
much after he first came to America — Joe and
Grandma use to say he said "golly golly golly" and
whenever, they wanted him to say it they
would start him off on that word: so Aunt
Esther, does the same to Edith, of course Aunt Esther
doesn't know that isn't a nice word, and the
other day when mamma wasn't here, the Rev.
& Mrs. Perley of Lynn, called, and Aunt
Esther was showing the baby off to them,
and she told little Edith to say "golly, golly, golly"
Of course the good minister and his wife were
quite shocked, and Mrs. Perley said "why
you must not teach her to say such words" — but
Aunt Esther doesn't know yet, what was the matter
with it. (Unto the pure all things are pure)

Wednesday Sept. 18, 1895.

But now, O Lord, Thou art our
father; we are the clay, and Thou our
potter; and we all are the work of thy hand.
Isa 64. 8.

" In slumber sweet my baby lies,
My bonny babe, my treasure!
Closed, for a time her laughing eyes
To every earthly pleasure;
While Dreamland visions bright appear,
And Dreamland's music charms her ear.

Backward her little head inclines
That when she shall awaken,
The light that in her blue eyes shines
Straight from the skies be taken;
Slowly she'll come to earth once more
Sailing from Dreamland's wondrous shore.

This day finds baby Edith at Cous
Polly Crary's in the city of Binghamton, N. Y. but
she will leave to-day for Cous. Seth Bonney
in the city of Scranton, Pa.
When she left Canada two weeks ago
Grandma Hall gave her a beautiful delicate blu
cashmere dress to make up for her next summer,
and Aunt Alice Gray gave her material and lace
for some pretty white aprons. The dear frien

in Canada were all very kind to us
and we wished that we might stay
longer with them, but Uncle Charley was
anxious we should visit them as soon as
possible on account of dear cousin Lena who
is not likely to live long, and then mama
wants to get Aunt Esther in the Nursery & Childs
Hospital in N.Y. city before Oct. 1st. We
will hope to go back to Canada some day
when Edith is big enough girl to know more
about it, and in the mean time we shall
hope that some of the dear friends from that
"Land of the Maple Leaf" will come to see us.

Baby Edith has been quite well now
since her last birthday, and has gained
the pound she lost, & she weighs 15 lbs
just the same as when she left Liberty.
No. 1 shoes are yet too large for her dear tiny
little feet, but she is growing fast now every
day, and perhaps before we get home Grandma
Sherwood will think her baby-girl has grown
some after all. She uses Condensed milk while we are traveling.

Mama's birthday will be to-morrow. She
will be just 30 yrs old, and she was in hopes
she might spend that day with her mother
but will not be able to-now.

Mama's baby-girl has not changed much during
these last two months, but as she is in short clothes
she looks some different. Her sweet little picture taken
in the group on the next page gives a very good idea of baby Edith now.

At N.Y. city, Sept. 27, '95.

Friday, Oct. 18, 1895.

For I know whom I have believed, and
I am persuaded that He is able to keep
that which I have committed unto Him
against that day. — II Tim. 1.12.

"May life to you, my baby dear,
    Be full of love and pleasure,
And earnest work, that gives us here
    A foretaste of the treasure
Which you, God grant, in Heaven may store
    To deck your crown for ever more."

    Baby Edith Margaret is nine months
old to-day, she is 29 inches long, and
weighs 20 lbs! Isn't that good,— has
gained 5 lbs since she left Canada.
    This day finds her home at Grandma
Sherwood's who sometimes claims her for
her little girl, and says she "is not Rosetta's
baby at all", and so mama ran away
for a week and wasn't even home on this
months birthday. She attended the Annual
meeting of the N.Y. Branch of the W. F. M. S.
which met in Brooklyn, Oct. 16 — 18 th.
She was very kindly entertained by Mrs. Jno. Troslow
on Brooklyn Ave, and afterwards called on some
good friends of papa's Dr. Caldwell & Mrs. Parker on
Henry street, and staid over Sunday with Mr &
Mrs. Clayton on Bleecker st. N.Y. city. All the

friends were anxious to know about
dear little Edith and her brother. They
were both real good while mama was
gone, were not sick, and uncle Tom-
Sanie took care of them all right. Mama
saw dear Aunt Esther who has taken care
of little Edith so much; she is quite well,
she assists the head nurse in the baby's
ward of the hospital where there are 47 little
babies. She also is studying Latin, arithmetic
and physics, and says she thinks Latin
is easier than English. She hopes to be able
to enter the Woman's Medical College of Pa. next
year, and when she graduates she will go back
to Korea as a Medical Missionary, and
mama believes she will do great good among
her people. If mama never goes back
to Korea herself, she will feel she is yet
accomplishing some work there through
helping Aunt Esther & Uncle Tom Sanie.

Edith doesn't creep yet, but she gets down
in position for it now without crying (like she did at
first whenever she found herself on her hands & knees)
and she will likely creep in another week
or so. Her first new pearl appeared Oct.,
and now she has two lower incisors.

She begins to know where her shoes and
stockings and clothes belong, and tries to help
put them on sometimes. Also begins to play

"peek-a-boo" with mama's handkerchief, and to try to comb her hair.   Her no. 1 shoes have gotten too small at last, and mama has laid them away for her to see when she gets a big girl — they are so cunning, they look just about right for a doll — mama got them in Brockville, Canada. Then the three tiny pairs of black wool stockings, with their pink & blue & old gold silk toes & heels *that came from Cali* have to be put away too, and larger ones that mama got in N.Y. city, when she was down, put on; and so mama's baby girl grows and grows, and before mama knows it she will be a baby no longer.

"   This is only a little girl;
     But how does she grow? Does any one know?
With her hair of gold and her teeth of pearl,
     From a baby so wee she will grow to be
A maiden as fair as a blooming rose;
     But no one can say, as day follows day,
How a blade of grass or a little girl grows."

Monday, Nov. 18, 1895.

Behold thou art fair my love, yea pleasant.

Solomon's Song 1. 16

"I am glad my darling is with me to-day
Her smile is so bright and her heart is so gay;
She fills all the house with her innocent glee,
She loves her "mama" – that's sufficient for me.

She cannot yet walk, though her feet are so fair,
They are fit for an angel or Cupid to wear;
She cannot yet talk, though her innocent prattle
Is sweeter and truer than most people's tattle.

She wakes in the morning as pure and so bright
As a sunbeam sent forth from the fountains of light;
And her infantile voice hums a sweet little song
That tells of her happiness all the day long."

Miss Edith Margaret is now ten months
old – has gained another pound in weight
and another inch in length, and her
head is 17½ inches in circumf. She is practic
the same size as Sherwood was at the same
age, but she has only two teeth, while he had six,
She however has learned to creep better than he
did at ten months – she can creep away
from the sitting room through grandma's bed roo
into the dining-room – she uses her knees and
not her feet as Sherwood use to, and those dear little
dimpled knees get so red, and almost blistered.

Wednesday, Dec. 18, 1895.

Glory to God in the highest, and on earth
Peace, good will to man. — St. Luke ii. 14.

" Hang up the baby's stocking.
    Be sure you don't forget.
The dear, little, dimpled darling
    Has never seen Christmas yet.

Ah, what a tiny stocking!
    It doesn't take much to hold
Such little toes as baby's
    Safe from the frost and cold.

But then, for the baby's Christmas,
    It will never do at all
For Santa Claus wouldn't be looking
    For anything half so small.

I know what we will do for baby;
    I've thought of a first-rate plan:
I'll borrow a stocking of grandma —
    The longest that ever I can.

And I will hang it close by brother's
    Right here in the corner, — so;
And write a letter for baby,
    And fasten it on the toe.

'Old Santa Claus, this is a stocking
Hung up for our baby dear;
You never have seen our darling;
She has not been with us a year.

But she is a beautiful baby!
And now, before you go,
Please cram this stocking with presents,
From the top of it down to the toe.'"

Another month has rolled about with
its changes, and now the month that
the Christ-child came in is here, and in
a few days baby Edith will receive her first
Christmas presents. Uncle Frank has sent
a Christmas-box to Sherwood and Edith con-
taining a number of nice toys that
cousins Velt and Clare want mamma's
babies to have. For Edith there is a
nice picture book of muslin "the A B C of an-
imals, and a nice box of blocks. Then
mamma has redressed her rag-doll which
she has not had to play with for a couple of
months now, so it will be quite as good
as new, and mamma can just imagine
how she will hug it and pat it bye-bye.
Dear aunt Maggie remembered baby Edith too,
and crocheted her a pretty blue ball trimmed with
yellow, and aunt Emma will send her a new

gingham dress which Cousin Eva has worked
prettily with brown.   So Mamma thinks
Grandma's stocking will be none too large to
hold all these nice things for her darling

Edith Margaret has not gained any in
weight during the last month — she has
been creeping or much, and on Dec 1st already
she began to climb up by chairs, and walk
about by them and the lounge, and the doors,
she is very active, and only takes one nap
through the day, and sometimes that is not
very long.   She weighs 21 lbs, is 30 in. long
and her head measures 18 in. in circumf. She
seems to grow even if she don't weigh any more,
and she is now wearing the same winter dresses
and aprons that brother wore all last winter, and
they don't seem too large for her. She is outgrowing
her stockings again, and her No. 2 shoes, and
mamma will soon put on her the pair of no. 4's
which were the first brother outgrew, he wore
them until we reached Grandpa's last winter
when he was fourteen months old.

Baby Edith is quite as fond of books as her
brother use to be, and leaves them with her little
thumb and fore finger much the same; but she
is not quite so careful — mamma has not
taken so much pains to teach her not to tear
books as she did Sherwood, and Tom Lane & Grand-
ma often lets her tear paper to keep her quiet.
The other day mama was gone to town,

and Fontanie was ironing, and baby was
so quiet for a long time that Grandma went
to see what she was doing, and there she had
mama's new book "The Personal Life of David
Livingstone" and had torn three leaves
out of it! That is the only time she has
really done any damage, as yet.

Edith is a great little girl to hug mamma—
when she picks her up in her arms Edith will
put her little arms about mamma's neck—and
lay her head over mamma's heart and just hug
her almost like papa use to do. She and brother
play real nice sometimes, but oftener they don't
agree very well. In the morning when they
first wake up before they are dressed they
often play together very good-natured for a long time.
Edith always sleeps lying in the knee chest
position now. She sleeps with mamma, except
sometimes when brother's teeth bothers him so
much he can't sleep in his crib, then mama
has but baby sister there and she has sleps
well all night. She generally does sleep
good at night—and awoks so happy and playful
by daylight in the morning—She will sit right
up in bed, and then reach out her hand to mama
face and wake her up, and then play about
the bed until Fontanie brings her bottle of warm milk
She takes 6 oz. of milk 3 oz. of water and about 3 3 of lime
water now.   Since last month she had quite
a serious attact of cholera-infantum, one evening

Sherwood took away her milk-bottle, and gave her
his apple instead, and it is surprising what she
can do with those two little teeth of hers, before
any one noticed it she had it most all down, skin,
core and all! That night she was very restless,
and the next evening she would vomit a great
flood, and have such big watery movements all
at the same time — had to change her clothes
from top to toe twice, and she didn't get well
till mama gave her a good dose of Syrup of figs and
washed out her bowel inside — quite a lot of apple
skin and core passed her, for a day or two she
didn't want to eat much, but she soon got all
well again; but mama began putting lime water
in her milk then instead of oat-meal-gruel, and
she seems to be doing nicely, so has kept it up.

Since mama last wrote in baby's journal
Nov.18th, she has lived over again dear papa's last
week with her. He came home from Pyong Yang
Monday morning Nov.19th and went away to
Heaven Saturday evening Nov.24th, 1894. This
year dear grandma was taken sick that very week,
and her temperature went up to 105° and it
quite frightened mama, she began to fear she
was not only going to lose dear papa and grandpa,
but grandma too all within one year, but the
dear Lord saw fit to spare her to us yet longer
and blessed the treatment to her good, and she slowly
began to improve, so that after ten days she
was able to sit up again.

Aunt Esther wrote she was sorry to learn of dear grandma's illness and wished she could help mamma with nursing her, then wrote about dear papa thus "I just think about a year ago Nov. this very day I was very sad to see my dear friend and also brother in Christ leaving his dear wife and little boy, and ready to enter the pearly gates. I was so restless last night thinking about you and my dear brother who has gone away. I know how you feel, and it gives me deep sorrow to see you alone with the two dear little ones. I hope I shall be your comforter — I know you have the Holy Comforter, but I hope I can be a little comfort to you, my precious sister." Was not that a kind and thoughtful letter from baby Edith's Korean aunt?

That Saturday evening this year mamma felt like writing a little memorial article about dear papa's last six days at home for the "Medical missionary record" that Dr. Dowkontt publishes — many of papa's intimate friends read that. In brother's journal is a very full account of papa's sickness and last days with us, but as there is nothing in his little daughter's journal mamma will now copy here the most of what she wrote that night.

Papa was taken sick at Pyong Yang, one hundred-eighty miles from home, and the long journey consumed over a week. Just the day before reaching home coming up the Han river in a

Korean boat, papa said in conversation with Mr. Moffett that he had been willing to leave the home-land when the Master called him to the foreign field, to leave Söul when he was called to Pyong Yang, and that he was willing and ready to go to other service on high if the Master called him from earth. After Mr. Moffett had read a chapter from the Bible and prayed with him, papa remarked "How sweet it is to trust in Jesus"—and then he fell asleep, the first really refreshing sleep he had since his illness began.

Monday morning, Nov. 19, just as mamma was getting some medicine ready to visit an out-patient, word came that dear papa had arrived. Mamma hastily picked up brother, and ran to meet him. He was too sick to stand alone even, and had to be carried to his bed. Nearly his first words were "I have known what a joy wife and home are in health, now I am to experience what a comfort they are in sickness." He seemed so bright and cheerful that first day after getting home, that it was difficult to realize he was so dangerously ill, yet the fever thermometer would register 105°. He was able to help himself some that night, but by the next he was as helpless as a babe.

Wednesday morning papa asked Mr. Noble to bring pencil and paper and he gave him the items of expense in the trip he had just made, all

his other accounts, he said, would be found
in his books, — He was ever thus careful about
all business details. — When he had finished he
said "Now, I am ready to live or to die — I would
like to work here longer for the Master if he
will, but if not, I shall go 'sweeping through
the gates' 'washed in the blood of the Lamb'"
then after a moments' pause he added "It is
the blood of Jesus."

Already it was hard for him to talk and
beginning to be difficult to understand what he
said — a gradually spreading paresis seemed to
be involving the muscles of his throat.

Thursday morning papa asked for pen
and paper and attempted to write, but found
he was far too weak. This seemed to be his one
trouble that he could not tell all that was
in his heart to say. His eyes would look
sorrowfully into mamma's but he could only
stammer brokenly "I — love — you." In the
afternoon he asked for Sherwood, he looked at
him lovingly and longingly, but he who
was known in both America and Korea as
"Children's friend" had to take a silent farewell
of his only son.

His last attempt to talk much was to tell
mamma not to regret his going to PyengYang,
he said "I did it for Jesus sake and He will
reward me."

Dear papa, his faith was ever so simple

as that of a child's; and he never had any more fear of death, than a babe of falling asleep in its mother's arms. Saturday, Nov. 24, 1894, just at sunset, with both hands clasped in mamma's and his eyes fixed so brightly upon her, he fell "asleep in Jesus" to awake in the eternal Sabbath-day.

The next day, Sunday, his dear mortal body was laid at rest on the green banks of the river Han.

When papa attended High School at Athens Canada there were beside himself two other William James' — Wm. Jos. Hayes and Wm. Jos. Crummy, through papa's instrumentality these two William James' were converted, and while preparing for the ministry, died, Wm. Jos. Hayes, in his 2nd yr. at Drew Theological Seminary. In his memory papa presented the Glen Buell Sunday School which they had attended as boys together, a library of 120 volumes, and on the church walls he erected a marble tablet. When papa learned of the death of the other William James he wrote to cousin Rebecca Rowsome, "I was greatly shocked to hear of the sudden death of W. J. Crummy. How often we are reminded that this is not our abiding home. I spent the last Sunday I was home with W. J. Crummy, heard him preach, — W. J. Hayes, W. J. Crummy and myself were together, and as we parted that night we knelt in Mr. Hayes' yard and had a prayer-meeting. Little did we think it would

be our last. Our next will be a praise
meeting."

And I heard a voice from heaven say-
ing unto me, Write, Blessed are the dead
which die in the Lord from henceforth: Yea
saith the Spirit, that they may rest from
their labours; and their works do fol-
low them. Rev. 14, 13.

Saturday, January, 18, 1896.

The day is Thine, the night
also is Thine; Thou hast pre—
pared the light and the sun.
Thou hast set all the borders
of the earth; Thou hast made
summer and winter. —

                    Ps. 74, 16, 17.

Sweet little maid with winsome eyes
    That laugh all day beneath a forehead fair,
Gazing with baby looks so wise
    Over the arm of the oaken chair;
        Dearer than you is none to me,
            Dearer than you there can be none;
        Since in your laughing face I see
            Eyes that tell of another one.

Here where the firelight softly glows,
    Sheltered and safe and snug and warm
What to you is the wind that blows,
    Driving the sleet of the winter storm?
        Round your head the ruddy light
            Glints on the gold from your tresses spun,
        But deep is the drifting snow to-night
            Over the head of the other one.

Hold me close as you sagely stand
    Watching the dying embers shine;
Then shall I feel another hand

That once clasped this hand of mine;
Sing while you may your baby songs,
Sing till your baby days are done;
But oh, the echo of that heart that longs
Night and day for the other one.

Adapted from "The
other one", author
unknown, a poem
of former times. R. S. H.

One whole year God has spa[red]
mamma's baby-girl to her. May H[e]
graciously add many years more!
a comfort she has been, and will b[e]
her mamma's wounded heart. Mamm[a]
don't know how to thank God enough for
the two dear children He, with such
loving forethought, sent her. She pra[ys]
that they may grow up to love and ser[ve]
the God of their father, and thus alwa[ys]
be "mother's comforts".

The ground is covered with snow
and the men are working in the ic[e]
just as a year ago to-day when bab[y]
Edith Margaret first opened her blue ey[es]
upon this world.

Aunt Emma and little Walter cam[e]
up and spent the day, and cousin Nelli[e]
was also here — she brought Edith a litt[le]
china doll. Mamma put on Edith her pre[tty]
scotch plaid gingham that she & grandma ma[de]
this week for her — it has a ruffle over ea[ch]
shoulder that Edith thinks is very fine — w[hen]
Sherwood came near her, she grabbed each of th[e]
ruffles and held them down tightly she was
afraid he might take them away from he[r]
Aunt Annie got her a box of graham—
crackers for her birthday, and mamma
got her a pair of shoes, 3½, those — 4's of Birdi[e]
did & was so large, these new ones are please large e[nough]

for her to grow in for some time. Edith was a good girl all day playing about by herself and watching Sherwood & Walter play — at noon she went to sleep and slept three hours, then she sat up till 9 o'clock this evening playing with the chips in the pan by the stove.

Ever since Xmas mamma's baby has crept up stairs alone nearly every day, and she is beginning to learn to creep down backward. She walks about by the chairs and the side of the house a great deal, and yesterday and to-day she has stood quite a few moments all alone, and she does look so cunning. She takes 7 oz milk and 2 oz water with a little lime water now ~~five~~ times in 24 hrs. She also eats 2 baked apples every morning, a graham cracker or two during the day, and a soda cracker or a little bread and butter every night but she has only two teeth yet — mamma thinks it very strange she doesn't get more. She has gained 2 lbs this last month and

Edith's hand
1 year.

now weighs 23 lbs, is 29½ in. long standing, and 31 in lying down. Her head measures 18 in. in circumf. She has not very thick hair, but it is growing quite long now. Mamma tries to outline her hand, but she didn't hold very still, but does quite well. It

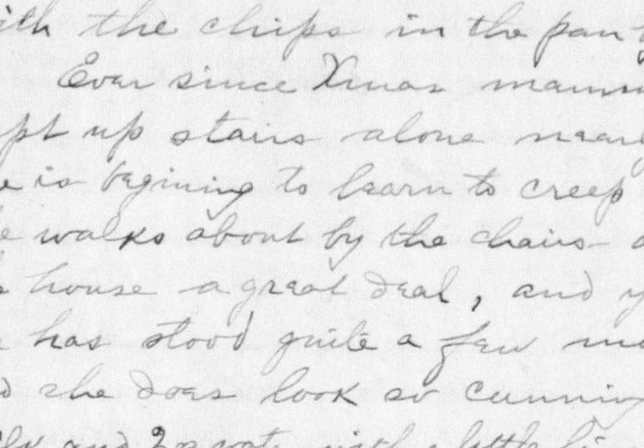

(left margin, written vertically)
'The gems that me among ourselves — to find — Good brighten and happier, better the same; And every hour this was hurrying great, Her gifts to my baby bring!'"
And brighter than to just Ryan,

is too large, however. Edith is quite inclined
to be left-handed — mamma tries to break her
of it all she can. She is quite as fond of
putting ribbons or carpet-rags about her neck
for neckties as Sherwood use to be at her age, and
to take bits of paper or spools or nuts out of a box
and put them back, out and in amusing herself with
them for a long time.

    Edith Margaret has not called "mamma"
nearly so much this last month — She tries
to say "bow-wow" when the dog barks and at-
tempts to say "kitty". When she hears a wagon going
by she will creep to the window and pull herself
up on her tip-toes and peek out. She loves to go
out doors and goes nearly every day when not too cold.
Recently she has begun to say "By, by" when she goes
away. She will make-believe read quite long stories
from a paper or book, and thinks she has to help mamma
read her letters. Grandma has been trying to teach
where her new shoes are, but has not succeeded yet.
Doesn't seem to understand so much of what is said to
her as Sherwood did when a year old;—about the one
thing she is sure to respond to is when any one asks her
to read a nice little story when she has a book or paper
her hand. She is quite different in disposition to
Sherwood — she can't bear to have ointment or glycerine
anything put upon her face or lips, while he use to like
even if mamma put it on an applicator and inserted it in
his nostrils; he was always so good to have his
napkins changed, would try and lie down upon the spot

out napkin himself, and seemed never in a hurry but would lie quietly while mamma would go out in the other room to get water to wash him or anything, but Edith can't bear to spend time to have her napkins changed, and kicks, often cries, and is scrambling to get up all the time. She seems naturally of a little quicker temperament than her brother; but after all, in many things she is as patient as a little lamb, for instance when they are getting ready to go out doors. You know Jamie always fixes Sherwood up first, but if Edith only sees her hood & cloak there ready to be put on, she is quite content to wait till brother's coat, hat, mittens & rubbers have all been adjusted. She also seems rather more affectionate of disposition than her brother, she is a great one to hug mamma, and she is just beginning to learn to kiss. Altogether she is a a very sweet little rose-bud, and a great comfort to mamma, and all the household loves her dearly, she seems an especial favorite of Jos's. May God bless her, and may she be always His very own, and help to win others for Jesus.

Sunday, Feb. 2nd. Mamma is going away to-morrow, and will be away from her darlings probably until after baby Edith's birthday. Edith has taken a few steps alone already, and she has been saying "mamma" more of late, and has added "how'dy" to her little vocabulary. Mamma prays that she and her brother may be kept safe and well till mamma comes home again. God bless their dear little hearts.

Wednesday March 18, 1896.

Let thine heart keep my commandments
for length of days and long life — and
peace shall they add to thee. — Prov. III, 1,2.

So — so the days go fleeting
  Like golden fancies free,
And every day that cometh
  Is full of sweets to me;
And sweetest are those moments
  My darling comes to climb
Into my lap to mind me
  That it is kissing time. —
                          Eugene Field.

Baby Edith Margaret is now fourteen
months old — just about the same age
brother was when his sister came. She is
about the same size he was at that age, tho
it doesn't seem so. She weighs 25 lbs with her clo
on, is 30½ in. tall standing, and her cranium measure
18½ in.   Laying down she is 32 in. long and undressed weighs 2
Edith has cut four new teeth they ca
all about the same time one month ago, &
now has her four lower incisors and the two m
dle upper ones. Since she was 13½ mos. old s
has given up creeping, and walks entirel
now, so is six weeks ahead of her brother i
that, as he did not walk till he was 1
old. She got at it so diffiently from him

though, he never walked of any consequence
by chairs and the side of the house, but waited
till he could get right up in the middle
of the floor alone, and then he would start
off. Edith began by climbing up by the
side of a chair or by the door or wall, and for several weeks,
walked by taking hold of something — she would
walk the whole length of the hall with her
hands upon the wall, then she began trying
to go alone from one chair to another, or from one
person to another, if she fell down she would
creep till she could get hold of something to
pull herself up — she but recently began to try to
get right up alone like Sherwood did from the first.
She was not very firm upon her feet at first
and walked rather sideways so she had learned to from
taking hold of things, but now she is firmer,
and doesn't often fall. She does look so
cunning — she has a peculiar gait — sort of a
tiddle-toddle, widdle-waddle like Irish folks
sometimes walk. She holds her little hands out to
help balance her, but is getting so now she can
walk nicely with her hands full. She was a
proud, happy little girl when she first began
walking alone. Sherwood hardly knew what to
make of it — he had gotten quite a notion of creeping
to keep her company, but now he don't have to any more.
Poor mamma, she will soon have no more baby, Edith
is growing up so fast. She likes to come to mam-
ma and put her hand on her knee, and with

little coaxing grunts she will stretch hers
up until mamma lifts her, and then sometime
like Mr. Field's baby she will remind mamma
that it is "kissing time". She is a great
smacker, but often times when kissing other
people, especially, tender her mamma she gives you
"aseptic kisses" smacking again and again with
touching her lips to the face — Sherwood is quite a
hand to do that too; but often to mamma they give very
sweet, warm, loving kisses right on her lips or cheeks
and Edith will put her little arms around mamma's
neck and add one of her dear hugs.

Grandma has taught Edith where her teeth
are, she will ask her "where are your little toothies"
and Edith will open her mouth wide and sometime
take hold of them, she also knows where her shoes
are; and she knows very well when anyone is go
away, or she goes out, to say "by by".

" When baby goes a-walking
Oh, how her paddies fly!
For that's the way
The babies' say,
To other folk 'by-by.' "

Edith will also say "how d'y" like the folks
down South, and she says "bow, wow, wow" very plainly
whenever she hears the dog bark. She calls "Kitty" and mamm
and "Ba-ba" for grandma, and "Dah" like Sherwood do
and she is beginning to say "She-ee" when she wants
use the chamber. She uses her little chamber-chair every
morning early, and scarcely ever soils her napkin

now.

When mamma came home from N.Y. & Middletown after being gone over two weeks that time she brought Edith a pretty knit doll, and Sherwood a mouth organ; Edith soon learned to play on the mouth organ too, — that was a month ago. She makes just as good music as one that does not play a tune. She doesn't care very much for a doll yet, though if she don't have it too often, when she first sees it she will kiss it, and hold it in her arms and pat it, singing "bye-bye". She is fond of looking at picture books — she knows that flowers have a nice odor, and now when she sees pictures of them she will make-believe smell like Sherwood use to.

Edith loves to stand up in Sherwood's little rocking chair, taking hold of the back firmly, she will rock and rock very hard, swinging backward and forward as she goes — we have to look out for her that the chair does not tip over. She enjoys herself this way for most half an hour every evening — it makes very good exercise for her.   She continues to go to bed just about 12 m. every day with her bottle of milk and take a 2 hrs nap. This and when she goes to sleep at night are the only times she has the bottle. When she comes down stairs in the morning she gets the most of a soft-boiled egg with cracker-crumbs in it, and about 10.30 a.m. she gets a lunch of apple-sauce also mixed with cracker crumbs, and at 4 p.m. bread & milk, or

rice, or crackers & milk or custard. Then at
our supper time she sits in her little high-chair at
the table and eats a little bread & butter, or mashed
potato or something of that sort. She is much
more of a hand to eat everything that is given
her than Sherwood ever was.

Edith is cutting two more teeth — the upper
lateral incisors — one has just cut through the gum, but
the other one has not yet — that will make — all
of her incisors — her lower canines seem to be on
the way also, and she has some quite fretful
spells now like Sherwood use to. She gets pretty
well tired out by the close of day, and is often ready
to go to bed at 6 o'clock, and Sherwood goes before 8 o'clock

The first train starts at 6 p. m.
  For the land where the poppy grows;
The mother dear is the engineer,
  And the passenger laughs and crows.

The palace car is the mother's arms;
  The whistle a low sweet strain;
The passenger winks and nods and blinks,
  And goes to sleep in the train.

At 8 p. m. the next train starts
  For the Poppy Land afar
The summons clear falls on the ear
  "All aboard for the sleeping-car!"

"But what is the fare to Poppy Land?
  I hope it is not dear"
The fare is this — a hug and a kiss
  And 'tis paid to the engineer.

So I ask of Him who children took
  On His Knee in kindness great,
"Take charge, I pray, of the trains each day
  That leave between 6 and 8." —

Edgar W. Abbott.

Monday, May 18, 1896.

And now abideth faith, hope, love,
these three; but the greatest of these is love.

I. Cor. 13, 13.

" Who rules the house with gentle sway?
And makes the proudest one obey?
And serve her in the humblest way?
The Baby.
Like stars from heaven her blue eyes beam,
She bears herself with upright mien;
O, who would wish a fairer queen
Than Baby?
To thee, let proud man come, my dove,
He'll learn this truth that's from above,
'He rules supreme who rules by love'
Like Baby "

Our baby is now 16 mos old, and
a big girl she is growing to be. She is 31½ in.

tall, a half inch taller than her brother was at
the same age; she weights 26 lbs. so is not quite as fat as he was.

Sherwood calls her "baby" altogether now
so the rest of us generally do too, and some
how it seems as if she were more of a
baby than her brother was at the same age,
but, she really is not, she is rather more early—
she talks more, has added "cakee" an
"ta-tr" and "hoppy-day" to her vocabulary
and Grandma has taught her so she knows
well, and will point out when asked, her nose,
eyes, mouth, ears, tongue, teeth, hair, hands,
and knees, which Sherwood did not learn
till he was past sixteen months old. The
only thing mamma thinks of now that baby
does not do that brother did is to go down stairs
alone, she has climbed up stairs ever since
Xmas time, but doesn't undertake to go down yet.
Edith is also weaned from milk in the bottle since
the first of this month — mamma took it away
from both Sherwood & Edith the same time. Edith
will eat a good supper, and then just before she
gets ready to go to bed will drink a whole large cup
of new milk, then she has nothing more till
morning and sleeps all night long as a rule. How
mamma yet allows them both their empty bottles as
they go to bed at night — they are rocked to sleep without
the bottle for their nap in the day, but at night we
seem to please them better after a good drink of milk
than to lay each down in their bed with their

old friend, the bottle — they are both soon off
to Dream-land with no more trouble, and if they
do awake in the night they feel around till they
find the bottle, and are soon off to sleep again —
Mamma ought to take it away from both, but it
is so easy, and they enjoy it so well, that as
yet she has not done it.

Ever since Edith was 5 mos. old she has
been saying "happy-day" it is the first thing
often in the morning that she wakes up mamma
saying, and she sings it to her dollie through the
day, and at night she will sit down in brother's
little rocking chair, and rock away singing "happy-
day, happy-day" She gets quite a tune to it some-
times, and Grandma thinks she is going to sing surely.
She is a happy little girl — like her dear Papa
every day seems her best day.

Mamma was gone down to N.Y. city
the first two weeks in Apr. to attend to
some business, she was expecting to come
home on Sat. the 11th, but the Woman's Branch of
the I.N.M.S. wanted her to stay over to their Board
meeting Monday the 13th which she did; and
that very day it so happened Edith was
left all alone in the dining room a while —
Grandma was in the house, but lying down — all
the others were out — when Aunt Annie came
in from feeding the chickens she found baby
Edith in the water-barrel in the milkroom!
This is a cask set in the floor, some 20 inches

above the floor, there has always been some
trouble to keep children from playing in it
but no one ever thought of their falling in. It
is always full of water which runs in from a
spring through a pipe. All think Edith must h
fallen in head-first, there seems no other way
she could have done it, but when Aunt Annie came
in she was on her feet, paddling around, trying to get
out, how such a little thing managed to get
her feet before choking and strangling in the water
seems like a miracle, and that she no
took any harm from the cold water seems anoth
She was shivering and pale when Grandma and Aun
nie took off her wet clothes and put dry ones on, b
she went to sleep soon after, and when Mamma
came home the next day she would never hav
known her darling had been in such danger if G
ma had not told her. How merciful it was
of our dear Heavenly Father to spare dear baby
precious life — mamma is so thankful, a
she prays that her baby may grow to be a wise, useful
woman, and use the Life, God has given and preserved, to His glo

Grandma and the baby had their picture
taken this month, like Grandpa and Sherwood did
year ago. We had thought it would be more trouble
to make the baby keep still, but she was very good
indeed, and both she and Grandma got a very nic
picture. Almost every one thinks Edith look
like her grandmother Sherwood.

Grandma and the Baby!

Tuesday Aug, 18, 1896.

The Lord bless thee, and keep thee
                                    Numbers ?

"She rules with subtle art and skill
     Excelling statesmen far,
And 'neath her changeful humors still
     Her subjects loyal are;
No heart rebels against her sway,
     Her actions meet no blame;
In all her moods from grave to gay
     Her words attention claim."

        The last one you'd expect to spoil
a child is Grandma Sherwood, yet
Annie says she is surely spoiling Edith
Margaret — though she is naughty and
Grandma knows she ought to punish her
she will say "pho she is so little — she don't
know any better — it will be time enough when
she is bigger." But often-times Miss Edith
does know better, and one day when she
up and stamped on some of Aunt Annie's
flowers, that she had been well taught not to
touch, Aunt Annie had to give her a good
spanking, for mamma was away, and
Grandma said she "couldn't do it."
        Little Miss Edith Margaret rules supreme
over Grandma, and Joe and Dah, and
she is begining to know it mamma fears

No matter much what she does much, either
dear Grandma or "old Black Joe" is ready with an
excuse for her. It is curious how much
more Joe has always seemed to care for
baby Edith than for her brother — it
was just so with mamma when she was
little and uncle Walter — he seems to love
girls best.

Edith Margaret weighs 28 lbs now, and
is 33 inches tall standing. Circum. of head
is 18½ inches. Her cranium is not quite
so large as Sherwood's at the same age, mamma
sees, but Dok, he says it's larger, and that she
is going to have a larger head than Sherwood, but
on referring to Sherwood's journal mamma
finds that brother's head measured 18½ in
when he was 15 mos. old, while Edith is
19 mos. old to-day. Mamma didn't record what
brother's measured at 19 mos. but at 17 mos. already
it was 19 in. in circumf. However, Edith can
talk more now than Sherwood did at 21 mos,
so the size of one's cranium doesn't always
count in everything. She has added to her vocab-
ulary fir, baby, bird, man, and see, and
she says "see bird" and "see man" and "all dirty."

Mamma went home from Mt. Lawn at
just about this time to see her dear babies
and Grandma let them sit up till nearly nine
o'clock to see mamma when she came, she
had been away from them four long weeks

and she feared baby Edith might a
forgotten her — but she had not - not,
bit — she said "mamma" as soon a
saw her, and wanted to climb up in her
ap once, and then she clasped her de
little arms about mammas neck and
her such a sweet hug. Nobody was quite
mamma so long as she was there, y
she is very fond of Grandma and Dad
and rather looks to them when she g
hurt or gets in trouble anyway. She is
funny little midget and doesn't yet tell when s
wants to go to the closet, though she can talk
much better than Sherwood when he began to tel
however, she is not quite so old yet; but it do
seem as if she could do better sometimes. T
other day after soiling her diaper she t
a piece of paper and undertook to clean t
self — then discovering grandma watching
she stopped and cried out "Dah, all d
and waited for him to come and fix he
up right again. Mamma hopes she ma
be easy to learn to be clean like brother wa
but it just seems now as if she might no
Aunt Annie says "oh you'll have an any
time with her, you see." However, Sher
was just about 2 yrs old before mamm
put drawers on him, and it does seem
that Edith can wear them surely
next January — we will see.

Joe took Grandma, mamma, Uch,
Sherwood and Edith out to Liberty for a
nice ride the Saturday mamma was
home, and we made a little call at
Uncle Tanton's drug store, and he gave the
children some candy. They each got weighed
also, and Sherwood has been gaining a little
during the last four weeks, but weighs
now only four pounds more than his little
sister. However, as he is on the gain, and as
Edith looks as fat and well as can be, mamma
thinks she better "let well enough alone"
and not take them back with her to
Nyack as she had it in her head to do
when she came home. In only about
three weeks now mamma's work will
be done at the C. H. C. H. and then she
hopes to have her darlings with her
again all the time. The separation has
been hard, but mamma can't regret it, for
her babies have been well taken care of, and
besides mamma has been able to look
after over 2000 other children, medically,
and she has enjoyed this work – many
an unfortunate little waif has received an outing
who would not have "passed" if the C. H. C. H. had
not changed physicians this year, and because
mamma lived at the Home, those who were sick
could receive better attention than even before, as
they have not had a doctor at the Home before.

The Monday morning mamma
left for her work again both Sherm
and Edith got up before 6 o'clock to see
her off, and neither one cried,
but they bravely kissed mamma
"good-bye" waving their little hands in par

The sweetest lives are those to duty wed,
    Whose deeds, both great and small,
Are close-knit strands of an unbroken thread
    Where love ennobles all.
The world may sound no trumpets, ring no bells,
The book of Life the shining record tells.

Thy love shall chant its own beatitudes
After its own life-working. A child's kiss
Set on thy sighing lips shall make thee glad;
A poor man served by thee shall make thee rich;
A sick man helped by thee shall make thee strong
Thou shalt be served thyself by every sense
Of service which thou renderest :-
                    Mrs. Browning.

Sunday, Oct. 18, 1896

Though mamma started to write about her baby at this time, other duties interfered, and she never had a chance to write until after her little daughter had celebrated the 2ond anniversary of her birth-day, and then it was with difficulty and haste at odd intervals.

Monday, Jan. 18, 1897.

Thou crownest the year with Thy goodness

Psa. 65

"All day, upon my work intent,
   My busy feet pace to and fro,
And every energy is bent
   Upon each mission so I go:
And ever 'round my fingers twine
These little hands that cling to mine.

"Wait mamma", cries a birdlike voice:
   "Don't leave me, let me go too"
Her loving eyes my heart rejoice;
   I linger, though I've much to do,
What would life be could I not find
   This little hand that clings to mine?

Dear little hands! Oh, guide them, Lord
   And keep them pure and clean;
So quick to do with loving might,
   Turn them from all things mean.
To Thine own use I pray Thee, bind
These little hands that cling to mine.

Edith's hand
2 yrs.

Jan. 18th has come around again, and this time finds mamma's baby daughter, two years old. "How much she has gained in every way since one year ago, when mamma wrote in the journal about her, one can only realize by comparing what she was then with now. Then she weighed 23 lbs, now 30, then she was 29½ inches tall, now 35½. Her head measured 18 in in circum. now it measures 19½. And just see how her little hand has grown, and her "bonny brown hair". Then she wore 3½ shoes, now No. 6. Then she had but two little pearls in her mouth, now she has sixteen, and they are so white and even and pretty. Then she crept, now she walks and climbs, and jumps quite as well as brother, then she was just beginning to say a word or two, now she can talk almost as much as brother — she attempts to say a great many things, and with fair success — has even begun to say "Now I lay me" from having heard brother say it — and she is in a hurry to add herself about God blessing "mama, and Bobo, and baby, and Annie, and Jox for Jesus sake, Amen"

Mamma is sorry that she has been too busy to keep much of an account of Edith's progress in language. Since mamma took up work at Nyack last June, she has been able to write very little in her children's journals, and as Edith's vocabulary has been largely made up during this time, there is not so good a record of it as of Sherwood's. But Edith began talking much younger, and has progressed much more rapidly than her brother did.

Grandma spent about six weeks with us here at 121 E. 45th St. She brought Sherwood back the day before Thanksgiving. Edith was so glad to see them, and dear grandma took a great deal of care of her little girl while she was here, and Edith was pretty happy; but since Grandma has gone what with not getting as good care, and with beginning to cut her four year molars, she is often unhappy now, and has such a forlorn expression to her face much of the time with the corners of her lips drawn down as though ready to cry. Mamma is afraid she will grow that way if it continues much longer.

Well, this day, Edith Margaret's birthday mamma went out and bought a little frosted angel food cake, and two little wax candles to put on it, and she lighted them, and put it before Edith at the dinner-table, and she was very pleased with it. She quickly blew out one light, kept the other some time — but she is so fond of

blowing out candles, she couldn't resist the
temptation to blow it out too. Mamma lighted
them for her a few times, and then she let
her help cut the cake, and she had a nice
time eating it — she gave brother & mamma some,
and thus ended the second anniversary of her
birth-day.

How much we miss dear Grandma. —
How true the little poem at the beginning of this
day is. How many times Edith's little clinging hand
and "mamma, me go" forces her to take her with
her. As the help is not adequate for the work here at
121, mamma has to take much more care of both
Edith and Sherwood, than before, and they take it pretty
well, and, of course, soon learn not to want any one else
to help, and that makes it harder for mamma. Edith
takes a nap every day about 12 o'clock, when grandma was
here, she "byed her to sleep" but now mamma does
it — She has first a little lunch of warm milk & bread,
and she soon shuts her little eyes, and can be laid down
in the crib. At night she often asks to get into
the crib without rocking or after being rocked just a
little she will say "bedah", and then mamma
puts her in, and she turns over and lies on her chest
and stomach, generally pushing her head up to the very
top of the crib and turning it a bit to one side — She almost
never sleeps on her back, and always goes to sleep lying
on her stomach. She often sleeps all night through, but some-
times, gets up to "dlee" as she always calls it. Sherwood says "slee"
She calls water "auddo", Sherwood says "augar". They

both continue to call Gousanie "Dah", though
Sherwood can say Gousanie plainly. They both
call Grandma "Baba" yet too. Edith often
strings words together just as grown up people — as
"there, right there", "there, in his chair". She
calls Sherwood bubu for brother, and has never
called herself anything but "baby" yet. She says
"Buba come here", "Blow my nose" "Mamma
see pretty flowers!" "Me no likee" "No pama
me," She has always said "äm" for yes
but now she begins to say "esh". She calls
cracker "Kakar" and candy "nangie".

Here is Edith
picture taken a ...
later — Her hair
5 or 6 inches long ...
and it curls qui...
easily — her front ...
never grew long — ...
just now getting ...
enough to her back. M...
ma is going to have it
shingled soon. This ...
makes baby Edith look ...
than she is, but it ...
pretty good of her —
not flatter her

Friday June 18, 1897.
And a little child shall lead them. *Isa. XI, 6*

"Perhaps there are tenderer, sweeter things,
    Somewhere in this sun-bright land,
But I thank the Lord for this blessings,
    And the clasp of a little hand.

Mamma's baby is 2½ yrs old, and a
big strong girl. She has been with Grandma
Sherwood now ever since May 1st when
mamma happened to bring her up from
New York just in time for her to help com-
fort dear grandma and keep her from
being so lonesome just when Aunt Annie
was married and went away.

Grandma wrote to mamma often — she
said Edith was very happy and contented, "Oh
how she liked to go out in the orchard and pick
flowers." Grandma wrote that she let
Edith fuss around at night as long as she liked,
when she would say "I want to go to bed", and
then she would turn her back around to grandma
to undress her — she always buttons and unbuttons
her petticoat where it fastens to the waist in front —
then she says her little prayer, and goes right to
sleep. She has not wet the bed or wet her drawers in
the day time once through the month. So mam-
ma's little daughter was pretty good with
her dear grandma.

Mamma and brother came hom[e]
the last of May, and now Edith
is not quite so good a girl as whe[n]
she was alone with grandma. That se[ems]
to be always the way with children

Edith seems to have grown stou[t]
during the month, and having h[er]
hair cut also makes her look differe[nt]
mamma had Mr. Worn cut it the afterno[on]
she left her with Grandma. She doesn['t]
look so old as she did with it long. S[he]
has learned to talk quite a great d[eal]
more, she says "Gam-ma" now
will say "Rains, can't go out" or "Nice
can go out". She likes to trade for candy —
she will say "Kanjie, Kanjie — peash gi[ve]
Kanjie. One day she spied mama's p[aste]
bottle, and she asked "Whats in there" mama [said]
"paste", then she asked "aint paste good to eat"
when told no, she said "berries good to eat".
had just been having her first straw berries,
they don't seem to agree with her or brother ve[ry]
well — mamma never could eat them. She [is]
quick enough to claim her things saying "that's m[ine]
She says "It hurts me so", and many other thi[ngs]
mamma can't begin to keep track of her v[o]
cabulary now. One day grandma, mamma [and]
the children took a walk down the lane, an[d]
Edith had evidently been there before with
Mrs. Gordon (the woman that works here for Walter) as

ran on ahead, and said "There's a nice
bake over there" when we got near the
brook - she also knew where to find some
honeysuckles where mama use to
have a little garden by her play-house when
she was a little girl.

To-day Edith had her first nose-bleed
she fell giving it a sharp blow upon the stove
furnace, and it bled profusely for a few moments.
She was quite frightened.

Though Edith slept with mamma
the first night mamma came home, most
of the time she is quite content to sleep
with "gamma" — "my gamma" she
will say, "let me take your arm" and she
will hug it and go to sleep — sometimes
she will wake up in the night and say "I
can't see you, give me your face." She is
quite an affectionate little piece — she will
caress my face and say "nice mamma"
or "my little mamma" — she seems to
think "little" is a term of endearment.

Edith and her brother both take much
interest in the packing for Korea which
is almost done now. Every once in a while
they will get in a big box or tub and say
"I am going to Korea, now."

Monday Oct. 18th —   Lost!

We went to bed Sunday night
on the good Steamship "Empress of India"
out upon the Pacific near the
and when we awoke it was Tuesday
morning October 19 — so the 18th
was quite lost and Mamma couldn't
write upon that date this time

Saturday, Oct. 23, 1897.

I am the Lord, your Holy One, the creator of Israel,
your King. Thus saith the Lord, which maketh a way in the sea, and
a path in the mighty waters. Isa. 43, 15, 16.

Sweet voyager on an unknown sea
    Thy tiny sails but just unfurled,
Thy bark ~~seems~~ all to frail to be
    Launched out where seething waters whirl

Though calm may seem the wave to-day
    The winds may lash them soon to foam
Then where will be thy fragile bark,
    Frail, helpless thing so far from home

The little voyager smiles so sweet
    As though no danger hovered o'er;
Unconscious of the storms "she'll" meet,
    "She" sails serenely from the shore.

An unseen Pilot at the helm

Looks smiling on the helpless child;
An angel, with a folded wing,
Will guide the bark through waters wild.

Emily Bryte Johnson.

There is so much to tell about what
has occurred during the last four months
of Edith's life, that mamma will be obliged
to leave unwritten for lack of time.

Soon after last writing, Uncle Charlie
and family made a short visit at Grand-
baby Julia who was just
was quite a treat for
to hold her on her "loppie"
right away, and she looked
doing it. For weeks and
often spoke of it saying
loppie." Edith was also
watching baby Julia nurse
her dinner from her mamma's breast.

Baby Julia.

The latter part of Aug. Tousanie, "my Clabi",
as Edith calls him, left mamma's employ
as he decided not to return to Korea with her —
Edith missed him much, but as he only
went down to Mrs. Adgate's house first, she
saw him quite frequently and so didn't say
so much about it. No doubt he misses baby
Edith quite as much or more. He seems to love
both her and Sherwood, dearly.

Sept 6th Mamma, Sherwood & Edith

left the dear ol[d]
home-nest in
Liberty, and turn[ed]
their faces west[ward]
to the Far East. [Good]
old Joe took us [to]
the depot — "Dak[e]"
too, and Grandm[a]
went with us
far as Rockla[nd]
feeling it would
be so hard to sa[y]

"good bye" this way, and that she wou[ld]
not miss mamma and her babies [so]
much afterward. She had a pleasan[t]
visit at Rockland, Beaverkill, Livingsto[n]
Manor & Parksville — was gone two week[s]
Mamma, Sherwood & Edith went on to [Utica]
where they had to stay all night with
Margaret Jane Jones' Grandpa & Grandma. Th[e]
next noon on the way to the depot they call[ed]
at Mrs. Thorn's sister of O. B. H. Jno. Ro[   ]
That evening they arrived in Ogdensburg
where mamma's old college mate Dr. Ma[   ]
Bryan, recently returned from India, was t[o]
meet them, and they spent a delightf[ul]
two days visit in her home. At a miss[ion]
ary meeting there the following day, Ed[ith]
& Sherwood were dressed up in their
Korean clothes, and later Dr. Bryan

took some pictures of them, which are quite
fair, and gives an idea how Edith looks
when she feels a little strange or shy.

We went by boat "The Island Belle" to
Brockville Sept. 9th — Edith & Sherwood en-
joyed the St. Lawrence very much. Uncle
Will Gray met us, and we were soon once
more at Aunt Alice's. Cousins Maud, Allan
and Harry had grown very much — but not more
than baby Edith who the last time she was
here was such a tiny child weighing only
about fifteen pounds, taking only two
tablespoonfuls of milk at a time for nourishment.
Now she weighs 32 lbs, and eats good
hearty meals, and holds her own with
Sherwood or Harry either one. Harry is only
3 was older than Sherwood, and before when we
were here Sherwood was the larger, but now
Harry is. He is a pretty good little boy and
let baby Edith use his high chair all
the time she was at Aunt Alice's.

Sat. Sept. 11th we went on to
Glen Buell to Grandpa Wall's —
Grandma, Aunt Lillie and all were very
glad to welcome us — everyone notices the
most change in Edith, of course. We
made nice visits at Aunt Jane Rowsom's
Uncle Boyd Wall's, Mr. Percival's & Mr. Tourison's
and Mr. Gilroy's, and some calls at other
places. Sherwood & Edith went in the old

stone school house at Glen Buell
where papa use to go to school, and
which was his spiritual birthplace, also
they saw the Athens High School
which he attended later. Again
they visited dear old grandfather B
who is yet living, now confined to his
bed with a broken & dislocated hip for
these three years. He seemed quite
well as when last we saw him, engaged
in conversation and even in singing ge
heartily. Uncle William just takes
the best of care of him — devotes his
whole time to him. ~~Grandfa~~
is an earnest hopeful Christian, and
delights in Christian hymns & prayer
he is patiently biding the time when
the Master shall take him home. He
tells Sherwood & Edith how when their papa
brought out these city children from N.Y. to
Charleston Lake, that he took him out there
one day and introduced him to them — says
"Children, this is my Grandfather" and how
they all bowed to him, and were so glad to
see Wall's grandfather.

Sept. 27th we left Brockville in the
afternoon and went to Carlton Junction
where we had to go to a hotel and wait till
2 o'clock in the morning to get our tra

Sept. — a postal from Grandma written from Livingston Manor, the "How are my little club now getting along? I suppose Grandma Hall takes good place now? How I would like to clasp them in my arms and join them a ride once more — and I hope to, sometime.

for St. Paul — it made a very hard
start — did not take a sleeper that
night — but did the following — however,
the children each got a whole seat upon
which they could stretch out, and they
slept pretty well. Reached St. Paul about
9 a.m. Sept. 29th. Mrs. Jones & her uncle
met us at depot, we spent the day with
them. Margaret Jane Jones has grown quite
a little — seems rather larger than Edith —
she is much better behaved than when she visit-
ed us in New York — she obeys her mamma
now rather better than Edith does, if anything.
We spent a pleasant day in Mrs. Jones' uncle's
home — her father, Grandpa Bengel was also
visiting there, and 9 p.m. we started on
for S. Dak — took a sleeper to Aberdeen,
and reached Lettcher, S. Dak. about 10 a.m.
Sept. 30th. Brother was quite ill the
most of the way, and was completely
tired out when we reached Uncle David
Powell's so that mamma had to put
him to bed. Edith was pretty tired too,
but after a good night's rest or
rather a couple of them, both were quite
themselves again, and they enjoyed
their Dakota visit very much. Edith took
great delight in feeding some young chickens
there, and in romping on the big straw
stacks. Cousin Joson, who when a little

boy like brother, use to live at Grandma
Sherwood's house, and mamma use to take
a great deal of care of, is now a grown up young
man twenty four years old. He was so glad
to see Sherwood & Edith, and he showed
them books he use to have when a little
boy at Grandpa's house, and cards that mamma
gave him then, also a little muslin scrap
book she made for him of black & pink paper
muslin pinked about the edge. Cousin Jason
always took such good care of his things. I
wish mamma's children might do as well.
Sherwood is quite careful, and Edith is
learning to be more so.

Cousin Vira just fell in love with
Edith — said she was just her style of a
little girl — so independent. she wanted
much to have mamma leave her with the
for the next 5 yrs — and Uncle David & Auntie
have liked it too, but mamma could not think
of sparing her darling so long as that. When
mamma was a little girl like Edith she use to
sit upon Uncle David's lap and pull his whiskers
and Uncle David use to steal kisses just as he
does now from baby Edith while she pulls his
whiskers like mamma use to. It all seems so
strange to mamma — it seems such a short
time ago that she was in Edith's place,
and now to think that Edith is her own
girlie — she can hardly realize it. Mamma

has some little books that Uncle David gave her when she was a wee girlie, and someday she will give them to her children. Cousin Vira gave Edith a nice picture plate to eat from which says "Forget me not", and Auntie gave Sherwood one saying "Remember me". How well mamma remembers when dear grandma came home from Newburgh once when she was a little girl and brought her and Aunt Annie each a nice picture plate which they ate from till they were quite grown up. Mamma's had a picture of a little girl kneeling before a bee-hive watching the bees, and the two verses about "How doth the little busy bee

Improve each shining hour."

Our visit at Victor, S. Dak. seemed only too short — it was so very pleasant and restful, but we had to leave Tues. afternoon Oct. 5th — Cousin Jason took us to the depot at Letcher, a drive of ten miles over the prairies — Edith fell asleep, Cousin Jason gave the children a bag of candies, and we said "good-bye", and turned our faces toward St. Paul again arriving there Wednesday morning about 9 o'clock, there at the depot we were met by Dr. Harris & Miss Pierce who are new missionaries going out to reinforce W.F.M.S. work in Foo, and a little later Mrs. Jones and Gretchen came, and soon we were all off in a "tourist car" on the C.P.R. We banded ourselves all the way to Vancouver, and mamma and the children's share was only $2.60 for 11

meals, and we lived pretty well too. There
were only four other people in our car, so
all had plenty of room and felt comfortable
and the children could play all they liked.
Mamma's babies don't get on very well with
Gretchen — too near of an age — one seems
as much to blame as the other — mamma
thought later when they got more use to each
other they'd get on better, but there is little im-
provement - Each wants what the other has — and
neither wants to give up. Once in a while there
is a temporary flash of generosity on the
part of one or the other that is refreshing, but
generally mamma has to force Edith to give up to
Mrs Jones Gretchen according to circumstances. Some
times Mrs. Jones would get the children all inter-
ested in some Kindergarten songs or games or work which
was very interesting, but Edith seems a little too young
to care for it much yet, though Sherwood likes it. And
mamma has taught her quite a little Kindergarten work
and she does nicely though nearly 2 mos. younger
Mamma has never tried to teach Edith anything of the
Kind though she feels she ought to soon, and will
lay in some material for it before long.

      We reached Vancouver 6 hrs late — went
to the Commercial Hotel. Edith was sick - she
had for a day quite a touch of dysenterry which
continued during our stay at Vancouver
The first return she has had of the trouble since
she was a little baby.

Monday, Oct. 11th about noon we went on board the "Empress of India" — our state room is 226 and is very comfortable. Edith sleeps with mamma, and Sherwood on the lounge, though one night when it was very rolling, and mamma had to have the side of her bed up, it was too narrow, and Edith slept in one end of brother's bed and made no fuss at all about it. The children had lunch and supper and went to bed all right before reaching Victoria — it was quiet sailing, but damp and cold — very foggy. We were on deck, but it was rather unpleasant.

Mamma rec'd several letters — one from dear Grandma. She says how much she would like to clasp her babies in her arms once more and give them a kiss, and she hopes to some day.

While in Canada mamma wrote Grandma about Edith talking naughty to mamma and attempting to strike her sometimes, and refusing to obey promptly, and this is what grandma wrote about it — mamma read it to Edith, and she has been doing better since. Grandma says "I am sorry you are having so much trouble with Edith — you must train her — whip her hard and talk to her lots — you will have to be quite severe for she is stubborn — take a whip and put it on her — try to have her

her mind without threatening her & possible
I hope Sherwood will be a good boy and mind
too. Try your best to bring them up right
It is business — every day at it, year in and year
out."

Mamma and the children slept well
and felt allright during the first afternoon & nig
on the sea, but by Tues. a.m. there bing con-
siderable motion soon after awaking each
were sick, and vomited at intervals of
two or three hours all through the day — we
did not try to dress, but kept in our berths
ate and drank a little, the children slept
a great deal — Wednesday morning we all
felt better, and the children were not sick
any more, but before mamma could get them
both dressed & herself, she vomited twice — that
however, was the last of her sickness. Since
then though we have had some pretty rough
sea and hard rolling with some pitching w
has made others sick again, we have kept well
and have eaten every meal regulary. The child
are very hungry for their meals and often beg
for something between though they eat about f
times a day. Their meals are about one hou
before mamma's — mamma goes with them
waits on them. There are about 15 children on
all have nurses or governesses to attend to them
cept mamma's & Mrs. Jones'.

Edith thinks it is pretty nice to call

for most anything she wants to eat especially
in the fruit line. If she doesn't have just
what she wants she will say "mamma
ask the boy" for a banana, or pear, or
orange or whatever is lacking. She has
great faith that the "boy" can bring her
anything she wants — she takes to it
as naturally as if she were always use to
it — The China boys like her, and she is
not a bit afraid of them, though Gretchen is.

Sherwood & Edith are both so good to stay
in the nursery or in mamma's room or on deck
when mamma goes to meals, all she has to
do is to promise to bring them something, and
they have never gotten into trouble but once —
then Edith had a tumble, and somehow both
she and Sherwood got to crying very loud so the
captain had to send the stewardess to see
what was the trouble.

At night they have their supper 5 o'clock
then mamma lets them play till 6.30 when
the first gong for dinner sounds, then she
puts them to bed — sometimes they are asleep
before 7 o'clock, but if not mamma leaves them
then for dinner just the same — they say
their prayers, and mamma turns the
electric light off, and she always finds them
fast asleep when she returns. They have never
once made any trouble yet that way. Mamma
always brings a few raisins or nuts or

a nice piece of cake or something which
they eagerly applied as soon as they awake
which is often about 5 a.m. and sometimes
they don't get asleep again, and they
never sleep later than 6 o'clock. At 6.30
the boy brings us some fruit & crackers, and
then it takes from that time till 7.30 for
mamma to get them dressed and washed —
then 7.45 they breakfast — generally for us
alone as mamma is often not quite ready yet,
though she gets up before they are through. The
boy waits on them all right, and they get on
nicely. Mamma thinks they are both gaining
in weight — they eat so much.

Monday Oct. 25th we landed at Yokohama, and
Edith had her first jinrickisha ride which she enjoys
after she got on mamma's lap — she seemed a little
timid at first when mamma put her in with Sherwood alone.

Edith talks almost everything now, and says
some very cute things sometimes or asks odd questions
but if mamma don't put them down at the time she
forgets them or at least can't recall them often when
writing in her journal. She still calls candy "Kay"
and begs for it nearly every day.

Edith and Sherwood have attended both Sunday a.m. service on board ship and have been just as good as could be. They also as a rule when well at the home or mission arise spend to-gether in Bible Study & prayer.

We will have a week in Nagasaki awaiting for the Hiego Maru to take us to Korea, and are due there on Nov. 10th Sherwood's birthday.

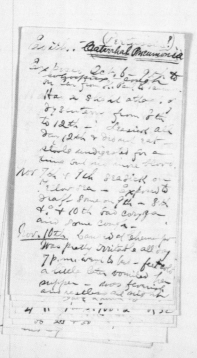

Edith. — (Persons?) Catarrhal Pneumonia

Exposure Oct. 6 — ? caught on car from ?. ? ? Had a good catarrh & ? ? interne from 8th to 12th — Seasick all day 12th & did not eat — stools undigested for a time but no loose stools. Nov. 7th & 8th seasick on Inland sea — exposed to draft same on 9th — sick & on 10th had coryza and some cough.

Nov. 10th Came at Sherwood's — was pretty irritable all day 7 p.m. went to bed — felt a little better vomited her supper — was feverish and restless all night —

Nov. 11th Thurs.
11 a.m. T. 103.4 R. 50 P.150
2 p.m. 101.8°   44 18?
8 "   102.4°   44 160

Nov. 12th
11 a.m. T. 100.8° R.36 P.144
1 p.m. 100.8°   38 144
4 "   102°   38 180
9 "   100.10   36 120

Nov. 13th Sat.
2 a.m. 98.6°   36
1 p.m. 100.4° 31
4 "   100.2° 32
8 "   101°   32 120

Nov. 14th Sun.
2 a.m. T. 101.? 36 126
11 "   Cheyne Stokes Respiration
2 p.m. T. 101.5°
4 "   102.8°
5 "   102.5° R. 80 P.132
6 "   101.1°   "   120
" "   Nov. 15th Mon.

84

a nice piece of one of something which
they eagerly expect as soon as they awoke
which is often about 5 a.m. and sometimes
they don't get asleep again, on
never sleep later than 6 o'clock
the boy brings us some fruit & on
then it takes from that time the
mamma to get them dressed and
then 7.45 they breakfast —
alone as mamma is often not quite
though she gets up before they are
Roy waits on them all right, and
nicely. Mamma thinks they are both growing
in weight — they eat so much.

Monday Oct. 20th we landed at Yokohama, and
Edith had her first jinrikisha ride which she enjoyed
after she got on mamma's lap — she seemed a little
timid at first when mamma put her in with Herrod alone.

Edith talks almost everything now, and says
some very cute things sometimes in words and sentences,
but if mamma don't put them down at the time she
forgets them or at least can't recall them often when
writing in her journal. She still calls candy "kangie"
and begs for it nearly every day.

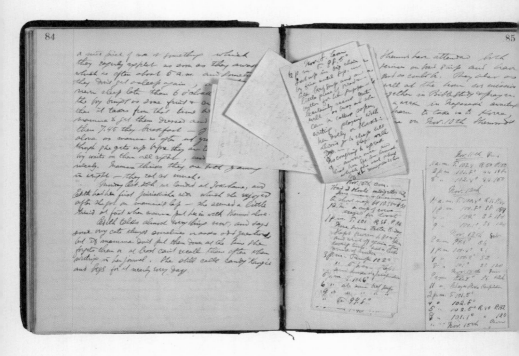

85

Herrod have attended both
service on board ship and have
best as could be. They also as
together in Bible study & prayer
a week in Nagasaki awaiting
them to take us to Korea,
on Nov. 10th Herrod

Nov. 8. 5 a.m.
up p.m. T. 9.8.5.0
fixed up in big chair
by fire until 7 p.m. was
also busy and on
little piece of paper
matter for his proper
heavenly seems until
will a calling again
can a calling paper
writing, playing with
her doll, or blocks,
doing for a sleep all
you — to spread
No coughing to speak
Was awoke one
time once to take
medicine for had spread
while the was about
out at midnight we have

Nov. 10th a.m.
Had 3 stools midnight to
this morning & consuming
a short nap 44.10.55 + 8.55
12½ m a cup of cocoa
except for lunch
1 p.m. T. 100. R.36. P.96
Face since Pulse 8.30
Naps from 1.30 to 4
and rest of pm
except fruit & had a little
broth of bread —
3 p.m. Temp 102°
11 "   " "
½ ate some jelly + a little
6 "   " " ate some half sleep
"   " " T. 99.8°

<table>
<tr><td colspan="2">Nov. 11th Fri.</td></tr>
<tr><td>11 a.m. T. 102.8</td><td>R.50 P.132</td></tr>
<tr><td>3 p.m. 104.8°</td><td>44 134</td></tr>
<tr><td>8 " 102.4°</td><td>44 160</td></tr>
<tr><td colspan="2">Nov. 12th</td></tr>
<tr><td>11 a.m. T. 104°</td><td>R.48 P.99</td></tr>
<tr><td>1 p.m. 101.8°</td><td>38 99</td></tr>
<tr><td>4 " 102</td><td>58 101</td></tr>
<tr><td>9 " 100.1°</td><td>38 102</td></tr>
<tr><td colspan="2">Nov. 13th Sat.</td></tr>
<tr><td>9 a.m. T. 99.8°</td><td>85</td></tr>
<tr><td>1 p.m. 101.4°</td><td>91</td></tr>
<tr><td>4 " 102.8°</td><td>92</td></tr>
<tr><td>7 " 99°</td><td>38 120</td></tr>
<tr><td>9 p.m. T. 98.5°</td><td>38 100</td></tr>
<tr><td>11 " Slept on Peptose</td><td></td></tr>
<tr><td>2 p.m. T. 101.5°</td><td></td></tr>
<tr><td>4 " 102.8°</td><td></td></tr>
<tr><td>5 " 102.5°</td><td>R.40 P.112</td></tr>
<tr><td>7 " 101.1°</td><td>120</td></tr>
<tr><td>11 " Nov 15th</td><td>Pains</td></tr>
</table>

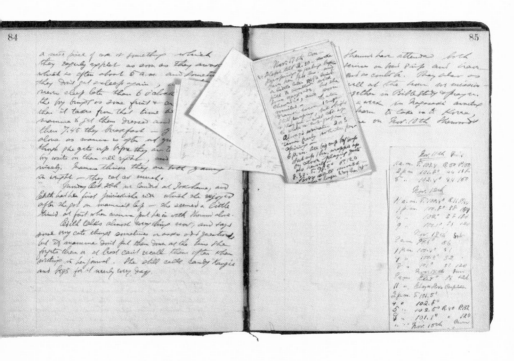

a nice piece of one or something which
they eagerly expect as soon as they awake
which is often about 5 a.m. and sometimes
they don't get asleep again, and
never sleep late than 6 o'clock
the boy brings us some fruit & crackers
then it takes from that time till
mamma to get them dressed and
then 7.45 they breakfast — Edith
alone as mamma is often out, and
though she gets up before they are up
by waits on them all right, and
nicely. Mamma thinks they are both growing
in weight — they eat as much.

Monday Oct. 26th we landed at Yokohama, and
Edith had her first jinricksha with which she enjoyed
after the jar on mamma's lap — she seemed a little
timid at first when mamma put her in with mamma alone.

Edith talks almost everything now, and says
some very cute things sometimes or asks odd questions,
but if mamma don't put them down at the time she
forgets them or at best can't recall them often when
writing in her journal. She still calls Sandy Haigie
and begs for it nearly every day.

... have attended both
... on board ship and have
... and as could be. They also are
... well at the hour our missionaries
... together in Bible study & prayer.
... a week in Nagasaki waiting
... them to take to Korea
... on Nov. 18th themselves

Nov 11th Pris
11 a.m. T. 103.8 R. 50 P. 100
2 p.m. 104.8° 44 110
5 " 102.8° 84 100

Nov 12th
11 a.m. T. 104.° R. 118 P.
1 p.m. 104.8° 88 109
4 " 102° 83 110
9 " 101.1° 84 120

Nov 13th Sat
2 a.m. 99.8° 56
1 p.m. 104.4° 81
4 " 101.0° 52
5 " 102° 81 120
9 " 99.4° 80 100
7 a.m. Elise 1½ 102
11 " Elise Pris Prisca
2 p.m. T. 101.5°
4 " 102.8°
5 " 102.5° R. 40 P. 32
4 " 101.1° " 120
11 " Nov 15th Anno

Oct. 11 – 28, 1897

CANADIAN PACIFIC
RAILWAY CO.

ROYAL
MAIL STEAMSHIP LINE
JAPAN & CHINA

SALOON
PASSENGER LIST.

음력 납월이십륙일

월 정 January 18, 1898.
十
월요화
Tuesday.

조긔피로우리롤속 }His own blood through us Redeem

히시니라
(묵시오장구절)

Rev. 6th Chap. 9th Verse

And I smiled to think God's sweetness
Flows around our incompleteness: —
'Round our restlessness — His rest.
— E. B. Browning.

To-day mamma's baby daughter celebrates
her first birth-day in Korea — ten-thousand
miles away from the land of her birth.
She is three years old to-day, and mamma
invited three little guests at three o'clock
to come and play, and have "choke-dogs", nuts,
and hot maple-sugar with her and Sherwood.
These were Roland Miller, Mary Appenzeller, and Madeline
Hulbert, and they all enjoyed themselves pretty
good — played nicely, and no accidents occurred. There
was a light snow-fall, but not enough snow to drop
the "choke-dogs" on, so mamma dropped them in cold water —
They seemed to be something new for them all. For nuts we
had some filberts and almonds that Aunt Jane bought
for the children just as we were leaving Brockville.
They had half of them at Christmas, and the remainder

now. The maple sugar mamma brought at bruel
store in Liberty. Edith got a very nice large d
with brown eyes and flaxen curls from Gretchen Jo
and mamma gave her a sawing little se
table, four chairs, and a lounge in bamboo work
her dolly; and a silver teaset from Aunt Emma. She was delighted with her prese
She says she will call her doll "Mary" because it
have like Mary Appenzeller, and brother wanted
to call it Mary. An accident happened to Mr
however, before noon, which prevented her appear
at the childrens' party in the afternoon. Ed
had her tied on to her back Korean fashion, and sh
she slipped to the floor cracking her skull —
almost cried, but remembering mamma had repai
such troubles before now she came and asked her
"paste" it and mamma told her she must go
ask Miss Rothweiler for the glue which she did, and
ma fixed it, and tied a tape around it tightly an
it away on the shelf to dry. It is the finest doll
has yet possessed first hand — it has a bisque head,
body, nice underclothes, a pretty white dress, re
red hat with white quills, black stockings, and what p
Edith most of all is, little slippers with buckles, it
the first doll she has had with slippers that she could
off and put on. Sherwood tried to persuade
that "mamma's study, and papa's take car
the baby's" but he had to be put off with sit
down in his rocker beside the mamma & her dolly Mary
reading the newspaper to them while dollie was
to sleep.

It was a long happy day for the three year old — she says "three ores" — playing with her new dollie till most dinner time, then after dinner mamma hurried to give her her nap so mamma could go early to the hospital, and get back in time to treat the children. It has gotten to be the custom when Sherwood & Edith go to sleep well for their nap, for mamma to leave an envelope by them to find when they awoke with some candy, or cake or maplesugar or nuts, or some little treat, so this time mamma left the little set of chairs etc in a box, and mamma would liked to have seen Edith's face when she awoke and took them out one by one; but mamma had more patience than usual at the hospital and didn't get up until after she had awakened for some time. Then very soon the wee guests came, and everything was merry until it was time for them to go home, then she & Sherwood accompanied them home, and returned for their supper, which was a half hour later than usual, and they ate very much, more than usual, so that they were still eating at 6 o'clock when the ladies had their supper. Sherwood & Edith have a little round table in one corner of the dining-room, all to themselves, using the little chairs mamma bought them in Japan. The cook waits on them. Mamma fears it would be better for their manners if they sat up in highchairs at the table with the ladies, but there doesn't seem to be room. This way, they are getting to be often rude & noisy — getting up from their chairs & running around now

and then between courses — and mamma di[d]
to punish them there and have them cry before
the ladies, and her room is so far away — (a[nd]
out of doors) that it is not convenient to send
them to their room when they need punishme[nt]
and so they go without too often. But
ma thinks it will be better when they can [go]
down to the table with other folks again — the[y]
will probably eat better too. Edith has bee[n]
eating very poorly of late — but sometimes if [ ]
ma takes her on her lap and feeds her she will [eat]
well of the very things she will not even taste [of]
at her little table. Mamma is giving her a litt[le]
quinine for her appetite — she takes it pretty w[ell]
Syr. Yerba-santa.   Since her sickness at
Chemulpo, she has been pretty well save
one severe attack of ear ache (L.) with considerabl[e]
loss in bed a day and a half with it — suffered considera[bly]
the first 12 hrs. Put warm cocaine sol. in, and later g[ave]
a hot aural douche which seemed to help most. Thi[s]
was before she had had quinine — as mamma was
able to get any in a shape she could take until she go[t]
most well at Chemulpo. Since the ear-trouble sh[e]
complained but once a little of it again, but has complaine[d]
several times of feeling cold along about 4 o'clock [in]
the afternoon, and that together with her loss of app[etite]
seemed to call for the quinine.

        During her illness at Chemulpo, of h[er]
own accord, she began calling mamma "ma", [a]

never once said mamma again for over two
weeks. Now, she seldom says ma. She seems
quite persistent — for instance she would ~~ask~~
mamma to bring her a certain towel, and mamma would
put her off one way and another, but finally said she
would get it for her when she got up, so then she plans
for an excuse to get mamma up, it works, and a little
later she says "now, ma, get me the little baby towel."
She will cut paper a half hour at a stretch, uses her
thumb and forefinger — she will cut spirals — at last
cuts everything into very tiny bits — is careful to keep all in her box.
She often asked to see the picture of herself in the case
of mamma's watch when her pulse was counted — she calls it
"Gamma's baby." Sometimes she will sing to herself
"My Gamma, my Dah, my Joe". One night, shortly
before Christmas, she was really homesick for her Grandma,
and cried & fretted and wouldn't be comforted — Dr. Harris
came in, and kindly helped to get her out of it, by telling
her nice stories. Sometimes she says she dreams
about "gamma", and when asked what gamma was doing
she replied "sewing" — sometimes it is "Joe", and he
is always "going to Liberty".

Edith says "O, pshaw" which sounds very cunning
from her, but mamma is sorry she has learned to use it, she has
gotten it from both mamma and grandma, I fear. Sometime
when mamma don't reply to her right away she will say "You
don't seem to talk to me." She doesn't use very good grammar
sometimes but will ask "Didn't you ~~pint~~ aint got any more?" She says
"I wont ~~ask~~ ax for any more now." "Umah don't ax the boy for any water." She & Sherwood both call
putting their clothes on as well as taking them off "undress"

One day she gave Sherwood her sack to put on while she put on his overcoat, and she said "Sherwood you're a girl, and I'm a big bi—"

Edith called Christmas "Kiphen's day" — it was the first time she had heard about Santa Claus or a Christmas Tree. She went to an entertainment at the First Union where all the children were invited to a Christmas pie, and they had Santa Claus there — she got a nice little doll. Later all were invited to a Christmas tree at Holl Underwood's — here she got a cunning little set of dishes and she was delighted. She uses these now to set her little table with that she got to-day. However, she and brother had both been rather naughty in spite of the fact that people told them if they were not good Old Santa wouldn't put anything in their stockings when they hung them up Xmas Eve, & when they awoke Xmas morn they really didn't find a thing — it didn't make as much of an impression on Edith though as upon Sherwood, for she did not remember last Christmas — he felt pretty bad, and when the two ladies were in the dining room, they told them because they felt sorry for him that old Santa Claus didn't give them anything, they would give them something — so each got a couple of balls, and Edith a picture book, Sherwood a pretty puzzle, and both had candy & orange Mamma told them if they'd try and be good a whole she would let them hang up their stockings New Year's Eve, and send old Santa Claus word — so they really tried to do a little better, and got a little joy horse filled with nice home-made candy (made by two ones) oranges, and a doll. That night Edith prayed for a clean doll — and in the morning she found her

to the same nail with her stocking a large rag-doll
with the long white baby clothes freshly laundried
that had been on the baby Cousin Maud gave her in Canada.
It went right to her heart — She plays with this
dolly mostly, for mamma will only let her have
her new birth day-doll once in a while.

Quotations from Grandma's letters. "How is my
little Tot getting along? has she been up talking
. . . . — and how
. . . . I do miss you. I love you all . . . will have
. . . ever so much. when I get over . . . . him. —
this lameness I will bring your . . . . the water,
pictures here to have them hung . . . . of sight of
. . . you I open the book, their . . . than once!
I see . . . . papa too. I love . . . can't write
the book . I wrote him a birthday . . . the one she
of one, I will . . . you . . . for it . . . . . us all,
when you come home. I spoke to . . . . , Mother."
Webster about one he sent to . . . . and she
. . . about it if he don't say anything . . . Fanton's
I think when I settle with him I . . . and Walter's,
better give him one, what do you . . . . . now.
think of it. will love to . . . . little Sherwood
. . . .
. . . . . . Mother . . . .
& Edith, "how I do miss you! When I get over
this lameness I will bring your pictures here and
hang them up in this room. Now when I want
to see you, I open the book, and there I see you, and
your papa too."

Grandma's picture with Edith on her lap is
right up near where Edith gets dressed every morning,

and she often gives her a good morning kiss.
Tonight she wanted to get up and kiss the pic-
after she had gotten into bed, but mamma carried
it for her instead.

Edith begins to talk a little Korean, thou
so far, she doesn't seem to try to pick it up a
much as Sherwood. All she really uses is
조심 ㅎ오 for "Be careful", and 어서 어서 for "hur
They have quite a good amah — a young widow
a Christian baptized, "Nettie". She is industrious
a very good worker for a Korean, but she has not a very
knack for getting on smoothly with the children
prefers to sit & sew to looking after them, a
though mamma tries to study faithfully a
morning for 3 hours — it is often disturbed is
looking after the children in one way or the oth
Sometimes, mamma wishes she had another room to
in, but it is probably better not — for no dou
a proper oversight over her babies is quite as muc
or more her duty than studying Korean, especia
just now when they are so young, and among a the
people. How often mamma, as well as to
has wished that Grandma might be here wi
us. It would be just lovely, if it were n
for the terrible journey of getting here.

Edith says "now I lay me" all alone now, she pray
bless all those Korean childrens", and for our W.F.M.S. la
she says "God bless all them ladies" though sometimes she
their names separately. She kneels by the bed now, just before
gets in, and has not for a long time not wanted to pray

Edith's hand
3 yrs old.

Edith now weighs 34½ lb,
having gained 2½ lbs since she left America,
4½ lbs during the year, she is 39 in. high having
gained 3½ in. since her last birthday — her head
measures only ¼ inch more — that is 19¾ inches in
circumf. Her last birthday she wore no 6. shoes,
and now she wears no 8½. Edith's head
measures exactly the same, and she is the same
weight that her brother was when he was
5 yrs old, but she 1¾ in. taller. She too for
some time back now has not eaten well, nothing
like as much as she use to, doesn't care for potatoes
and bread as she did. She complains often of feeling cold
about 4 p.m. and mamma has been giving her a little
quinine in Syr Ferla Santa — she doesn't like it, but takes it fairly
well. She takes a nap every afternoon from 1.30 to 2 p.m.
to 3 or 3.30 p.m., and brother does too now, and they

(Expedition)

go to bed at 7.30 p.m. getting up about 6.30 a.m.
They go to bed pretty good generally, and often get dressed
& washed without any trouble, but sometimes quarrel as to
who shall be washed or dressed first, each wanting to
be the other. Mamma has to spank Edith — quite
often — She got in the habit of saying "naughty
mamma" and mamma didn't take much notice of
it at first, but later she found she had to punish her to
make her stop it. But as a rule Edith is pretty
good to mind — she is affectionate and likes
also to hug and say "good mamma". Mamma
thinks she begins to look like the early pictures
of mamma, but some think she looks
more like papa than Sherwood does. When
alone she plays nicely and can amuse herself even
better than her brother — but with others she is apt
to get into more or less trouble. She seems to have
quite a bump of order which is developing fast,
and she generally keeps her play things in
place — picking them up and putting them
away before leaving the room; and she always
picks her clothes up from the floor when undressing
and puts them in order on a chair — sometimes even
folding each. She has also begun to straighten
up mamma's tray on the writing desk, putting
pens, pencils, ruler, paper cutter, glue, paste, etc
etc where mamma likes them — and also
the little trays for pins etc on the bureau she
loves to arrange. Of course she gets into mis-
chief sometimes when no one is watching her

and she comes across some of mamma's medicine, tablets or pills, she samples them, sometimes spills them, and don't always get them back where they came from, but mamma imagines that many little three-year old's would get into more trouble than Edith if their mamma's had so much medicine within reach of their busy little fingers. She never spills mamma's ink bottle anymore, and is daily improving in many things.

" I love the coming woman,
        I love her pretty ways,
With music and with sweetness
        She fills my fleeting days;
I kiss her laughing dimples,
        And stroke her hair of gold,
For my dainty coming woman
        Is only "three" years old. "

(From Life)

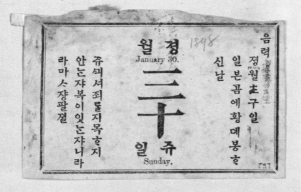

Edith —   Dysentery —

Left Soul Apr 29/48 — Sailed on
the Hai Riong Apr 30th 3 p.m. —

May 1st some diarrhœa — gave a
    dose of Castor oil & Rhubarb at noon —
    Had 2 or 3 good movements before bedtime

May 2nd Monday no more movements
    and didn't urinate from 2 p.m. till 8 p.m.
    when we arrived at Pyng Yang

May 3rd, 4th & 5th seemed fairly well.
" 5th wanted to go to bed early, but didn't
    go to sleep before 2 a.m. Had a throat
    cough, vomited several times — had
    eaten ice cream that afternoon. Restless
    complained of abdom. pain — towards morn-
    ing had her drink cup of warm salt water
    but she didn't vomit it — thought it would
    act as a saline cathart. & let it go. Kept
    her in bed that day — Had diarrhœa only —
    seemed better — had only 2 stools — counte-
    nance looked bad — fretful & no appetite
    Kept in bed all day, though she
    seemed brighter — has had only semi-
    solid food the last 3 days, but yesterday
    swallowed some hard kernels of corn partly chewed,
    when saw a little of this in morning stool
    washed her out with a little salt water
    & disinfectant Afternoon showed some
    symptoms of dysentery, pain & tenesmus &
    sitting long at stool — Put on liquid diet
    Had a fair night. gave (Bismuth gr 1   } x 4 D
                     (Ipecac 3⁄160
                     (Calomel gr 1/40   & after stool

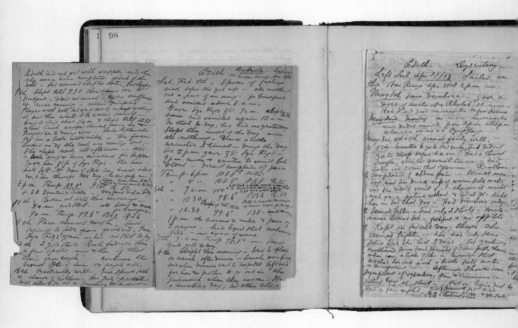

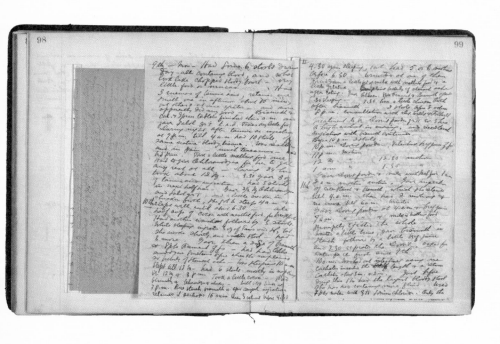

Grandma's last letter to Edith, received after her "little Pet" had gone.

My little Pet — I was so glad to get your letter did you know you had a little Cousin at your aunt Annie's her name is Nelly, & they have two little baby Kittens. if you was there you could have a nice time playing with them & you. have a Cousin here a little boy isent named — tlk of calling him Ralph. How I would like to see you all & make you a visit. you mu sent fuget me — he often talks of you, he will send you a card before long — Good bye & God bless us. Grandma

A piece of the last letter Edith wrote to Grandma —

The card's enclosed for Edith in Grandma's letter.

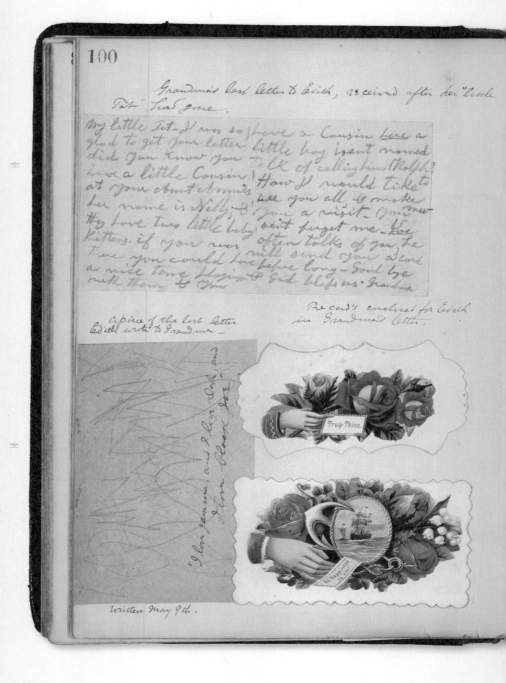

"I love gamama, and I love "Dot", and I love Clear Joe"

Truly Thine

All Happiness to you

Written May 9th. —

司

IMPERIAL KOREAN TELEGRAPHS.

大韓帝國電報

TELEGRAMS ACCEPTED for all TELEGRAPH STATIONS in the WORLD.

STATION.

Chong
_____

TELEGRAM Nr. 7444 Class ___ 9 Words.

Given in at _____ the _____ 189__ H. __ M. __ /M.

Hall Pyengyang

Jewish forty three two x

I will be with you when you Through and for I redeem you, I claim you, you are mine. when you pass through fire you through water, no river shall overflow you, you ___.

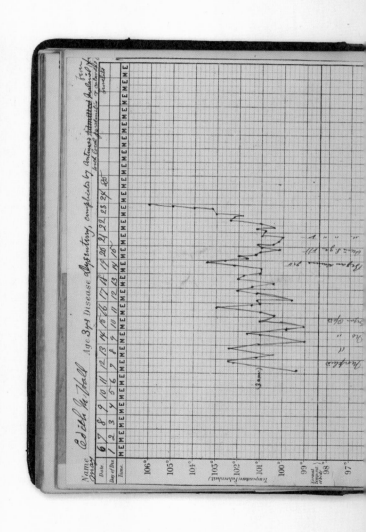

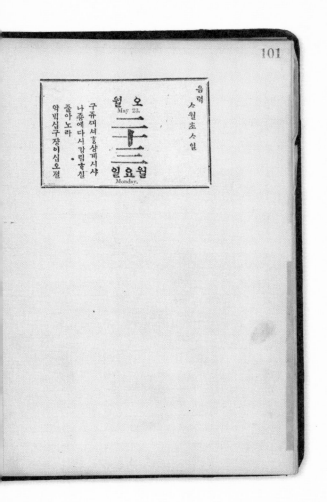

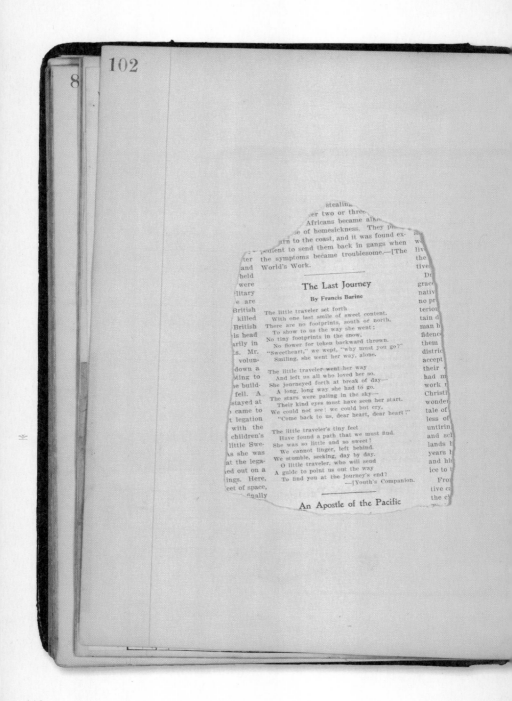

stealin...
...er two or three...
...Africans became alar...
...se of homesickness. They p...
...urn to the coast, and it was found ex-
...pedient to send them back in gangs when
the symptoms became troublesome.—[The
World's Work.

The Last Journey

By Francis Barine

The little traveler set forth
  With one last smile of sweet content,
There are no footprints, south or north,
  To show to us the way she went;
No tiny footprints in the snow,
  No flower for token backward thrown,
"Sweetheart," we wept, "why must you go?"
  Smiling, she went her way, alone.

The little traveler went her way
  And left us all who loved her so.
She journeyed forth at break of day—
  A long, long way she had to go.
The stars were paling in the sky—
  Their kind eyes must have seen her start.
We could not see; we could but cry,
  "Come back to us, dear heart, dear heart!"

The little traveler's tiny feet
  Have found a path that we must find.
She was so little and so sweet!
  We cannot linger, left behind.
We stumble, seeking, day by day,
  O little traveler, who will send
A guide to point us out the way
  To find you at the journey's end?
      —[Youth's Companion.

An Apostle of the Pacific

"And this is the end of it all!
Of my waiting and my pain

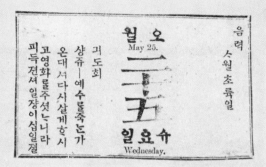

The funeral service at the home of Rev. Graham Lee, Wednesday afternoon, May 25, 1898.

Hymn,

Scripture, Ezek. 24, 16-17 — 25 - 27. (Selected by mama) Behold, I take away from thee the desire of thine eyes with a stroke: yet neither shalt thou mourn nor weep, neither shall thy tears run down. Forbear to cry, make no mourning for the dead, bind the tire of thine head upon thee, put on thy shoes upon thy feet, and cover not thy lips, and eat not the bread of men. Also, shall it not be in the day when I take from them their strength, the joy of their glory, the desire of their eyes, and that whereupon they set their minds, their sons and their daughters, in that day shall thy mouth be opened, + and thou shalt speak, and be no more dumb: and thou shalt be a sign unto them; and they shall know that I am the Lord.

Heb. 4, 15+16 (selected by Mr. Noble) For we have not an high priest which cannot be touched with the feeling of our infirmities; + Let us therefore come boldly unto the throne of grace, that we may obtain mercy, and find grace to help in time of need. Also Matt. 19, 13+14+15

Epworth Hym. 28~
Hymn   Methodist: 880
Scripture Ezekiel 24, 16-17 — 25-27
        Heb. 4, 15+16
        and. 19 — 14, 15+16,
Hymn   Jesus love me
"Ballad of Baby Tigmith. 282
Address to the Parents Kev. Baird

Hymn 8va. See "Pepose Seval"

Address w. ax a

Burial Service
"God be with you Gospel h. 1234
            123456
        Mr Lee
        Benediction
                94

Heb. 4, ... high priest
which cannot be touched with the feeling of our infirmities; + Let
us therefore come boldly unto the throne of grace, that we may ob-
tain mercy, and find grace to help in time of need.   Also Matt. 19, 13+14,+15

Hymn "Jesus, loves me." —   Edith's favorite

Ballad of Baby Bell (Aldrich)   Read by Mrs. Noble —
Have you not heard the poets tell
How came the dainty Babie Bell
    Into this world of ours?
The gates of heaven were left ajar:
With folded hands and dreamy eyes,
Wandering out of Paradise,
She saw this planet, like a star,
    Hung in the glistening depths of even —
Its bridges, running to and fro,
O'er which the white-winged Angels go,
    Bearing the holy Dead to heaven!
She touched a bridge of flowers — those feet
So light they did not bend the bells
Of the celestial asphodels!
They fell like dew upon the flowers,
Then all the air grew strangely sweet!
And thus came dainty Babie Bell
    Into this world of ours

    O Babie, dainty Babie Bell,
How fair she grew from day to day!
    What woman-nature filled her eyes,
What poetry within them lay!
Those deep and tender twilight eyes,
    So full of meaning, pure and bright
    As if she stood in the light
Of those open gates of Paradise!

And so we loved more and more:
Ah, never in our hearts before
    Was love so lovely born:
We felt we had a line between
This real world and that unseen —
    The land beyond the morn!

God's hand had taken away the seal
    That hold the portals of her speech;
And oft she said a few strange words
    Whose meaning lay beyond our reach.
She never was a child to us,
We never held her being's key:
We could not teach her holy things:
    She was Christ's self in purity.

It came upon us by degrees:
We saw the shadow ere it fell,
The knowledge that our God had sent
His messenger for Babie Bell.
We shuddered with unlanguaged pain,
And all our hopes were changed to fears
And all our thoughts ran into tears
Like sunshine into rain,
"O, smite us gently, gently God!
Teach us to bend and kiss the rod,
And perfect grow through grief."
Ah, how we loved her, God can tell
Her heart was folded deep in ours.
Our hearts are broken, Babie Bell.

At last he came, the messenger,
    The messenger from unseen lands:
And what did dainty Bobie Bell?
She only crossed her little hands,
She only looked more meek and fair!
We parted back her silken hair:
We wove the (clover roses) round her brow,
White buds, the summer's drifted snow —
Wrapped her from head to foot in flowers!
And thus went dainty Bobie Bell
    Out of this world of ours!

Address   to the Koreans   by   Rev. Wm. B Baird.

Solo   "Home sweet Day" — Rev. Graham Lee

Address   By Rev. W. A. Noble   who had the service in cha

Burial service

Hymn   We shall sleep but not forever.

Benediction   Mr. Lee

It was mama's wish that the precious body of her baby daughter might be laid at rest by papa's. Mr. Lee kindly solvered of tin an air tight box, and accompanied by faithful Kim Chang Sixey the little body of the dear child her papa never saw in this life made the long overland journey to Soul that he had so often made, reaching there June 1st. The following extract from Rev. H.G. Appenzeller's letter tells the rest.

"At noon yesterday, as I came down from school, I found Bro. Kim at my door. I was prepared to see him as I had learned that you purposed as was quite natural and eminently proper to have little Edith buried by her papa in our Cemetery here. + + Miss Pierce brought a bunch of white peonies, my wife sent a wreath of white roses, and Alice made a cross of white roses, these we laid upon the coffin as it rested over the open grave. I read the words

"I am the resurrection and the life", and we
sang in Korean "Asleep in Jesus, blessed
sleep".   The flowers were then removed,
and Bros. Bunker, Swearer, Kim and
myself lowered the coffin, after which I read
beautiful burial service, and called on Bro.
Kim to lead in prayer followed by the Lord's prayer
in concert.   The whole was a beautiful, simple
impressive service, such as I knew you would have liked.
The mound was heaped up, and the flowers placed
on top.   Your dear little girl sleeps now by her
father's bosom, and the two will rise again at the
call of the last trumpet. Half of your family is in
Heaven. "

     Mama has received many precious
letters of tender sympathy from which she
would like to make extracts here, and
perhaps can sometime, but other duties have so
far forbidden.   Even these words have had to
be written _long_ after.

must be very careful of. Let=
ters he doesn't buy it, & [rarely]
[think] about it —
    Some of the girls in school here have
no mother— when the most of them
were [maiden] mothers who don't know

tomorrow unless I hear from you

Your Hasting

B. Landis

Edith —

illness began calling me "mia" al-
together — picked it up herself —
the lips sometimes "My Gamma, my
Llah, my Jo". Asked her where she
dreamed that "Gamma" what was she
doing sewing — she so glad to [illegible]
Recline in watch = "Gamma's baby."
Persistent — wants baby towel — by & by when
mama gets up mama's [illegible] excuse to put her
up & then asks [illegible]   Cuts for the hair
will cut specials — at last into small bits
in her box — "ma I want to cut" "throw
[illegible] — "O, pshaw"
Sherwood you be girl and I be a baby
If you don't seem to think it me
Pray for Korean children
should you aint got any more? I would ax for any
now now

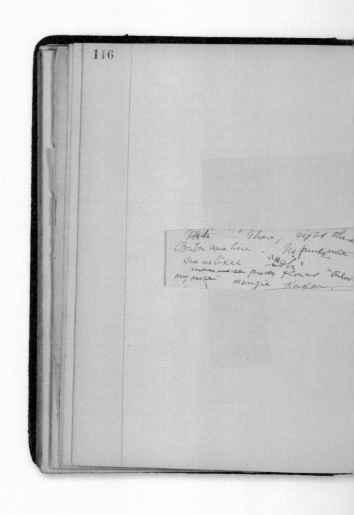

Stephen's day — Emily Stacey
"Universe" wrote us a first time
쇼싱흐오 오후오인과 오야
"Bless God —" I have some new
Stories now — what did you make them
of — tears — "for you have women
fond to take" God bless the little babies
asleep in the hospital who got the little bits of fruit
and on her own eyes & Mah tis wife &
"When the green flowers come then will it be
winter"

Short was her earthly course, and soon
Closed was the silver cord
Losses but an earnest, for a golden tie
linked it to God.
— Henrietta Hook, 1850.

Sherwood 34 life
37 in high
head 19 ½ in 37¾
19 ¾
Aug. 22 and

Edith 28 life
33 in high
18 ½ head

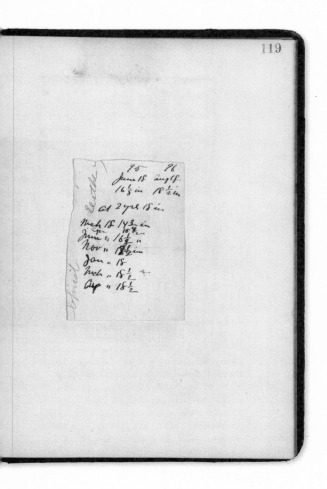

Three Beautiful Years.

Wednesday, Jan. 18, 1899.

Eye hath not seen, nor ear heard, neither have entered into the heart of man, the things which God hath prepared for them that love him. I Cor. 2, 9

A year ago when mamma wrote of the first birthday her darling spent in Korea, she had no thought the next one would be spent in Heaven. When she was a wee baby she was not very well, and others sometimes thought she

In Memoriam.

EDITH MARGARET HALL.

(1.) The Sherwood Homestead, Liberty, N. Y., where baby Edith came January 18th, 1895.
(2.) Baby Edith at 4 months.
(3.) At 6 months.
(4.) At 8 months.
(5.) At 1¼ years.
(6.) At 2¼ years.
(7.) At 2¼ years.
(8.) When leaving the United States.
(9.) On Deck Empress of India.
(10.) The Lee Guest House, Pyong Yang, where baby Edith passed away, May 23d, 1898.

" It is not growing like a tree, in bulk, doth make man better be:
A lily of a day, is fairer far in May,
Although it fall and die that night, it was the plant and flower of light.
In small proportions we just beauties see,
And in short measures life may perfect be."

"Of such is the Kingdom of Heaven."

could not live; but mamma always felt God would not take away her "little Comforter" so graciously sent in her time of need. And later, by the time she had grown a year old she was so sturdy and vigorous that no one apprehended any danger for her. Sherwood had his spells of poor appetite, but Edith was always ready for her meals, and was never sick to speak of until she had the catarrhal pneumonia at Chemulpo; but she made a normal recovery from it and was very well until she had the measles. After that, she was not quite so well— had quite a severe ear-ache with fever once,

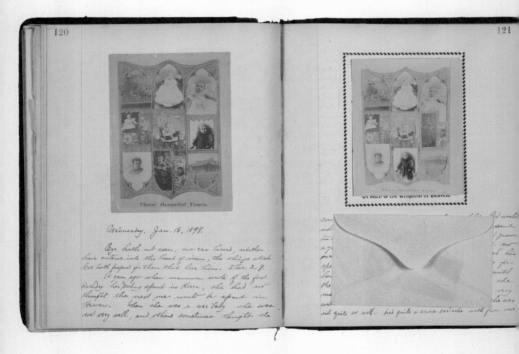

120

Three Beautiful Years.

Wednesday, Jan. 18, 1899.

Eye hath not seen, nor ear heard, neither have entered into the heart of man, the things which God hath prepared for them that love him. I Cor. 2. 9.

A year ago when mamma wrote of the first birthday her darling spent in time, she had no thought the next one would be spent in Heaven. When she was a wee baby she was not very well, and others sometimes thought she

121

Three Beautiful Years.

Three Beautiful Years.

Wednesday, Jan. 18, 1899.

Eye hath not seen, nor ear heard, neither have entered into the heart of man, the things which God hath prepared for them that love him. I Cor. 2. 9.

A year ago when mamma wrote of the first birthday her darling spent in Korea, she had not thought the next one would be spent in Heaven. When she was a wee baby she was not very well, and others sometimes thought she

could not live; but mamma always felt God would not take away her "little Comforter" so graciously sent in her time of need. And later, by the time she had grown a year old she was so sturdy and vigorous that no one apprehended any danger for her. Sherwood had his spells of poor appetite, but Edith was always ready for her meals, and we never spoke of dying until she had the catarrhal pneumonia at Chemulpo; but she made a normal recovery from it and was very well until she had the measles. After that, she was not quite so well — had quite a severe earache with one ear,

and another time a phlyctenular conjunctivitis which
let mamma know she was a little run down; but
mamma thought when she got her in a home of her
own where she could sit at the table with mamma,
and mamma could control her diet better, she would
soon be well and strong again, but alas! that time never
came. Mamma cannot help regretting a number
of things, but it is of no avail.

It seems as if mamma needs her little
comforter, more and more each day, and brother needs
her more. We do need her, there is no question
about that, but for some wise reason we can not
now understand, God thought best to deprive
us of her.

"SOME TIME."

MRS. MAY RILEY SMITH.

Some time, when all life's lessons have been
    learned,
  And sun and stars forevermore have set,
The things which our weak judgment here has
    spurned—
    The things o'er which we grieved with lashes
    wet—
Will flash before us out of life's dark night,
  As stars shine most in deeper tints of blue;
And we shall see how all God's plans were right,
  And how what seemed reproof was love most
    true.

And we shall see, that, while we frown and sigh,
  God's plans go on as best for you and me;
How, when we called He heeded not our cry,
  Because His wisdom to the end could see:
And e'en as prudent parents disallow
  Too much of sweet to craving babyhood,
So God, perhaps, is keeping from us now
  Life's sweetest things, because it seemeth
    good.

And if, some time, commingled with life's wine,
  We find the wormwood, and rebel and shrink,
Be sure a wiser hand than yours or mine
  Pours out this potion for our lips to drink;
And if some friend we love is lying low,
  Where human kisses cannot reach his face,
Oh! do not blame the loving Father so,
  But bear your sorrow with obedient grace.

And you shall shortly know that lengthened
    breath
  Is not the sweetest gift God sends His friend,
And that sometimes the sable pall of death
  Conceals the fairest boon His love can send.
If we could push ajar the gates of life,
  And stand within, and all God's working's see,
We could interpret all this doubt and strife,
  And for each mystery could find a key,

But not to-day. Then be content, poor heart!
  God's plans, like lilies pure and white, unfold;
We must not tear the close-shut leaves apart;
  Time will reveal the calyxes of gold.
And if, through patient toil we reach the land
  Where tired feet, with sandals loosed, may rest,
When we shall clearly know and understand,
  I think that we shall say that "God knew best."

I think mamma
did not record last
winter, about how
much interest Edith
took in the sick-folk
especially the children.
After her afternoon nap
she often came into the
dispensary before mamma
got quite through with
the patients. At night
to her "Now I lay me" she
often added such a petition
as this "God bless the
little babies at the hospital
whats got the little

of heads and one has sore eyes." If a tooth had to be drawn or an abscess lanced Sherwood was always quick enough to run away, but she stood her ground unless sent away. One afternoon she came in when mama was so busy with an operation she did not notice her. Some blood had spattered on mama's face, Edith saw mama always sponging blood with some cotton, so procuring some, she placed a stool in position, and climbing up began to wipe the blood from mama's face! She was ever so helpful, so brave and prompt in action that mama felt sure she would make a physician herself some day.

Edith had a little pocket-book that Joe gave her, and she was trying to save her money; she never had nearly so much given her as Sherwood, but when she died she had altogether $2.12½ (gold); to this mama added nearly $25. more the proceeds from stock of new goods for Edith — (all her best clothes that she had worn were sent to "baby Julia", and all the rest were given to children in P.J.) Mamma thought it would be good to devote this money toward building some wards for little Korean children, as a memorial for her little daughter — she spoke of it in some of her home letters, and hoped to have a little added to it by some of the home friends, but was surprised when last night's mail brought a check for no less than $150. gold for this purpose. It seemed like a birth-day present for Edith, and that is what suggested the Bible verse for to-day. If she receives such a present on earth, what may she not receive in heaven! This check was from Cousin Polly Crary, her

daughter Emma Young, and grand-daughters Louise and
Polly Young.   They had decided instead of giving
each other their customary Christmas gifts to
send the money for this memorial.

When we left America dear Grandma gave
mamma $5 for each child with the direction to use a
dollar each year for Christmas or birthday present
As a gold dollar makes 2 silver yen, one could buy
for Christmas and one for birthday.   After Edith's death
mamma put the Christmas money in with that set
apart for the Children's ward, and she decided to use
the birthday money each year to make a little party for
Korean girls of Edith's age. She had already bought the
candy and cake, and a little toy for each to take home
and had sufficient left to buy vermicelli soup and
a poached egg to each bowl in the morning; and she
was thinking about what she would say to the children
wondering if among other things she might spread of
this plan for a Children's ward and ask them to
pray for it, but it seemed as if it would take so
long to get sufficient money, that she just decided
to wait till next year before she spoke to them
about it when this letter with the $100. came
and she felt so rebuked for lack of faith   she
fell upon her knees at once in a prayer of confession
and thanksgiving —   and of course, the little
Korean girls and their mothers heard about the
children's wards to-day.

Ruth Noble and her mamma were also here
Beside the things already mentioned which were

all bright with the silver grass, we had pop-corn and Japanese nampas. The children all had a happy time, and it gave Mama & Sherwood pleasure to see them enjoy themselves, though our pleasure was mixed with sadness. Grandma too will be pleased the money was used this way, and will be glad to have it so used each year. Dear grandma — she misses her baby sorely. She wrote "to tell you the truth I never saw a child (outside of my own) that I loved as I did Edith." She always calls her "my little Tot" She says "I feel so lonesome without her, and I think of her often in the night as well as in the day." She sometimes speaks of seeing other "little Tots" that reminds her of "ours".

White Dandelions

Tuesday, May 23, 1899.

For He knoweth ++; He remembereth.

Psa 103.

— Once more the little white clovers have
Dotting the meadows green;
I wish I could tell you out of my heart
What the little white clovers mean

— I had a sweet babe one year ago
A dark-haired darling grace;
I see this moment those azure eyes
And the little dimpled face;

The tiny feet that wandered about
I have the shoes that covered them yet
And I hear her laugh, as in and out
Through the grass her footsteps met.

The meadow and lane and garden were full
Of blossoms sweet and gay
She always gathered white clover-heads
And threw the rest away.

And when her little breathless form
Was robed for her long last sleep,
There were clover-heads in her dainty hands —
Hands that would no more clovers reap.

How long it seems since I saw her last

And

One

Of th

Of th

Of th

The

But

May   '97

The little white clover.

Mrs. Helen E. Brown.

Once more the little white clover has come
  Dotting the meadows green;
I wish I could tell you out of my heart
  What the little white clover mean.

I had a sweet babe long years ago,
  A golden-haired darling grace;
I see this moment those again eyes
  And the little dimpled face;

The tiny feet that wandered about
  I have the shoes that covered them yet
And I hear her laugh, as in and out
  Through the grass her footsteps met.

The meadow and lane and garden were full
  Of blossoms sweet and gay
She always gathered white clover-heads
  And threw the rest away.

And when her little breathless form
  Was laid away under the hill,
There were clover-heads in her dainty hands
  The hands so cold and still

[white dandelions]

E. Brown.]

to visit   those

two gre   below;

but the   pitieth

his chi   that

he chas   , grant

that we may be so exercised by this grievous chastening, that it

may yield the "peaceable fruit of righteousness" that thou doest design.

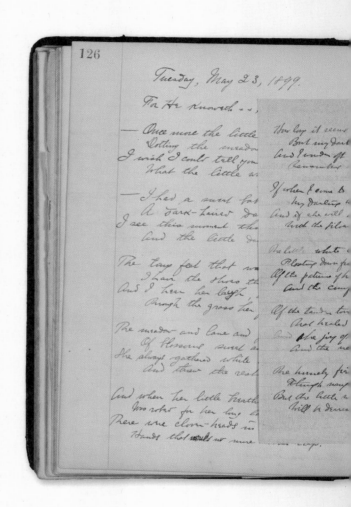

How long it seems since I saw her last
.... Edith Margaret .

My heart is near to break
For the voice I shall not hear,
For the clinging arms about my neck,
And the first step drawing near —
For the precious Mother name,
And the touch of the little hand,
O! am I am my heart to blame
If I shrink from the dire demand?

And this is the end of it all!
Of my watching and my prayers —
Only a little funeral pall
And empty arms again.

Like a cradle, rocking, rocking,
.... soul peaceful, to and fro
On ..... little face below
..... the green sward, ... strong
...... number ..... of ... flow
.... the living God's free ....
Down and nobody is below

And as faith ..... this ....
Doth one cry, and will not rest,
..... the .... her tender mother,
Hold her closer, love the best.;
So when we are weak, and restless,
By our own .... distress,
Then is it that God ... great patience
..... us closest, loves us best.

O good heart of God! whose love,
..... hinders to no ......,
Will not weary will not go —
In ... . itself to lose —
Love divine! of such great love,
Only another ...... the end, —
Rest of love, which all love passing
..... Son to save the lost.

.... that we may be exercised by this grievous visiting, that it
may yield the "peaceable fruit of righteousness" that thou dost design.

The Edith Margaret Children's Wards

Thursday, Jan. 18th 1900.

Let us not love in word, neither in tongue; but
in deed and in truth. — I Jno. 3. 18
Every life is meant to help all lives; each man should
live for all men's betterment. — Alice Cary.
"I cannot do much" said a little star,
    "To make this dark world bright;
My silvery beams cannot pierce far
    Into the gloom of night;
Yet I am a part of God's great plan,
And so I will do the best that I can."
                                Margaret E. Sangster.

This is the 5th anniversary of
Edith's birth, and we celebrated it as
last year by inviting little Korea
girls of her age to a little treat with
Grandma's birth-day dollar. Seven were
invited, and six came; so the mother or
grandmother accompanied each, with Susan
and Sherwood it made quite a party.

Although the Edith Margaret Chil-
ren's Wards are not finished yet, two
rooms and the Kitchen have been completed
enough for use this winter, and it
seemed so nice to be able to have our
little party here this year. It seems
so wonderful that what we scarcel
dared to hope for one year ago is
so nearly accomplished already. Susan occup
one of the pleasant rooms and here they a
met. When all had gathered we passed in
the other room, Children's Ward No. I, which
has a large crayon of Edith in a handsome gil
frame hung upon the wall, and some of
toys upon the shelf. A low table with a w
table-cloth was set with pretty tea-plates f
each child, and there were small colored glass
filled with bright Japanese candy for each child
carry away as a souvenir. This year all w
served with bread, crackers, Japanese cakes an
catnip-tea with sugar. Then there was plen
of Korean candy, popcorn and peanuts. Each ch

was given a paper bag in which to carry some home, and all had a good time. One little blind girl especially enjoyed herself, and the little glass dish proved a pleasure that lasted for days after — in fact in a number of the homes where I called later I found the little glass dish the treasure that each child hugged up to her when she went to sleep at night after playing with it all day.

With Edith's picture looking down at us the children and their mothers listened to the story of why we celebrated this day, and of the birthday dollar, and of how wonderfully God had answered our prayers of a year ago, and gave us this pleasant building to meet in. We sang Edith's favorite song "Jesus loves me" and "There is a happy land", and I feel all were uplifted by our after-noon together.

The picture of the building on the other page was taken by one of our native Christians, it gives a fair idea of the building in its present un-finished state. Before another year we hope to have a better picture showing it all completed. Cold weather came on last fall before we could do more, also the funds were also exhausted; but there is promise of some more already, Sherwood gave his Christmas dollar, and one that was given him at the mines, also 500 cash part of which he had earned carrying brick on his jiggy, and the rest had been given by patients to him, and we will probably have more to give later between us.

In a recent letter from Rev. A. M. Powell he spoke of Edith and Sherwood when they were there burying a little dead bird behind his barn; and then he added "Poor little Edith we often think of her and talk of her brave prompt ways. She seemed so different from little Sherwood, he seemed more frail; she was so well and evinced by her speech and act so a rugged constitution, that it seemed strange that she should be taken from earth to the home above when this world needs so much just such brave rugged natures as she gave promise of furnish So mamma is not the only one who saw promise of great usefulness in her little day

It seems as if mamma misses Edith more than ever this winter —

"Fer at night time, a feller feels lonesome,
    jest a-longin', you understand,
Fer the kiss of a prattlin' baby, the tetch of
    a little hand."

Sherwood, too, talks more of her, and seems to miss her more than before.

Life seems so hard without her.

"Only a baby?" Ah! do you not know
That little feet walk where no others can go
    That soft little fingers
        Laid on the chords
    Make music that lingers
        Sweeter than words?
That the touch of a baby has magic that brings
Harmonies rich from discordant heartstrings?"

Wednesday, May 23rd 1900.

A voice was heard in Ramah, lamentation and bit-
ter weeping; Rahel weeping for her children refused to be com-
forted for her children, because they were not. – Jer. 31–15

The's a good many different sorts an' kinds o'
sorro' thats in some ways kind o' kin to each other, but I guess
losin' a child's a spear by itself. + + +   The's some
sorro's that the happenin 'o' things helps
ye to forgit, I guess the's some that the
happenin o' things keeps ye rememberin';
an' losin' a child's one o' em.
                                        Fr. David Harum

This day finds mamma and Sherwood
at Shanghai, China. Our darling Edith has been
gone two long years, and as we see Ruth
and Gretchen, and Mary, we can't help but to wonder
what she would have been like now. She would no
doubt have been taller than Sherwood for she was nearly
2 inches taller than he was at 3 yrs of age. Her dark hair
would have been long again by this time, and her dear
baby face would be that of a beautiful little girl, for
Edith was Ethel changing for the better in looks, and even
when we went to Pyong Yang Mrs Noble pronounced her beautiful.
Mamma is sure also that Edith would have been a very
helpful child by this time — no doubt dressing and un-

dressing herself, and even helping brother. She would read and write Korean like he does, and recite Bible verses, and no doubt sing little songs like Gretchen, for dear grandma said she thought she would sing sweeter than Sherwood. What a help she would have been to her brother — just what he needs — and craves companionship so much. What a comfort she would have been to mamma, no doubt she would have saved mamma this long and expensive trip to Shanghai, for with such a dear little son and daughter to make home happy, no matter how hard mamma worked, her head would not have given out this way. Perhaps it is because mamma is not quite well, but somehow the loss of her little daughter grows harder and harder to bear. Oh, that she may go boldly to the throne of grace and find help in time of need knowing as the text says "we have not a high-priest which cannot be touched with a feeling of our infirmities."

Not long after writing this mamma had such a nice talk with dear Mrs. Fitch of Shanghai. She seems to have gotten into perfect harmony with God and his plans, and makes mamma long to do likewise; but so many times mamma has earnestly tried to be in closer relations with God, and even with dear papa's help never quite succeeded, that she finally thought it could not be for her, and that she must not covet such experiences, at least

they were not for her yet — mamma is so
material, and these experiences seem to be for the
more spiritual — our natures are not alike and
we can't expect like experiences. Yet, mamma can't
help longing for a happier experience, and she has
tried to lay her Isaac on the altar, and to let God
do with her the best he can; and even where she may
not have succeeded in this, it seems as if God himself
has taken her most precious things, and she has
tried to learn the lessons he would have her, and not
be rebellious, but somehow as time goes on even
the faint outlines that at first she thought she
could discern of these lessons have grown dim, and
more dim, and there has been no result, and though
of late rebellious feelings do arise sometimes; and she
feels farther away than before these great losses came
into her life. Something is wrong no doubt. Mrs.
Fitch said that Mamma couldn't help feeling the
heaviness of her losses, and neither could she expect
to understand just how it could be better for her
and Sherwood that Papa and Edith should be
removed, but she must just give her feelings
over to Jesus and trust him implicitly. Mam-
ma has surely tried to do this, but as she told
Mrs. Fitch it has been more because there seemed noth-
ing else to do, in sort of a stoical way, not counting it a
privilege so to do, in this particular loss, and secretly
feeling that she could have trusted him better if he
had not taken her precious ones away. how this is —

plain fact we fear, though very unbecoming of a
Christian and a missionary to say. Mamma has
been trying to examine her heart, it is hard to
agnose one's own case, but one trouble seems to
be that she can't quite bring herself where she
wants to feel that these losses were best. So
a long way off, she has thought it might be
beautiful to feel

"He emptied my hands of my treasured store,
    And His covenant love revealed,
There was not a wound in my aching breast
    But the balm of His breath hath healed.

Somehow as yet she can't will to have the
wounds closed, it would seem like forgetting her
dear ones. So foolish as it may seem, and short
sighted as no doubt later it will look even to
her, she goes on hugging those wounds, and
refusing to have them healed! though up to the
present she has never quite realized it. Putting
it into words makes it seem worse. If God
were to heal those wounds in spite of herself, and
~~sometimes when she~~ could truthfully say to
above, she ~~would hardly~~ realizes it would be
but for herself to will it seems, somehow, she knows
not how to express the feeling, but in cold words
something like sacrilege! This is a queer sort
of feeling to be in, the more she thinks of it the
more foolish it seems, for she knows those
loved ones would not have it for a moment.

much as papa loved mamma he desired her soul's
good above all; poor stupid mamma, she knows
she has grown very dull of late — it has been all
work and no play — and promises to continue to be.
Something must be done. May God continue to
have mercy on her, may his Holy Spirit teach
her and bring her out of this low spiritual state.
"Thou hast chastised me, and I was chastised, as
a bullock unaccustomed to the yoke; turn thou
me, and I shall be turned; for thou art the
Lord my God."

Edith Margaret Hall's expenses

Blue cloth dress 2.00 trimmings & making 1.00

No. 9 shoes from N.Y.

Repairs on shoes at Jos. Shoemaker

1 chair & repairs on high chair

CRADLE SONGS

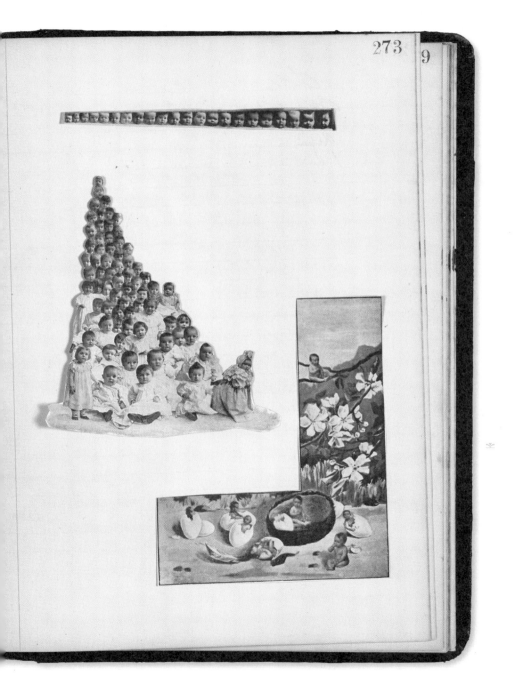

Baby's Clothes.

"Softest linen and snowiest lawn,
  With fairy flutings of lace;
'Broidery fine as the penciled fern
  The fingers of frost-King trace;
Singing she sews the tiniest seam
  While the garment grows apace.
Ah, the sweetest work a mother knows
Is making the baby's dainty clothes.

Her thoughts reach out across the years,
  Losing herself in a dream;
A hope is set with the stitches fine
  Of every delicate seam.
An airy castle with turrets high
  Stands in a golden gleam.
Ah, the dearest work a mother knows
Is making the baby's dainty clothes. "

Baby Edith's first new clothes.

Three short dresses.
Each trimmed a little
differently.

One short dress, and a
waist to wear with
guimpe dresses.

Two guimpe waists.

Two short creeping guimpe dresses.

Two short petticoats for creeping.

A winter apron, or over dress
made for her birth day anniversary.

Edith M. Hall's expenses 1895.

Horlick's food, malted milk & condensed milk   25.00
First short clothes and some sewing   4.00
3 pairs baby shoes (2 no. 1's and 1 no. 2's)   .85
3 pairs baby stockings   .60
5 nursing bottles and 1 box nipples   .75
Nursery pins 50 baby hair brush 20 graham crackers 40   1.10
Hired help   96.00
_____
128.30

Presents —
1 pr. baby socks from Mrs. Reynolds & Rowe
Knit caps of blue & white worsted, knit on the China by Miss Barton
Light blue lined with white "eider down" carriage blanket, Mrs. Jury
drawn-work linen trimming from Mrs. Noble.
Light blue cashmere for a dress from Grandma Hall
Cambric & lace for apron from Aunt Alice
Brown gingham dress from Aunt Emma
Rattle from Joe — cloth dog from Ta Sanie
Box graham crackers from Aunt Annie.

1896

1 pr. shoes 3½ Jan. 18   .25
2 under waists size 2   .70
4 knit wool shirts   1.75
1 pr stocking supporters   .20
Knit doll & rattle Feb. 18th   .30
Syrup of Figs   .40
_____
3.60

3 Shirts	1.0
1 Bonnet white muslin, emb.	.9
2 Knit under-waists	.5
1 white dress embroidered short sleeves	1.7
1 pink chambra dress	.7
3 yds ribbon 30c Safety pins 25	.5
1 Bonnet Brown silk & plush winter	2.73
1 Brown cashmere dress	2.59
One Brown & black heavy winter cloak	3.23
2 wool shirts	1.18
1 pr. shoes	1.50
4 pr. drawers	2.00
1 gingham dress	.57
Safety pins	.80
Kid crimpers	.10
2 pr drawers @ 69	1.38
High chair	90
Rocking "	85
2 gingham aprons	70
1 spring jacket "reefer"	14 9
1 drab cotton dress	98
1 pink cashmere	1.98
Board for July, Aug. & Sept. at Grandma's	6.00
Medicine	50
7 Help up to Nov.	75.00
	107.65

1897

2 gingham aprons	.70 C
1 spring jacket (reefer)	1.89
1 drab cotton dress	.98
1 pink cashmere	1.98
1 pr shoes 7½ at Liberty	.70
To Mrs. Bosworth for care in N.Y.	2.00
2 prs stockings	.50
14 wks board to uncle Walter	14.00
1 pr. shoes from N.Y. city 7½	1.35
Straw hat in Letcher 25c Night clothes in Knoxville 100	1.75
Medicine " " Knit c.	.50
Board in cars from St. Paul to Vancouver	.52
Tips on steamer	1.00
¼ Fare on Empress of India	40.00
Vaccine	1.00
Jinredisha rides in Japan	.50
Board in Japan	2.00
At Steward's fuel & ranges & yok	1.50
Freight & duty & expenses enroute	5.00
At Siril Coolie hire for ricksha to Jan.	.25
¼ of 2 shares " Nov. Household acct — fuel supply etc	13.15
¼ " San Fran order bill (1/18 of whole order)	3.10
¼ of 2 shares Eng. order " " "	8.03
¼ " 2 shares Chicago " " " "	7.82
¼ " " " Dec. Household acct	4.33
Toys from Japan	1.00
	123.55 — 13.15

Expenses for 1898 see p. 272

Presents from Jan 18-97 - Jan 18 98 in
1 small silver spoon from Mrs. Jones
2 prs stockings from Aunt Kit
Candies & nuts from Jennie Intemann
25 C. from Dr. Peck
$1.   "   Mrs. Hanna   Victoria Jubilee Hkf from Aunt
$1.   "   Grandma Hall . White apron from Aunt Alice & 1 p.
$1.   "   "   Sherwood, and pocket book & hkdf
1 plate from Vira Powell (broken in Jan 98)
1 glass cup from Joe & hkdf. nuts & candy. Gum fr. bu
1 doll from Nellie & 1 from Cous. Maud (both 2nd hand) give by end of
1 small doll at Christmas pie, & ball. 1 set Jap. dishes 1 Jap. house
1 nice large doll from Gretchen Jones — Picture books from Mrs Jones & 1
1 rag doll at New Years time

Presents   1898 Jan 18 to 99 Jan
1 pr shoes from Mrs. Appenzeller 7½ C.

Expenses 1898.   Gold
Blue cloth dress ²⁰⁰ trimmings & making ¹⁰⁰   3.00
No. 9 shoes p. N.Y.   1.50
Repairs on shoes at Jap. shoemaker   35
1 chair and repairs on high chair   1.00
1 blue lawn & 1 red lawn dress with making   5.00
2 gingham aprons   30
Board and help ¼ of 2 shares to Apr. 30th   25.00
Fare to Pyeng Yang & expenses on way   3.50
Pd for drugs etc   7.50
Cheese cloth used mostly as bibs & napkins   2.00
Coffin — (silk & lawn 7.ycu lumber 2.40 ycu)   5.00
Outer sealed box   1.50
Transfer to Soul   17.00
Interment   2.50

예디스 마가렛 홀 육아일기

1895.1.18-1900.5.23

에디스와 엄마 로제타가 태어난
뉴욕 주 리버티의 셔우드 가 농장 집.

엄마 로제타 셔우드 홀이 갖고 있던 에디스 마가렛 홀의 육아일기.
에디스는 1895년 1월 18일, 리버티에 있는 엄마가 태어난 그 집에서 태어났다.

≋ 뉴욕 주 리버티의 셔우드 가 농장 집. 에디스와 엄마가 태어난 곳이다.(사진)

1   주는 고아를 도우시는 이시니이다(시편 10:14)

지난 해의 달이 하늘을 떠나기도 전에
아기 새 한 마리가 나의 인디언 둥지를 찾아왔어요.
내 가슴에 작은 날개를 움츠리고
아, 정말 사랑스럽게 왔어요!

아침부터 저녁 노을이 물들 때까지
아기는 귀엽게 누워만 있어요.
비단 술을 단 장미 꽃잎 두 장으로
반짝이는 눈을 살포시 덮고서—

이 아름답고 신비스런 생명,

천국에서 내려온 듯한 손님,
불멸의 날개를 가진 새,
주의 손이 나에게, 내게 주셨어요.
ㅡ패니 포레스터[1]

1895년 1월 18일, 금요일

오늘 아침 7시에 소중한 여자 아기가 엄마의 품에 안겼다. 아기 이름은
에디스 마가렛 홀(Edith Margaret Hall)이다. 이 이름은 오래 전 아빠가
엄마가 한국에 있을 때 미리 지어놓은 것이다. '마가렛'은 아빠가
사랑하는 어머니의 이름이고, '에디스'는 아빠, 엄마 둘 다 좋아하던
이름이다. 아기 에디스 마가렛의 몸무게는 '배내옷'을 입고서
7.5파운드이다. 에스더[2] 이모가 목욕을 시키고 옷을 입혀 주는 동안
아기는 착하게도 거의 울지 않았다. 그리고 젖을 먹은 후에는 아예
울지 않았다. 어쩌면! 이 아기는 젖을 쪽쪽 잘도 빨아 먹는다. 한국
사람들이 좋아하는 것을 먹을 때처럼 처음부터 그렇게 젖을 맛있게
빨았다. 에디스 마가렛은 정말 아주 튼튼한 아기인 것 같다. 벌써 고개를
똑바로 들 수 있다. 에디스는 자기 오빠가 갓난아기였을 때보다는 더
잘 생겼지만 그렇다고 아주 예쁘진 않다. 동그랗고 파란 눈을
가졌고, 이제 호기심을 가지고 주변에 있는 이상한 것들을 쳐다본다.
입은 작은 장미꽃 봉오리같이 사랑스럽고, 귀도 아주 귀엽게 생겼다.
코는 조금 큰 편이고 지금은 약간 '튀어 나왔다'. 이마는 낮고,
정수리에는 아직 머리카락이 많지 않다. 하지만 때가 되면 이 모든
것들이 바로잡힐 것이고 나의 어린 딸은 어여쁜 여자아이로 자라날

것이다.

"'하지만 마음이 고와야 예쁜 것이다.'[3]
마음이 은혜로 가득 차 있을 때
상냥한 말씨는 예쁜 얼굴보다
훨씬 더 아름답다."

셔우드가 들어와서 엄마 품에 안겨 있는 작은 아기를 보고 놀란
듯했으나 곧 기뻐하며 엄마의 머리에 자기 머리를 사랑스럽게
갖다댔다. 그리고는 동생의 작은 머리를 살살 쓰다듬어 준 뒤 입을
맞추었다. 날이 가고 해가 갈수록 셔우드가 어린 여동생을 점점 더
사랑하고, 에디스 마가렛에게 자상한 오빠가 되어 주리라 믿는다.
불쌍한 아기. 에디스는 아빠를 한 번도 보지 못했다. 에디스가
세상에서 눈을 뜨기도 전에 아빠는 죽음으로 눈을 감았다. 사랑하는
아빠, 이 앳된 딸아이가 얼마나 보고 싶었을까? 얼마나 많이 이 아기를
사랑해 주었을까? 아니, 얼마나 이 아이를 사랑하고 있을까? 아빠는
에디스가 태어나리라는 것을 알고 있었고, 너무 고통스러워서 생각이
나 말을 거의 할 수 없던 순간에도 아기를 기억하고 아기에 대해 물어
보았다. 그리고 엄마가 아주 건강한 아기가 태어날 것 같다고 했을 때
기뻐하며 미소 지었다. "사랑은 우주에서 파괴할 수 없는 단 하나의
요소이다"(Love is the one indestructible element in the universe). 그러므로
우리의 작은 딸은 아빠의 귀한 사랑을 받고 있다는 것을 알 것이다.
비록 "하나님의 장막이 사람들과 함께 있으매 하나님이 그들과 함께
계시리니 그들은 하나님의 백성이 되고 하나님은 친히 그들과 함께

계셔서 모든 눈물을 그 눈에서 닦아 주시니 다시는 사망이 없고
애통하는 것이나 곡하는 것이나 아픈 것이 다시 있지 아니할 때"
(요한계시록 21:3-4)까지는 아빠를 만날 수 없지만 말이다.

아기 에디스는 엄마가 태어난 집(사진을 보라)에서 처음으로 파란 눈을
떴다. 아빠가 좋아하는 성경 말씀(이사야 43장) 중 다음과 같은 구절이
있다. "두려워하지 말라 내가 너와 함께하여 네 자손을 동쪽에서부터
오게 하며 서쪽에서부터 너를 모을 것이며," 셔우드가 '극동'인
한국에서 태어나고, 열다섯 달이 채 지나기 전에 그 아이의 어린 동생이
1만 마일이나 떨어진 뉴욕의 리버티에서 태어났다는 사실이 참으로
오묘하다.

5 네 고아들을 버려도 내가 그들을 살리리라 네 과부들은 나를
의지할 것이니라(예레미야 49:11)

❦ [한 달 된] 에디스의 머리카락

내 팔에 누워있는 어린 아기.
너의 매력과 너를 다 가져도 될까?
힘없이 매달리는 손가락,
햇살이 맴도는 '어여쁜 갈색 머리'4
어디에서 누구의 손을 잡고 왔을까?
질문 가득한 파란 눈, 말 못하는 입술,
오동통한 어깨, 볼에 파인 보조개.
성난 세상에 핀 앙증맞은 작은 꽃,

그래서 내가 기꺼이 지키련다,
너무나 너를 사랑하기 때문에.
－루이자 챈들러 몰턴

1895년 2월 18일, 월요일

사랑하는 아기 에디스 마가렛이 태어난 지 오늘로 한 달이 되었다.
"한 달이래요. 먹고 자기만 했어요. 작고 예쁜 배설물 더미."[5] 에디스는
착하게 자라고 있다. 몸무게는 2파운드 반이 늘어서 이제 10파운드가
나간다. 키는 23인치이다. 에디스의 '어여쁜 갈색 머리'(bonny brown)를
여기에 조금 붙여둔다. 불쌍한 에디스, 에디스는 오빠가 입던 아기
옷을 물려 입어야 한다. 엄마는 에디스를 위해 단 한 벌의 새 옷도
지어주지 않았다. 하지만 매기 셔우드[6] 외숙모가 에디스에게 예쁜 아기
양말 한 켤레를 짜주었고, 사촌오빠 벨트[7]도 양말을 보내 주었다.
그리고 한국에 있을 때 레이놀즈(Reynolds) 부인이 엄마에게 "고향에
도착하면 풀어 보라"고 준 작은 상자가 있는데, 이것 역시 아기 에디스
마가렛을 위한 앙증맞은 흰색 양말이었다. 또 미국으로 돌아오는
차이나 호에서 고향으로 돌아가고 있던 중국 선교사 로라 바튼(Laura
J. Barton) 양이 에디스를 위해 예쁜 하늘색 모자를 떠 주었다. 사촌 언니
엠마 영[8]은 멋진 마차용 담요를 보내 주었는데, 한 면은 흰색이고 다른
한 면은 파란색이며 가장자리는 흰색으로 뜨개질을 한 것이다. 매기
외숙모는 사촌 언니 패니[9]의 아기 때 옷들도 조금 보내 주었다. 이렇게
다 합해서 아기 에디스는 꽤 많은 의복을 갖게 되었다. 그리고 오빠에게
물려받은 옷들도 전혀 입지 않은 새 옷이거나 잠깐 입은 것들이다.

6

지난 금요일에 엄마는 처음으로 아기 에디스를 집에 두고 외출했다. 엄마는 에스더 이모가 다닐 학교[10]에 대해 알아보기 위해서 아브람스(Abrams) 교수를 만나러 갔다. 그 교수에게는 호레스(Horace)라는 이름의 어린 아들이 있는데, 그 아이는 작년 1월 18일에 태어났다고 하니 엄마의 어린 딸보다 정확히 한 살이 많다. 그 아이는 혼자서도 잘 다닌다. 에디스는 엄마가 없는 동안에도 매우 잘 있었기에 엄마는 다음날 한 번 더 외출했다. 교수가 에스더 이모를 만나고 싶어했기 때문에 이모를 데리고 간 것이다. 할머니께서 어린 손녀를 아주 잘 돌봐 주셨고, 아기에게 개박하(catnip) 차를 조금 먹이셨다. 엄마는 릴리 홀[11] 고모로부터 다정한 편지를 받았다. 친할아버지와 할머니가 새로 태어난 손녀에게 사랑을 보내 주셨다. 아직까지 아기 에디스 마가렛이 자랑할 수 있는 것은 먹고 자고 웃는 것뿐이다. 거의 잠만 자고 조금밖에 울지 않는 착한 아기이다. 밤에도 잘 자고, 젖을 먹을 때만 한 번 깰 뿐이다. 우리 작은 아기를 먹이는 데 아직까지는 엄마 젖만으로 충분하다.

7   1895년 3월 18일, 월요일

고아가 주로 말미암아 긍휼을 얻음이니이다(호세아 14:3)[12]

이 심한 고통들은 땅에서 올라온 것이 아니다. 그러나 종종 하늘의 축복이 이런 어두운 변장을 하기도 한다. ―롱펠로우

오늘로 엄마의 어린 딸은 두 달이 되었다. 몸무게는 11파운드, 키는

24인치, 머리둘레는 14¾인치다. 지난 달에 비해 아주 많이 자란 것 같다. 에디스는 미소를 지으면서 구구거리고 소리내어 웃으려고 한다. 그리고 벌써 '옹알이'를 시작했다.

이달 초에 아기 에디스가 이질에 걸렸고, 한 주간 정도 증세가 계속되었다. 아기는 고통에 시달리면서 가끔 심하게 울었지만 단 하룻밤만 몹시 앓았을 뿐이다. 하필이면 에스더 이모가 등교하는 첫 주에 병이 나서 엄마는 아픈 아기를 돌보느라 매우 지쳤고, 여지껏 등을 한 번도 펴보지 못했다. 그래도 어린 에디스가 많이 나아서 다시 건강해졌으니 정말 다행이고 감사할 따름이다. 지난 달에 비해 겨우 1파운드가 늘었을 뿐인데 왠지 훨씬 더 커 보인다. 그 이유는 이질에 걸린 후 1인치가 자랐기 때문인 듯하다.

외할머니는 어린 에디스를 정말 많이 사랑하신다. 그래서 잠깐씩이라도 매일 아기를 돌보고 싶어하신다. 할머니는 아기에게 뽀뽀해 주시고 아기랑 같이 옹알이를 하신다. 이렇게 두 사람은 함께 행복하게 지내고 있다. 에디스는 할아버지 무릎에도 두세 번 앉아 있었는데 참 착하게 잘 있었다.

어느 날 아침 엄마는 그림 같은 장면을 보게 되었다. 그 장면을 사진으로 찍었더라면 좋았을 텐데. 사랑하는 할머니의 한쪽 무릎에는 어린 에디스가, 다른 쪽 무릎에는 커다란 몰타 고양이가 앉아 있었고, 그 옆에는 할아버지가 셔우드를 안고 앉아 계셨다. 그리고 강아지 프리스키가 할아버지에게 올라가려고 안달하고 있었다.

8

1895년 4월 18일, 목요일

여호와께서…고아와 과부를 붙드시고(시편 146:9)

"아기의 체중은 몇 파운드인가요?
'석 달 전'¹³에 나온 아기.
'자라는 머리'¹⁴에서 꼼지락거리는 장밋빛 발가락까지
몇 파운드인가요?"

겨우 12½ 파운드지만,

"아무도 아기의 미소를 재지 않았네요.
이 연약한 아기와 함께 온 사랑도 빠졌어요. ++
작은 아기의 조용한 호흡에 달린
놀라운 가치를 잴 수 있는 저울이 없어요.

아무도 아기의 영혼을 재지 않았네요.
여기 지구에는 그 무게를 잴 만한 저울이 없어요.
영원에 있는 그 가치는
오직 하나님만 아신답니다."

생후 10주 때 에디스는 또 한 차례 이질에 걸려서 꼬박 일주일을 심하게
앓았다. 엄마는 지난 번과 같은 치료법을 사용했다. 하루에 세 번씩
약간의 온수(약 4온스의 물에 리스테린 5미님¹⁵을 타서)로 관장을 해주었더니

9

즉시 경직과 진통이 사라지고 잦은 배변이 해소되었다. 그리고 우유를 주지 않고 홀릭스 식품[16]만 먹였고, 밤에는 엄마 젖만 주었다. 엄마가 점점 기력이 약해지고 날마다 무척 피곤했기 때문에 낮에는 엄마 젖을 끊어야만 했다. 첫날 이후로는 음식을 잘 먹고 잘 소화시켰으며 많이 고통스러워하지도 않았다. 그래서 이질에도 불구하고 체중은 1½파운드가 늘었다. 머리 둘레는 15½인치이고, 키는 25인치다.

4월 10일에는 셔우드가 6개월 때부터 그랬던 것처럼 정말 큰소리로 까르르 웃었다. 에디스는 자기 손가락을 가지고 노는 것을 좋아한다. 그리고 지난번에 엄마가 사 준 양철 딸랑이에 주목하기 시작했다. 작은 손으로 딸랑이를 잡을 수는 있지만 곧 떨어뜨린다. 에디스는 사람들과 함께 있는 것을 좋아하고 누군가가 자신과 놀아주는 것을 좋아한다.

에디스는 지금 건강하게 잘 자라고 있고 밤에도 잘 잔다. 때로는 밤새 한 번도 깨지 않고 푹 잔다. 한 번 이상 깨는 날이 드물다. 아침에는 종종 한 시간 동안 누워서 "더할 나위 없이 행복한 아기가 되어"(as happy as a baby can be) 옹알이를 하고 웃고 발로 차고 기지개를 켠다. 하지만 이 아이는 씻는 것을 좋아하지 않는다. 특히 옷입기를 싫어한다. 아주 가끔 얌전하게 목욕은 하는데, 옷 입을 시간이 되면 여지없이 까다로운 아이가 되어 심하게 운다. 외할머니가 크래커와 홀릭스 식품으로 '설탕 젖꼭지'[17]를 만들어 주면 진정될 때도 있지만 늘 그렇지는 않다.

출생 후 두 달째부터 낮에는 젖을 주지 않고 밤에 재울 때와 밤중에 깼을 때만 젖을 주고 있지만 아직도 엄마는 쉬지 못하고 있다. 게다가 엄마의 등이 여전히 아프기 때문에 아예 젖을 떼기로 했다.

10

아마 내일이 젖을 주는 마지막 밤이 될 것이다. 에디스가 젖먹는 것을
무척 좋아하기 때문에 엄마는 참 미안하다. 여름이 지날 때까지는
정말로 젖을 주고 싶었는데.
에디스는 오늘 처음으로 작은 모자가 달린 망토를 입고 잠깐 집 밖으로
나갔다. 외출 후에는 기분좋게 아주 오래 잤다.
최근에 앨리스 그레이[18] 고모가 엄마에게 친절한 편지를 보내왔다.
친할머니께서 에디스 마가렛이라는 이름을 아주 좋아하셨다고 한다.

1895년 5월 18일, 토요일

아버지께서 친히 너희를 사랑하심이라(요한복음 16:27)

"쉬, 사랑하는 아가, 가만히 누워 자거라.
거룩한 천사들이 너를 보호하고,
한없는 천국의 축복이
네 머리에 소르르 내린단다.

자거라 아가, 네 양식과 의복,
집과 가족을 너의 친구들이
값없이 수고 없이 모두
원하는 대로 공급해 줄 거란다."

{부드럽고 편안한 너의 요람,
주님은 거칠고 딱딱한 곳에 누우셨단다.

나신 곳은 마구간이요
침대는 건초더미였단다.

아, 주님은 구유에서 주무셨단다.
뿔 달린 황소를 먹이는 곳에서—
평안하거라 아가, 여기는 위험하지 않고
네 침대 근처에는 황소도 없단다.

그것은 너를 죽음에서 구하기 위해서였지.
사랑하는 내 아기를 불타는 화염에서,
극렬한 신음과 끝없는 눈물에서 구하시려고
축복의 주님께서 오신 거란다.

그분을 알고 경외하며 살기 바란다.
평생 주님을 믿고 사랑하기를—
그래서 영원히 그분 곁에 살면서
주님 얼굴 바라보며 그분을 찬양하기를!

나의 간절한 소원을 바라며
너에게 수천 번 뽀뽀를 해줄 수 있어.
어머니의 애정 어린 소망이
이보다 더 큰 기쁨을 바랄 수는 없을 거야.}[19]

이제 에디스 마가렛은 4개월이 되었다. 몸무게는 14파운드로,

11   셔우드가 5개월이었을 때보다 더 나간다. 그 당시에 엄마는 평양에
가기 위해 셔우드의 짧은 옷을 만들고 있었다. 아기 에디스는 아직 긴
옷을 입고 있다. 엄마는 가능한 한 오래 그렇게 입히고 싶다. 이번 달에
에디스의 사진을 찍었으면 좋겠다. 이 여동생은 지금 셔우드가 처음
사진을 찍었을 때와 비슷한 체구가 되었다.
며칠 전에 아기 에디스는 처음으로 말이 끄는 마차를 탔다. 엄마가
아기를 데리고 리버티로 간 것이었다. 먼저 에디스의 주치의
웹스터(Webster) 박사를 방문했지만 부재중이어서 그는 아기가 얼마나
자랐는지 보지 못했다. 그 다음에는 엄마와 함께 샌드포드(Sandford)
부인 댁으로 갔다. 그곳에서 엄마는 옛 학우이자 제자로서 지금은
브루스 샌드포드 부인이 된 리찌 네일러(Lizzie Naylor)를 만나 즐거운
시간을 보냈다. 셔우드는 그 댁의 한 살짜리 아들하고 놀았다.
샌드포드 할머니는 우리 에디스가 아주 예쁘고 착한 아기라고 하셨다.
외출을 하는 동안 에디스와 셔우드는 한 번도 울지 않았다.
에디스는 이제 상당히 긴 시간을 딸랑이나 작은 반지를 손에 쥐고
혼자 논다. 인형을 보여 주면 인형 얼굴을 보고 웃는다. 아주 재밌다는
듯이 인형에게 옹알이를 하면서 말을 건다. 이번 달에 에디스는
참 잘 지냈고 아주 착했다. 대부분 밤새 깨지 않고 잘 잤다.

{아침에 아기가 깰 때,
그 시간에 모두 다 일어나야 해요!
또 하루의
노래와 놀이를
우리 귀염둥이가 소집했어요!

아기는 밥을 줄 때까지
천지를 진동시키지요.
그리고 배가 찰 때까지 좀체 가만히 있지를 않아요.
요 귀여운 것!
-유진 필드}[20]

날씨가 좋은 날이면 에디스는 항상 바깥 바람을 쐰다.

12 1895년 6월 18일, 화요일

우리가 지금은 거울로 보는 것같이 희미하나(고린도전서 13:12)

"'누가 온종일 걱정하는 어미새가 될까?
어린 새들은 천진난만하고 늘 놀기만 하는데.'
내가 어미새가 될 거야. 왜 못하겠니?
'걱정한다'니, 말도 안 돼. 이 자리는 '달콤한 자리'야.
아기새의 날개가 둥지 위로 활짝 펼쳐지는 순간을 생각해 봐!
작은 머리들이 어미 가슴에 기대는 순간을 생각해 봐!
그때 아무 노래 들리지 않고 소식 한 장 없더라도
반가운 어미새는 바보라서 기쁩답니다."

지난 4주 동안 아기 에디스 마가렛은 더할 나위 없이 착한 아기였다.
에디스는 정말 잘 먹고 잘 잔다. 아침마다 아주 행복한 얼굴로
일어나서 옹알이를 하고 웃고 오랫동안 잘 논다. 이달 내내 에스더

이모가 까꿍을 할 때마다 매번 좋아서 큰 소리로 활짝 웃었다. 그리고
에디스는 오빠가 노는 것을 가만히 쳐다보기를 좋아한다. 때때로
오빠도 동생을 한참씩 재미있게 해주기도 한다. 에디스는 힘이 세서
스스로 몸을 벌떡 일으켜 세워 앉은 자세를 취할 수 있다. 그리고
몇 분 동안 혼자 앉아 있을 수도 있다. 에디스는 새로운 것을 가지고
놀기를 좋아하고 오래된 장난감은 싫증을 낸다. 오빠가 가지고 놀던
고무 인형을 주었더니 그것을 무척 좋아한다. 그리고 작은 종들이
달린 새 딸랑이도 좋아한다. 에디스는 이제 물건들을 입에 넣는 것을
좋아하기 시작했다.

하루는 아기와 셔우드 그리고 여선[21] 삼촌을 데리고 리버티로 가서
사레스(Sarles) 부인 댁에서 시간을 보냈다. 그곳에서 에디스는 한 번도
울지 않고 아주 착하게 지냈다. 그분들은 에디스가 세상에서 가장
착한 아기라고 했다.

엄마는 에디스의 사진을 찍으려고 아기를 데리고 사진관에 갔다. 길을
나설 때까지는 매우 기분이 좋던 아기가 그곳에 도착하자 갑자기
허기를 느꼈다. 여선 삼촌이 유아식을 준비하여 아기에게 다 먹일
때까지 좀 기다려 달라고 부탁을 했으나 사진사는 아기가 잠시 울음을
멈춘 사이 사이에 바로 찍자고 고집을 부렸다. 엄마는 그 결과가
마음에 들지 않는다. 그래서 곧 더 나은 사진을 찍을 수 있기를 바란다.
어린 레슬리 사레스(Leslie Sarles)는 아기 에디스를 정말 좋아했다.
그 아이는 자기 엄마에게 에디스가 자기가 본 아기들 중 가장 예쁜
아기인 것 같다고 말했고, 에디스 엄마에게는 두 명의 아기가 필요하지
않으니 자기네 집에서 함께 살면 안되느냐고 물었다.
에디스 마가렛은 이제 15파운드가 나가고, 머리 둘레는 16⅛ 인치

(41cm), 키는 26인치이다. 그렇게 보이지는 않지만 오빠가 그 나이였을 때보다 체구가 더 크다. 에디스는 정말 밝고 상냥한 성품을 지녔다. 우리 모두 이 아이를 끔찍이 사랑한다.

☙ 네 달 반 된 에디스 마가렛 홀(사진)

14 1895년 7월 18일, 목요일

마음의 즐거움은 양약이라(잠언 17:22)

"즐거운 마음에 비하면 아름다움의 힘은 절반밖에 안 됩니다.
즐거운 마음은 그 무엇도 견줄 수 없는 매력입니다.
환히 얼굴에 비치는 빛,
바로 가슴에 있는 햇살입니다.
꼭 아름다운 얼굴이 아니더라도
즐거운 마음은 모든 부족함을 채워줍니다.
그리고 밝은 마음이 스쳐가는 곳마다
모든 얼굴이 아름답게 보입니다."[22]

에디스 마가렛은 6개월 생일을 뉴욕 주 노스빌에 있는 프랭크[23] 외삼촌 댁에서 지내게 되었다. 이달 10일 엄마와 오빠 그리고 박 씨 부부[24]와 함께 리버티를 떠나 뉴욕 시에서 이틀을 보냈다. 그중 하루의 오후는 센트럴 파크에 가서 멋진 마차 여행을 즐겼다. 착하게도 우리 아기는 프랭크 외삼촌 집에 가는 동안 거의 보채지 않았다. 여행 중에는 홀릭스 맥아유를 먹었고, 쾌적한 프랭크 외삼촌 집에 도착한 다음날부터는 다시 우유를 주기 시작했다. 그곳은 참으로 편안했고 셔우드에게도 잘 맞는 듯했다. 그런데 36시간이 채 지나기도 전에 에디스가 다시 이질에 걸렸다. 엄마는 즉시 우유를 중단하고 전처럼 치료를 했다. 그러자 에디스는 사흘 만에 다 나았다. 하지만 몸무게를 재어 보니 반 파운드가 줄어 있었다. 키는 1인치 자랐지만.

❀ 다섯 달 반 된 에디스 마가렛 홀(사진)

리버티를 떠나기 바로 전에 엄마는 아기 에디스를 데리고 다른 사진관에 가서 다시 사진을 찍었다. 그때 에디스는 무척 기분이 좋았고 얌전히 잘 있었다. 사진사가 시간을 길게 끌었지만 명랑하게 잘 참았다. 엄마는 사진이 아주 마음에 든다. 하지만 카드에서 사진 하나를 떼어내 에디스의 육아일기에 붙일 때 잘못 붙였다.
사랑하는 외할아버지께서 3주 전 엄마의 세 번째 결혼기념일에 하늘나라로 가셨다. 바로 그 전날 할아버지는 어린 에디스에게 마지막 입맞춤을 해주셨다. 그리고 지금은 사랑하는 아빠와 함께 계신다.
가여운 할머니는 할아버지가 안 계신 지금 너무나 외로워하신다.
우리 모두 다 외할아버지를 그리워하고 있다. 셔우드도 할아버지를 그리워한다. 셔우드에게 할아버지가 어디에 계시냐고 물으면 셔우드는 침대로 가서 살펴본 후 방에서 나와 할아버지의 텅 빈 의자를 가리킨다.
하지만 어린 셔우드와 에디스는 할아버지를 잊어버릴 것이다.
에디스는 프랭크 외삼촌 집에서 아주 즐겁게 지냈다. 외삼촌과 킷[25] 외숙모 그리고 사촌 벨트와 클레어[26]가 아주 친절하게 대해 주었다.

프랭크 외삼촌은 매일 저녁 우리에게 말을 태워 주셨다.

말을 타고 난 후에 옷을 벗겨주면 에디스는 침대로 가서 아주 잘 잤다. 다음 주에 우리는 친할아버지와 할머니에게 갈 것이다. 그분들 역시 한국에서 온 당신들의 어린 손주들을 기다리고 계신다. 엄마는 우리 모두가 안전하게 그곳에 도착하여 잘 지내리라 믿는다. 아빠 없이 사랑하는 가족들을 만나고 아빠가 많이 사랑했던 곳들을 방문한다는 것은 고통스러울 것이다. 그렇지만 영적으로 아빠가 우리 곁에 계시리라는 것에 대해 의심의 여지가 없다. 아빠가 그토록 신실하게 섬기던 하나님께서 우리에게 은총을 베풀어 주실 것이다.

17 1895년 8월 18일, 일요일

우리가 살아도 주를 위하여 살고 죽어도 주를 위하여 죽나니
그러므로 사나 죽으나 우리가 주의 것이로다(로마서 14:8)

"주님, 제게 은혜를 베푸소서.
혼을 다해 진정으로 당신의 것이 되도록.
제 발길이 닿는 어디에나
시종일관 당신의 사랑만 생각하게 하소서."[27]

아기 에디스 마가렛은 지금 캐나다의 글렌부엘에 있는 친할아버지와 할머니 댁에 있다. 이곳에 도착하기까지 아주 힘든 여정을 보냈다. 우리는 7월 24일 아침 6시에 프랭크 외삼촌 집을 떠나 밤 11시가 되어서야 할아버지 댁에 도착했다. 하지만 에디스는 잘 견뎠다.

정말 착했다. 할아버지 댁에 도착했을 무렵에는 잠들어 있었기 때문에
에디스는 다음날 아침에 모두로부터 따뜻한 환영을 받았다. 특히
사랑하는 할머니로부터 큰 환영을 받았다.

아기 에디스와 오빠 그리고 엄마를 보러 여러 분이 오셨다. 처음
두 주 동안 100명이 넘게 오셨다. 대부분의 손님들은 아기 에디스가
아빠 쪽 사람들을 닮았다고 생각했다. 에디스의 눈은 존[28] 삼촌의 눈과
많이 닮았는데, 아빠의 형제자매들을 보니 친할아버지 가족들의 눈이
그렇다는 것을 알 수 있었다. 비록 할아버지와 아빠의 눈은 다르지만
제임스 홀[29] 삼촌과 사라 퍼시벌[30] 고모 등이 눈이 비슷했다.

18   한동안 에디스는 아주 잘 지냈다. 프랭크 외삼촌 댁에서 이질에 걸렸던
이후로 몸무게가 조금 는 것 같았다. 그런데 평상시와 같은 양의
우유를 먹기 시작하자 다시 아프기 시작했다. 지금은 잘 이겨내고
있지만 1파운드 가량 몸무게가 줄었고 현재 14파운드밖에 나가지
않는다.

아기 에디스 마가렛은 엄마, 할머니와 함께 여러 분을 방문했다.
우리가 방문한 분들 가운데 뉴 더블린에 사시는 볼턴(Bolton)
외증조할아버지도 계셨다. 할아버지는 90세의 고령인데도 여전히
건강해 보였다. 그러나 엉덩이뼈가 부러진 후 벌써 1년 넘게 침대에서
지내신다. 가엾은 할아버지, 할아버지는 인내심이 매우 강하다.
할아버지는 당신을 보러 멀리서 온 증손주들을 보시고 아주 기뻐하셨다.
아이들의 아빠는 할아버지가 가장 아끼시던 손자였다. 할아버지는
노래를 부르고 책을 읽으며 아빠와 함께 놀아주셨다고 한다.
볼턴 가는 장수하는 집안이다. 볼턴 할아버지와 사라 고모의 도움으로
엄마는 아일랜드에서 태어난 왕당파[31]였던 조지 볼턴[32]에게까지

계보를 거슬러 올라가 보았다. 그는 아일랜드에서 낸시 빅포트(Nancy Bickfort)와 결혼했고, 일찍이 캐나다로 이민 왔다.

미국으로 오는 길에 남자 아기가 태어났고, 그들은 아기의 이름을 윌리엄③이라고 지었다. 윌리엄③에게는 앨리스라는 여동생이 있었는데, 그녀는 캐리(Carrie) 씨와 결혼을 했고, 오래 사셨다. 윌리엄③의 남동생 아브람 볼턴은 100세의 나이에도 나무를 잘랐고 103세까지 살았다. 조지 볼턴에게는 7명의 아들이 있었으나, 딸은 앨리스 한 명밖에 없었다. 조지 볼턴은 린에 묻혔는데, 그 이후로 커다란 참피 나무가 그의 무덤 위로 자라고 있다고 한다. 장남 윌리엄③은 마사 엘리엇과 결혼했다. 그녀는 네덜란드 인의 후손으로 1777년 7월 3일 버몬트에서 태어났다. 그리고 그들에게서 사라②, 레베카, 존, 벤자민②, 낸시 그리고 윌리엄②이 태어났다. 존 볼턴은 28세의 나이에 1810년에 태어난 23세의 앨리스 콜본(75세에 사망)과 결혼했다. 그들에게는 6명의 딸과 3명의 아들이 있었다. 태어난 순서 는 마가렛(친할머니), 벤자민①(사망), 마사(사망), 헨리, 사라①, 수잔, 제인, 캐롤라인 그리고 윌리엄 존①이다. [판독 불가] 헨리 할아버지와 사라① 이모할머니 그리고 윌리엄① 할아버지는 {미혼으로, 아직도 볼턴 증조할아버지와 함께 오래된 집에서 살고 있다. 그 석조 집은 1835년에 지어졌다. 외고조할머니인 마사 엘리엇 볼턴도 1879년 3월 18일에 102세의 나이로 별세하실 때까지 이곳에서 장남 존과 함께 살았다. 아빠는 이 다정했던 할머니를 아주 잘 기억하고 있었다. 그녀는 자신이 12세 때 전쟁터에서 소뼈를 지켜낸 이야기를 자주 들려주셨다고 했다.}[33]

19   에디스의 몸무게는 늘지 않고 오히려 줄었지만 아주 건강하게 잘

자라고 있다. 지난 달부터 혼자 잘 앉아 있을 수 있고, 6온스짜리
우유병도 작은 두 손으로 똑바로 들 수 있다. 에디스는 매우 앙증맞게
생겼다. 마치 살아 있는 작은 인형 같다. 손발은 아주 작고, 다리는
정말 가늘다. 그렇다고 아파 보이거나 약해 보이지는 않는다. 자주
집 밖으로 나가기 때문에 얼굴은 좀 그을렸고, 입술과 뺨은 장밋빛이다.
에디스는 아주 건강해 보이는 아기로, 나이에 비해 체격이 작을 뿐이다.
에디스는 옹알이를 아주 많이 하는데, "고이 고이 고이"(goi goi goi)
라고 말하기 시작했다. 이 말은 셔우드가 처음 미국에 왔을 때 자주
하던 말과 비슷하다. 조와 외할머니는 셔우드가 "골리 골리 골리"(golly
golly golly)라고 했다면서 아이가 옹알이하는 것을 듣고 싶을 때면
언제나 그렇게 시작하게끔 했다. 그래서 에스더 이모도 에디스에게
똑같이 한다. 물론 에스더 이모는 그 단어가 좋은 말이 아니라는 것을
모른다.[34] 어느 날 엄마가 없을 때 린에 사는 펄리(Perley) 목사 내외가
방문했는데 에스더 이모가 그분들에게 아기를 자랑하면서
에디스에게 "골리 골리 골리"라고 말해 보라고 했다. 물론 착하신
목사님과 사모님은 상당한 충격을 받았다. 펄리 부인이 "아기에게
그런 말을 가르쳐서는 안 돼요"라고 했으나 에스더 이모는 아직
무엇이 문제인지 모른다. (깨끗한 자들에게는 모든 것이 깨끗하다.)[35]

20 1895년 9월 18일, 수요일

그러나 여호와여 주는 우리 아버지시니이다 우리는 진흙이요 주는
토기장이시니 우리는 다 주의 손으로 지으신 것이라(이사야 64:8)

"살포시 누워 단잠에 빠져 있는
내 보물, 어여쁜 내 아기!
세상 즐거움에 방긋방긋 웃던 눈을
잠시 감았구나.
꿈나라의 이야기가 환히 펼쳐지고
꿈나라의 음악이 귓가에 머무는 동안.

작은 머리가 뒤로 기울면서
아기가 깨는 순간, 어쩌나,
하늘에서 쏟아지는 햇살에
파란 두 눈이 부시네.
아기는 서서히 꿈나라의 신비스런 항해에서 돌아와
다시 세상에 닻을 내린다."

지금 아기 에디스는 뉴욕 빙엄턴에 사는 사촌 폴리 크레리[36] 집에 있다.
하지만 오늘 펜실베이니아 주 스크랜턴에 있는 사촌 세스 보니[37]를
만나러 떠날 예정이다.
두 주 전, 캐나다를 떠날 때 친할머니는 에디스에게 내년 여름에 입힐
우아하고 예쁜 파란색 캐시미어 드레스를 주셨다. 앨리스 그레이
고모는 귀여운 흰색 앞치마를 만들 재료와 레이스를 주었다. 캐나다에
사는 다정한 친구들은 우리를 친절하게 대해 주었고, 우리도 그분들과
좀더 머물 수 있기를 바랐지만 찰리[38] 외삼촌이 사랑하는 사촌
레나[39]가 오래 살지 못할 것 같으니 가능한 한 빨리 그곳을 방문해
달라고 해서 오래 머물 수가 없었다. 또 에스더 이모를 10월 1일 전에

21

뉴욕 시에 있는 유아아동병원으로 보내려던 참이었다.[40]

언젠가 에디스가 친가에 대해 더 잘 이해할 수 있을 정도로 자라면 그때 다시 캐나다를 방문할 수 있기를 바란다. 그럴 수 있을 때까지는 '단풍잎의 나라'[41]에서 친구들이 우리를 보러 와주면 좋겠다.

아기 에디스는 지난 달 생일 이후로 꽤 잘 지내고 있다. 빠졌던 체중이 회복되어서 지금은 리버티를 떠나던 때와 같이 15파운드가 나간다. 사랑스러운 작은 발에 1호 신발이 아직 너무 크긴 하지만 에디스는 요즈음 매일 빠르게 자라고 있다. 아마도 우리가 집에 도착하기 전에 더 자랄 것이고, 외할머니는 참 많이 컸다고 여기실 것이다. 에디스는 여행하는 동안 연유를 먹고 있다.

내일은 엄마의 생일이다. 이제 서른 살이 되는 것이다. 엄마는 그날 '어머니'와 함께 보낼 수 있기를 바라지만 지금으로서는 불가능하다. 우리 아기는 지난 두 달 동안 많이 변하지는 않았다. 하지만 짧은 옷을 입고 있으니 조금은 달라 보인다. 다음 페이지에 있는 가족사진 속의 작고 귀여운 에디스의 모습은 지금 아기 에디스가 어떤 모습인지 아주 잘 보여 주고 있다.

22 　 ☙ 뉴욕 시에서, 1895년 9월 27일(사진)
[에스더 부부와 함께한 로제타 홀 가족. 에스더가 아기를 잉태하고 있음을 알 수 있다.]

23 **1895년 10월 18일, 금요일**

내가 믿는 자를 내가 알고 또한 내가 의탁한 것을 그 날까지 그가 능히 지키실 줄을 확신함이라(디모데후서 1:12)

"소중한 내 아가, 너의 인생이
사랑과 즐거움으로 가득차기를 바란다.
그리고 이 땅에서 우리에게 주시는 헌신적인 일이
하나님께서 너에게 허락하신 천국에 쌓을 보물,
네 머리의 관을 영원히 아름답게 장식할 보물의
맛보기가 되기를 바란다."

아기 에디스는 오늘로 9개월이 되었다. 키는 27인치이고, 체중은
20파운드가 나간다! 정말 잘 커주었다. 캐나다를 떠난 뒤 5파운드가
늘었다.

오늘 에디스는 외할머니 댁에 있다. 할머니는 가끔 "에디스는
로제타의 아기가 아니야"라고 하시면서 에디스를 당신 아기라고
주장하신다. 엄마는 일주일 동안 도망 가 있었고 우리 아기의 이번 달
생일에도 집에 없었다. 엄마는 10월 16일부터 18일까지 브룩클린에서
열린 여성해외선교회 뉴욕지부 연례회의에 참석했다. 엄마는 브룩클린
거리에 사시는 존 트래슬로우(John Traslow) 부인으로부터 극진한 대접을
받았다. 그리고 회의를 마친 후에는 아빠 친구 몇 분을 방문했다.
헨리 거리에 살고 있는 캘드웰(Caldwell) 박사와 파커(Parker) 부인을
방문했고, 일요일에는 뉴욕 시 블리커 거리에 살고 있는
클레이턴(Clayton) 부부 댁에서 하룻밤을 지냈다. 친구분들은 모두
어린 에디스와 셔우드에 대해 무척 궁금해했다. 아이들은 엄마가 떠나
있는 동안 정말 착하게 지냈고 아프지도 않았다. 그리고 여선 삼촌이
아이들을 잘 돌봐 주었다. 엄마는 우리 에디스를 정성스럽게 돌보아
주던 에스더 이모를 만났다. 에스더는 아주 잘 지낸다. 병원에서

24

47명의 아기들이 있는 유아 병동의 수간호사를 보조하고 있다. 그리고 라틴어, 수학, 물리학을 공부하고 있는데, 라틴어가 영어보다 쉬운 것 같단다. 이모는 내년에 펜실베니아 여자의과대학에 입학하기를 바라고 있다. 졸업 후에는 의료 선교사로 한국에 돌아갈 계획이다. 엄마는 그녀가 자기 민족을 위해 훌륭하게 잘 해내리라고 믿는다. 엄마는 다시 한국에 돌아갈 수 없게 되더라도 에스더 이모와 여선 삼촌을 돕는 것으로 선교 사역에 조금이나마 보탬이 되고 있다고 여긴다.

에디스는 아직 기지 못한다. 하지만 이제는 울지 않고 (처음에는 손과 무릎으로 몸을 받칠 때마다 울었다) 기는 자세를 잡는다. 다음 주 정도면 기어다닐 수 있을 것 같다. 10월 1일 처음으로 작은 진주가 나왔는데 지금은 아랫니 두 개가 났다.

에디스가 신과 양말 그리고 옷을 어디에 착용해야 하는지 알기 시작했다. 때론 옷 입는 것과 신 신는 것을 도우려 애쓴다. 엄마 손수건으로 '까꿍' 놀이를 하고 빗으로 머리를 빗어 보려고도 한다. 에디스의 1호 신발이 드디어 작아졌다. 엄마는 에디스가 크면 보여주려고 그 신을 잘 보관해 두었다. 얼마나 앙증맞은지 마치 인형신발 같다. 그것은 엄마가 캐나다 브룩빌에서 산 것이다. 검은 순모 양말 세 켤레도 치워두었다. 이 양말들은 발가락과 뒷꿈치가 분홍색, 파란색, 금색으로 된 캘리포니아 산이다. 지금은 뉴욕 시에서 사온 더 큰 양말을 신고 있다. 이렇게 엄마의 아기는 점점 자라고 있다. 그리고 엄마가 미처 알아차리기도 전에 더 이상 아기가 아닐 것이다.

"이 아이는 어린 소녀일 뿐이에요.

그런데 얘가 어떻게 자라는지 누가 아시나요?
작디작은 아기가 자라
금빛 머리와 진주 이빨을 가진
피어나는 장미처럼 아리따운 아가씨로 자랄 거예요.
그러나 하루하루 어떻게
풀 한 포기와 어린 소녀가 자라는지
아무도 말할 수 없답니다."

26 1895년 11월 18일, 월요일

나의 사랑하는 자야 너는 어여쁘고 화창하다(아가 1:16)

"내 사랑이 오늘 나와 함께 있어 기뻐요.
아기의 미소는 눈부시고 아기의 마음은 즐거워해요.
아기는 온 집안을 기쁨으로 가득 채우고
엄마를 사랑하니 그것으로 나는 흡족해요.

아직 걷지 못하지만 아기의 고운 발은
천사의 발, 큐피드의 발 못지 않아요.
아직 말은 못해도 아기의 옹알이가
사람들의 수다보다 더 감미롭고 진실해요.

아침에 아기는 빛의 원천에서 쏟아지는
햇살처럼 밝고 순수하게 깨어나지요.

그리고 하루 종일 앳된 목소리로

사랑스런 작은 노래를 불러요. 행복하다고."

에디스 마가렛 양은 이제 10개월이 되었다. 체중은 1파운드가 더

늘었고, 키도 1인치 더 자랐다. 머리 둘레는 17½인치이다. 같은 나이

때의 셔우드에 비해 체구는 비슷하지만 이는 두 개밖에 나지 않았다.

셔우드는 이 나이 때 이가 여섯 개 났었다. 하지만 기는 것은 셔우드가

10개월이었을 때보다 훨씬 더 잘한다. 응접실에서부터 할머니 방을

지나 식당까지 기어갈 수 있다. 그리고 발로 기던 셔우드와 달리

무릎으로 긴다. 그래서 예쁜 무릎이 움푹 들어가고 물집이 생길

정도로 빨개졌다.

[일기 원본 27-32쪽 없음]

33   1895년 12월 18일, 수요일

지극히 높은 곳에서는 하나님께 영광이요 땅에서는 하나님이

기뻐하신 사람들 중에 평화로다(누가복음 2:14)

"아기의 크리스마스 양말을 달아주세요.

보조개 얼굴 우리 아기가

아직 크리스마스를

본 적이 없다는 것을 잊지 마시고요!

아, 정말 작은 양말이네요!
저 자그마한 발가락들을 감싸서
서리와 추위로부터 안전하게 보호하는 데는
그리 큰 양말이 필요하지 않아요.

하지만 아기의 크리스마스를 위해서는
그렇게 작은 양말로는 안 돼요.
산타 할아버지가 눈에 잘 띄지 않는
반쪽짜리 작은 양말은 찾지 않으실 테니까요.

아기를 위해 무엇을 해야 할지 알아냈어요.
최상의 방안을 모색하다가
할머니의 양말을 빌리기로 했답니다.
가능한 한 제일 긴 것으로요.

그 양말을 오빠의 양말 옆에 걸어 둘 거예요.
바로 여기, 이 모퉁이에 이렇게.
그리고 아기를 위해 편지를 써서
양말 발가락에 묶어 놓을 거예요.

34　산타 클로스 할아버지, 이것이
우리 아기를 위해 걸어 놓은 양말이에요.
할아버지는 우리 아기를 보신 적이 없지요.
이 아이는 아직 한 살이 채 안 되었답니다.

하지만 이 아이는 아름다운 아기예요!
그러니 이제 가시기 전에
양말 안에 선물을 가득 채워 주세요.
위에서 발가락까지 가득 채워 주세요."[42]

여러 변화와 함께 또 다른 한 달이 지나가고, 이제 아기 예수가
이 땅에 오신 달이 되었다. 그리고 이제 며칠 후면 에디스는 처음으로
크리스마스 선물을 받게 된다. 프랭크 외삼촌께서 셔우드와 에디스에게
크리스마스 상자를 보내주셨는데, 그 상자에는 사촌 벨트와 클레어가
우리 아기들을 위해 고른 장난감들이 가득 들어 있었다. 에디스를
위해서는《동물의 알파벳》(The ABC of Animals)이라는, 모슬린으로 만든
예쁜 그림책과 멋진 블럭 상자가 있었다. 그리고 엄마는 에디스가
근래 한두 달 동안 가지고 놀지 않던 헝겊 인형에게 새옷을 입혔다.
이 인형은 아주 새것처럼 보일 것이다. 엄마는 에디스가 인형을
껴안고 자장자장 쓰다듬는 것을 상상해 본다. 다정하신 매기 외숙모도
아기 에디스를 기억하고 노란색 테두리를 두른 예쁜 푸른색 공을
뜨개질해 주셨다. 엠마 외숙모는 사촌언니 에바가 만든 예쁜 밤색 깅엄
드레스를 보내 주실 것이다. 할머니의 크리스마스 양말이 사랑하는
손녀가 받을 멋진 선물들을 모두 담기에는 너무 작을 것 같다.
지난 달에는 에디스 마가렛의 몸무게가 조금도 늘지 않았다.
이곳저곳 엄청 기어다녔고, 12월 1일에는 이미 의자를 짚고 서기
시작했으며 그 자세로 거실과 문까지 걸어가기 시작했다. 에디스는
매우 활동적이며 하루에 낮잠을 한 번밖에 자지 않고 그나마도 길게
자지 않는다. 몸무게는 21파운드가 나가고, 키는 30인치, 머리 둘레는

35

18인치이다. 체중은 늘지 않아도 키는 자라는 것 같다. 그리고
이제는 지난 겨울에 오빠가 입었던 겨울 드레스와 앞치마를 입기
시작했는데 그 옷들이 그다지 커 보이지 않는다. 그리고 2호 신발과
긴 양말이 벌써 작아져서 머지않아 오빠가 신었던 4호 신발을
신겨야 할 것 같다. 지난 겨울에 오빠가 한국에서 할아버지 집에
올 때 신었던 것인데, 그때 오빠는 14개월이었다.

아기 에디스는 오빠가 그 나이 때 그랬던 것처럼 책을 매우 좋아한다.
그리고 오빠처럼 엄지손가락과 겁지손가락으로 책장을 넘긴다.
하지만 에디스는 조심성이 별로 없다. 오빠와 달리 에디스에게는 책을
찢지 말라고 애써 가르치지 않았고, 게다가 할머니와 여선도 에디스를
울리지 않으려고 책 찢는 것을 그냥 내버려 둔다. 어느 날 엄마가
시내에 나간 사이 여선이 다림질을 하고 있었는데 하도 오래 아기가
조용하기에 할머니가 아기를 찾아보았다고 한다. 그런데 세상에!
엄마의 새 책 《데이비드 리빙스턴의 생애》(The Personal Life of David
Livingston)를 찢고 있었다. 책 세 장을 찢어 버렸는데 아직까지는
이것이 에디스가 망가뜨린 전부이다.

에디스는 엄마를 잘 안아 주는 꼬마이다. 양팔로 에디스를 들어 올리면
작은 팔로 엄마의 목을 꼬옥 감싸고는 머리를 엄마의 심장에 갖다
대면서 아빠가 그랬던 것과 똑같이 엄마를 안아 준다. 에디스는
오빠와도 잘 논다. 때로 서로 싸우기도 하지만 아침에 일어나 옷을
갈아입기 전에 둘이서 한참을 잘 논다. 에디스는 요즈음 늘 무릎을
가슴에 대고 잔다. 매일 엄마와 같이 자지만 간혹 오빠가 이앓이를
하느라 너무 힘들어 할 때는 침대를 바꿔서 자기도 한다. 그렇게 해도
에디스는 밤새 잘 잔다. 밤에 잘 자고 기분 좋게 일어나서 아침 해가

밝아오면 명랑해진다. 에디스는 일어나면 침대에 앉아서 엄마의
얼굴에 작은 손을 살며시 갖다 대며 엄마를 깨운다. 그러고는 여선이
따뜻한 우유를 갖다 줄 때까지 침대 주위에서 논다. 요즘은 우유
6온스와 물 3온스 그리고 석회수 3온스 정도를 마신다. 이번 달에
에디스는 소아 콜레라[43]를 심하게 앓았다. 어느 날 저녁, 셔우드가
에디스에게 우유병 대신 자기가 먹던 사과를 준 일이 있었다. 겨우
두 개의 이빨로 그 사과를 어떻게 다 먹었는지 정말 놀라웠다. 아무도
모르는 사이에 껍질과 사과 속까지 모두 다 먹어버린 것이었다!
그날 밤에 에디스는 잠을 설쳤고, 다음 날 저녁에는 어마어마한 양을
토해 내면서 한꺼번에 심한 설사까지 했다. 머리부터 발끝까지 옷을
전부 두 번이나 갈아입혀야 했다. 엄마가 무화과시럽을 주고 장세척을
해주자 겨우 진정이 되었다. 사과 껍질과 사과 속이 엄청 많이 나왔다.
그러고는 하루 이틀 정도 아무것도 먹으려 하지 않다가 곧 다시
건강해졌다. 그래도 엄마는 우유에 오트밀 죽 대신 석회수를 타서
주기 시작했고, 그것이 에디스에게 도움이 되는 것 같아 계속 그렇게
주고 있다.

11월 18일 육아일기를 기록한 바로 그다음 날부터 엄마는 사랑하는
아빠와 함께했던 그 마지막 일주일을 다시 견뎌내야 했다. 아빠는
평양을 떠나 11월 19일 월요일 아침에 집으로 돌아왔고, 1894년 11월
24일 토요일 저녁에 하늘나라로 떠났다. 올해 바로 이 기간에는
사랑하는 할머니가 아주 많이 편찮으셨다. 체온이 105도[화씨]까지
올라가는 바람에 엄마는 무척 놀랐다. 1년 사이에 아빠와 할아버지
그리고 이제 할머니까지 잃게 될까봐 두려웠다. 그러나 인자하신
주님은 할머니를 우리에게 남겨두는 것이 좋다고 여기시고 병이 낫도록

치료에 은혜를 내려주셨다. 할머니는 서서히 회복되셨고,
10일 이후에는 다시 일어나 앉을 수 있게 되었다.

에스더 이모는 할머니가 아프다는 소식을 듣게 되어 안타깝고 자신도
엄마를 도와 할머니를 간호하고 싶다고 편지를 써 보냈다. 그리고
사랑하는 아빠에 대해서도 다음과 같이 썼다. "1년 전 11월 바로 이날이
생각납니다. 그리스도 안에서 저의 친한 친구이자 형제였던 그분이
사랑하는 아내와 어린 아들을 남겨두고 천국 문에 들어갈 준비를 하는
것을 보고 너무나 슬펐답니다. 어젯밤 멀리 떠나가신 다정했던 그분과
언니를 생각하면서 잠을 이룰 수가 없었어요. 저는 언니가 어떤
마음인지 알고 있어요. 언니가 어린 두 아이들과 함께 얼마나 외로울지
생각하니 그 슬픔이 제게도 너무 큽니다. 제가 언니의 위로자가 될 수
있기를 바래요. 거룩하신 위로자가 언니와 함께 계시다는 것을 알고
있지만 저 또한 소중한 언니에게 작게나마 위로가 되고 싶어요."
우리 아기 에디스의 한국인 이모로부터 받은 참으로 친절하고
사려 깊은 편지가 아닌가?
올해의 그 토요일 저녁에 엄마는 사랑하는 아빠가 집에서 보낸 마지막
6일에 대한 짧은 회고록을 써서 다우굿(Dowkoutt) 박사가 출판하는
《의료 선교사 기록》(Medical Missionary Record)에 실어야겠다는 생각이
들었다—아빠와 가까웠던 많은 친구분들이 그 책을 읽었다. 오빠의
육아 일기에는 아빠의 병환과 우리와 함께했던 마지막 날들에 대한
설명이 잘 기록되어 있지만 어린 딸 에디스의 육아일기에는 아무것도
기록되어 있지 않기 때문에 엄마는 지금 여기에 그날 밤 엄마가 썼던
글을 다시 적어 놓으려 한다.
아빠는 집에서 180마일 떨어진 평양에서 병에 걸리셨다. 그리고 집으로

돌아오는 여정도 일주일 넘게 걸렸다. 집에 도착하기 바로 전날 한강을 거슬러 오는 한국 배 안에서 마펫(Moffet) 씨에게 주님이 아빠를 외국 선교지로 부르셨을 때 기꺼이 고향을 떠나왔고, 서울에서 평양으로 부르셨을 때에도 그리 했으며, 이제 이 세상에서 불러가신다면 더 높은 곳의 사역을 위해 또 기꺼이 갈 준비가 되어 있다고 말씀하셨다고 한다. 마펫 씨가 성경 한 장을 읽은 뒤 함께 기도드린 후에는 "예수님을 의지하는 것이 얼마나 좋은지요" 하고는 잠이 드셨으며, 이것이 발병 후 취한 첫 숙면이었다고 한다.

11월 19일 월요일 아침, 엄마가 외래 환자를 방문하기 위해 약을 준비하고 있을 때 그리던 아빠가 도착했다는 전갈을 받았다. 엄마는 서둘러 오빠를 데리고 마중을 나갔다. 아빠는 혼자 서지 못할 정도로 매우 위중했기 때문에 우리가 침대로 옮겨 드려야 했다. 아빠가 하신 첫 마디는 대강 이러했다. "아내와 가정이 내가 건강할 때 얼마나 큰 기쁨인지 알았는데 이제는 아플 때 얼마나 큰 위로가 되는지 경험하게 되는구료." 집으로 돌아온 첫날은 아주 밝고 명랑하셨기에 아빠가 그리 위중하다는 사실을 못 느낄 정도였지만 체온계는 105도를 가리키고 있었다. 그날 밤에는 어느 정도 자신을 가눌 수 있었지만 다음 날에는 아기처럼 무기력해지셨다.

수요일 아침에 노블(Noble) 씨에게 연필을 가져다 달라고 부탁하셨다. 그러고는 이번 여행의 지출 내역을 적어 준 뒤 아빠가 관리하던 나머지 계좌는 공책에 적혀 있다고 말씀하셨다. 이렇듯 아빠는 모든 일에 세심한 주의를 기울이셨다. 그 일을 끝내시고는 "이제 저는 살거나 죽을 준비가 되었습니다. 주님의 뜻이라면 이곳에서 더 오래 사역하고 싶지만 만약 그렇지 않다면 나는 '어린 양의 피로 씻긴 문들을 지나'

미련없이 갈 것입니다"라고 하셨다. 그리고 잠시 멈추었다가
"예수의 피밖에 없어요"라고 덧붙이셨다.

이미 말하기 힘든 상태가 되었고, 하시는 말씀도 잘 알아들을 수 없는
상태로 진행되었다. 아빠의 목 부위 근육에까지 점점 마비가
퍼져가는 것 같았다.

목요일 아침에는 연필과 종이를 달라고 해서 무언가를 적어 보려
했지만 그럴 힘이 없다는 것을 아셨다. 무엇보다도 마음 속에 있는
하고 싶은 말을 할 수 없다는 것이 아빠를 힘들게 했던 것 같다.
슬픔에 가득찬 눈으로 엄마의 눈을 바라보면서 그저 띄엄띄엄
"당신을—사랑—해요"라고밖에 말을 잇지 못했다. 그날 오후에는
셔우드를 부르셨다. 그러고는 사랑과 그리움이 가득한 눈길로
셔우드를 바라보았다. 미국과 한국 두 나라에서 '어린이들의 친구'로
알려졌던 아빠는 하나밖에 없는 자신의 아들에게는 조용히 작별인사를
할 수밖에 없었다.

아빠가 엄마에게 마지막으로 하려고 했던 말은 아빠가 평양으로 갔던
것을 후회하지 말라는 당부였다. "나는 예수님을 위해 갔던 것이오.
그분이 내게 상을 주실 거에요"라고 하셨다.

41 소중한 분, 아빠의 믿음은 어린아이의 믿음처럼 순진했다. 죽음을 전혀
두려워하지 않았고, 마치 아기가 어머니의 품 안에서 잠이 드는 것처럼
여기셨다. 1894년 11월 24일 토요일, 바로 해질녘에 아빠는 엄마와
손을 마주 잡고 빛나는 눈으로 엄마의 눈을 응시하면서 영원한
안식의 날에 깨어나기 위해 '예수님 품에 잠드셨다'(asleep in Jesus).
다음 날 일요일에 아빠의 육신은 한강의 푸른 강둑에 안장되었다.
아빠가 캐나다의 아덴스에서 고등학교를 다니던 시절, 아빠 곁에는

다른 두 명의 윌리엄 제임스가 있었다. 한 명은 윌리엄 제임스 헤이즈(William James Hayes)였고, 한 명은 윌리엄 제임스 크러미(William James Crummy)였다. 이 두 윌리엄 제임스는 아빠의 전도로 회심했다. 윌리엄 제임스 헤이즈는 드류신학교 2학년 재학 중 사역을 준비하다가 죽었다. 그를 추모하기 위해 아빠는 소년 시절 그 친구와 함께 다녔던 글렌부엘 주일학교에 120여 권의 책을 기증했고, 교회 벽에는 대리석으로 기념비를 세웠다. 그리고 또 다른 윌리엄 제임스의 부고를 들었을 때는 사촌 레베카 로섬에게 이렇게 말했다고 한다:

"갑작스러운 윌리엄 제임스 크러미의 사망 소식을 듣고 정말로 큰 충격을 받았어. 이 세상은 우리가 거할 집이 아니라는 사실을 얼마나 자주 깨닫게 되는지 몰라. 고향에 있을 때 마지막 주일을 윌리엄 제임스 크러미와 함께 보내면서 그의 설교를 들었는데 말이야. 윌리엄 제임스 헤이즈, 윌리엄 제임스 크러미, 나 이렇게 셋이서 함께 있었거든. 그날 밤 우리는 헤어지기 전에 헤이즈의 집 마당에서 무릎을 꿇고 기도했어. 그것이 우리의 마지막이 되리라는 생각은 전혀 못했는데 말이야. 우리의 다음 만남은 천국에서 찬양 모임이 될 것이야."

"또 내가 들으니 하늘에서 음성이 나서 이르되 기록하라 자 지금 이후로 주 안에서 죽는 자들은 복이 있도다 하시매 성령이 이르시되 그러하다 그들이 저희 수고를 그치고 쉬리니 이는 그들의 행한 일이 따름이라 하시더라"(요한계시록 14:13).

☙ [첫 돌 맞은 에디스의 머리 타래]

☙ [첫 돌 맞은 에디스 마가렛 홀(사진)]

낮도 주의 것이요 밤도 주의 것이라 주께서 빛과 해를 마련하셨으며
주께서 땅의 경계를 정하시며 주께서 여름과 겨울을 만드셨나이다
(시편 74:16-17)

귀여운 어린 공주, 매력적인 두 눈을
하얀 이마 아래서[44] 온종일 방긋거리네.
총명하기 그지없는 아기의 눈으로
떡갈나무 의자 팔걸이 너머를 응시하네.
너보다 더 귀한 것은 하나도 없단다.
너보다 더 귀한 이는 아무도 없단다.
너의 웃는 얼굴에서 나는 보네,
다른 한 사람의 두 눈을.

불꽃이 지그시 빛나는 곳 여기서,
아늑하고 따뜻한 집에서 너는 안전할 거야.
그런 네게 불어오는 바람이 무엇이겠니?
진눈깨비 몰고 오는 겨울 폭풍이 무엇이겠니?
네 머리 둘레로 붉은 빛이 감돌고

땋은 머리다발에서 금빛이 반짝인다.
하지만 이 밤에 다른 한 사람의 머리 위에
눈이 휘몰아쳐 쌓이는구나.

나를 꼭 잡고 의젓하게 서 있거라,
죽어가는 불씨가 튀는 것을 보면서.
그러면 나는 또 다른 손을 느낄 거야,
나의 이 손을 '한 때 꼭 움켜잡던'[45] 그 손을.
노래할 수 있을 때 네 아기노래를 부르거라.
너의 유아기가 끝날 때까지 노래하거라.
아, 그러나 밤낮으로 다른 한 사람을
그리워하는 이 아픈 마음!
－작자 미상[46]의 시 〈다른 한 사람〉(The Other One)의 네 구절을
각색했다. －로제타 셔우드 홀.

44 한 해 동안 하나님께서 우리 아기 에디스를 지켜주셨다. 자비를
베푸셔서 많은 날을 더해 주시기를! 상처받은 엄마의 마음에 얼마나
큰 위로가 되었는지, 또 앞으로 얼마나 큰 위로가 될 것인지. 놀라우신
예지로 사랑하는 두 아이를 보내주신 하나님께 어떻게 감사를
드려야할지 모르겠다. 이 아이들이 늘 아버지의 하나님을 사랑하고
예배하는 자들로 성장하기를, 그래서 항상 '엄마의 위로자'가 되기를
기도드린다.
온 세상이 눈으로 덮였다. 우리 아기 에디스 마가렛이 이 세상에서
처음 그 파란 눈을 떴던 1년 전 오늘처럼 사람들이 얼음 위에서 일을

하고 있다.

엠마 외숙모가 어린 월터[47]를 데리고 이날을 함께 지내기 위해 오셨다. 사촌 넬리[48]도 왔다. 넬리는 에디스에게 조그마한 중국 인형을 주었다. 엄마와 할머니는 이번 주에 같이 만든 깜찍한 스코틀랜드식 체크 무늬 옷을 에디스에게 입혔다. 에디스는 그 옷 양 어깨에 있는 주름 장식을 아주 예쁘다고 여긴다. 셔우드가 가까이 왔을 때 그 주름들을 꼭 쥐고서 놓지 않았는데, 행여 오빠가 그것을 빼앗을까봐 겁이 나서 그랬던 것이다. 애니[49] 이모는 생일 선물로 그레이엄 크래커 한 상자를 주었고, 엄마는 3½호 신발을 사주었다. 오빠가 신던 4호 신발은 아직 너무 커 보였기 때문이다. 이 새 신은 큼직하니 우리 에디스가 꽤 오랫동안 신을 수 있을 것 같다. 이날 에디스는 거의 혼자 놀거나 셔우드와 월터가 노는 것을 구경하면서 정말 착하게 지냈다. 정오에 낮잠을 세 시간 자고 나서 저녁 9시까지 난로 옆 냄비에 담긴 나무 조각들을 가지고 놀았다.

☞ 한 살 된 에디스의 손(그림)

{"한 살 에디스의 손"

"한 해가 지났으니 아기에게 뽀뽀 한 번 해주세요.
이제 막 시작된 새해를 위해 또 한 번 뽀뽀해 주세요.
그리고 부드럽게 노래 불러 주세요─
'너무나도 빠르고 빠르게 오는 세월
지난 해보다 더 밝고 행복한 새해가 되기를.
그리고 서둘러 지나가는 모든 순간들이

우리 아기에게 새로운 선물을 가져다 주기를!'"}^{50}

크리스마스 이후로 우리 아기는 거의 매일 혼자서 계단을 기어 올라
간다. 그리고 이제는 뒤로 기어서 내려오는 법을 배우기 시작했다.
에디스는 의자나 벽을 짚으면서 잘도 걸어다닌다. 그리고 어제와
오늘은 혼자서 몇 분간 서 있기도 했는데 정말 귀여웠다. 에디스는
하루에 다섯 번씩 우유 7온스와 석회수 섞은 물 2온스를 마신다. 또
아침마다 구운 사과 두 개를 먹고, 낮에는 그레이엄 크래커를 한두 개
정도 먹는다. 밤마다 소다 크래커 또는 작은 빵과 버터를 먹는다.
아직 이가 두 개밖에 없는데도 그렇게 잘 먹는다. 이가 더 이상 나지
않는 것이 정말 이상하다. 에디스의 몸무게는 지난 달에 2파운드
늘어서 지금은 23파운드 나간다. 키는 서 있을 때 29½인치고,
누워서는 31인치다. 머리 둘레는 18인치다. 머리숱이 많은 건 아니지만
꽤 긴 머리이다. 엄마가 일기장에 에디스의 손을 따라 그릴 때 가만히
있지를 않아서 좀 크게 그려졌지만 그래도 괜찮게 그려진 것 같다.
46 에디스는 왼손잡이가 될 것 같다. 그걸 없애 보려고 엄마는 최선을
다해 노력하고 있다. 셔우드가 그 나이 때 그랬듯이 에디스도 리본이나
카펫 조각을 넥타이처럼 목에 두르기를 참 좋아한다. 또 종이 조각이나
실뭉치 그리고 너트 같은 것을 상자에 넣었다 꺼냈다 하면서 한참을
혼자서 재미있게 논다.
에디스 마가렛은 지난 한 달 동안 '엄마'(mamma)라는 말을 그리 많이
하지 않았다. 강아지가 짖을 때는 "바우-와우"(bow-wow)라고 말하려
하고, 또 "키티"(kitty)라는 말을 하려고 한다. 마차 지나가는 소리가
들리면 창으로 기어가 발꿈치를 들고 서서 밖을 내다본다. 밖에

나가는 것을 좋아해서 너무 춥지 않으면 거의 매일 나간다. 최근에는 헤어질 때 "바이 바이"라고 말하기 시작했다. 또한 신문이나 책에 있는 긴 이야기를 읽는 척하기도 하고, 엄마가 편지 읽는 것을 도와주어야 한다고 생각하기도 한다. 할머니는 에디스에게 새 신발이 어디 있는지 가르치려고 하시는데 아직은 성공하지 못하셨다.

에디스는 자기에게 하는 말을 셔우드가 그 나이 때 알아듣던 만큼은 못 알아듣는 것 같다. 에디스가 확실히 반응하는 한 가지 경우가 있는데, 그것은 자기가 쥐고 있는 책이나 신문을 누군가가 읽어줄까 하고 물어볼 때이다. 에디스의 기질 또한 셔우드와 매우 다르다. 에디스는 얼굴과 입술에 연고나 글리세린뿐 아니라 무엇이든지 발라 주는 걸 참지 못한다. 셔우드는 그렇게 해 주는 것을 참 좋아했다. 심지어 엄마가 연고를 면봉에 묻혀 코 안에 발라주어도 좋아했다. 셔우드는 기저귀를 갈아줄 때도 항상 얌전했다. 기저귀를 펼쳐 놓으면 알아서 그 위에 누우려고 했다. 그리고 엄마가 셔우드를 씻길 물이나 물건을 가지러 잠시 다른 방에 가도 서두르는 법이 없이 가만히 누워 있었다. 그러나 에디스는 기저귀를 가는 시간도 못 참아서 발로 차고 울기도 하며 계속 일어나려고 바둥거린다. 오빠에 비해 선천적으로 성질이 조금 급한 것 같다. 하지만 또 여러 부분에서는 어린 양처럼 인내심이 있다. 예를 들면 외출하기 위해 준비를 할 때 여선은 늘 셔우드를 먼저 준비시킨다. 오빠가 외투와 모자, 장갑, 장화를 모두 입고 신을 때까지 에디스는 자기가 입을 모자와 망토만 보이면 조바심을 내지 않고 잘 기다린다. 그리고 또 에디스는 오빠보다 더 정이 많은 것 같다. 에디스는 엄마를 정말 잘 안아 준다. 그리고 이제 막 뽀뽀하는 법을 배우기 시작했다. 전체적으로 에디스는 아주 감미로운 작은 장미꽃 봉오리이며, 엄마에게 대단한 위로자이다.
우리 가족 모두 에디스를 끔찍이 사랑한다. 특히 조(Joe)가 에디스를
각별히 사랑한다. 하나님께서 이 아이를 축복하시고, 이 아이가 늘
주님의 사랑하는 자녀이기를, 그리고 사람들을 예수님께로 인도할 수
있기를 바란다.

2월 2일 일요일. 엄마는 내일 떠난다. 에디스의 다음 달 생일까지
사랑하는 아이들 곁을 떠나 있게 될 것이다. 에디스는 이미 혼자서
몇 걸음을 뗄 수 있고, 근래에는 "엄마"라는 말을 할 수 있게 되었다.
그리고 "하우디"(howd'y, [안녕])라는 말이 그 아이의 어휘에 더해졌다.
엄마가 다시 집에 돌아올 때까지 에디스와 오빠가 안전하고 건강히
잘 지내기를 기도드린다. 하나님께서 이 사랑스런 어린 영혼들을
축복하시기를.

48 1896년 3월 18일 수요일

내 아들아 나의 법을 잊어버리지 말고 네 마음으로 나의 명령을
지키라 그리하면 그것이 네가 장수하여 많은 해를 누리게 하며
평강을 더하게 하리라(잠언 3:1-2)

이렇게—이렇게 하루가 쏜살같이 지나가네요.
나무가 황금빛으로 물들듯이
다가오는 나날이
나에겐 달콤하기만 해요.
그리고 우리 예쁜 아기가

내 무릎 위에 올라와

이제 뽀뽀할 시간이라고 알려줄 때가

가장 달콤한 순간입니다.

－유진 필드

아기 에디스 마가렛은 이제 14개월이 되었다. 오빠가 동생을 봤을
때와 거의 같은 나이다. 그렇게 보이지는 않는데, 에디스는 그 당시의
셔우드 몸집만 하다. 옷을 입고 25파운드가 나가고, 서 있을 때 키는
30½인치, 머리 둘레는 18½인치다. 누워서 잰 키는 32인치고,
옷을 벗은 몸무게는 24파운드다.

{"1895.3.18 몸무게 11파운드, 키 24인치, 머리둘레 14¾인치.
1896.3.18 몸무게 24파운드, 키 32인치, 머리둘레 18½인치.
[1년 동안] 몸무게 18파운드, 키 8인치, 머리둘레 3¾ [로제타는 계산 착오로
2¼이라고 기록함]인치가 늘어남.

셔우드는 1894.3.10부터 1895.3.10까지 몸무게 16파운드, 키 8인치,
머리둘레 2¾인치가 늘었음."}[51]

이도 네 개가 새로 났다. 한 달 전에 모두 한꺼번에 나와서 이제 아래
앞니 네 개와 위 앞니 두 개가 있다. 13개월 반이 지난 후부터는 더
이상 기지 않고 걸어다닌다. 오빠보다 6주 빨리 걸은 것이다. 셔우드는
15개월이 될 때까지 걷지 못했는데 에디스는 아주 다른 방법으로
걸음마를 익혔다. 셔우드는 의자를 사용하거나 벽을 잡지 않고 마루
한 가운데서 혼자 힘으로 일어설 수 있을 때까지 기다린 다음에야
발을 떼기 시작한 반면 에디스는 의자나 문, 벽 옆을 잡고 일어서기
시작했고, 몇 주 동안은 무엇인가를 붙잡고 걸었다. 에디스는 벽에

손을 짚고 응접실 전체를 걸어 보려고 했다. 그러고는 혼자 이 의자에서 저 의자 혹은 이 사람에게서 저 사람에게로 가보려고 했다. 혹시 넘어지면 붙잡고 일어설 수 있는 것을 짚을 때까지 기어갔다. 그런데 최근에는 셔우드가 처음에 그랬던 것처럼 혼자 힘으로 일어서려고 하기 시작했다. 처음에는 발을 똑바로 지탱하지 못했고, 물건을 잡고 걸을 때처럼 옆으로 걸었다. 그러나 이제는 단단히 설 수 있고 잘 넘어지지도 않는다. 그 모습이 정말 귀엽다. 에디스의 걸음걸이는 약간 특이하다. 아일랜드 인들이 가끔 그러는 것처럼 어정-아장(tiddle-toddle), 되똥-뒤뚱(widdle-waddle) 걷는다. 처음에는 균형을 잡기 위해 작은 두 손을 펴고 걸었고, 이제는 점점 익숙해져서 손을 꼭 쥐고 잘 걷는다. 처음 걸음마를 했을 때 에디스는 정말 자랑스러워했고 행복해했다. 셔우드는 어쩔 줄 몰라했다. 함께 기어주는 것이 에디스와 놀아주는 것이라고 생각했는데 이제는 더 이상 그렇게 해줄 필요가 없게 되었다. 가여운 엄마, 엄마의 아기는 이제 곧 더 이상 아기가 아닐 것이다.

에디스는 정말 빨리 자란다. 에디스는 엄마한테 와서 엄마 무릎에 손을 올려놓고 엄마가 들어 올려줄 때까지 오르는 시늉을 하며 어리광 부리기를 좋아한다. 그러고는 가끔씩 필드 씨의 아기가 그러는 것처럼 '뽀뽀하는 시간'이라는 것을 상기시켜 준다. 에디스는 쪽 소리가 나게 뽀뽀를 잘 한다. 그러나 주로, 특히 다른 사람들에게 뽀뽀를 할 때는 얼굴에 입술을 갖다대지 않고 쪽쪽 소리만 거듭 보내는 '무균 뽀뽀' (aseptic kiss)를 한다. 셔우드도 그렇게 뽀뽀하는 데 선수다. 그러나 엄마에게는 종종 아주 다정하고 따뜻하고 사랑스런 뽀뽀를 입술이나 뺨에 해준다. 그리고 에디스는 작은 팔로 엄마의 목을 감싸고 꼭 안아주기까지 한다.

50

할머니께서 에디스에게 이가 어디 있는지 가르쳐 주셨다. 할머니가
"우리 에디스 예쁜 이빨 어디 있지?"라고 물으시면 에디스는 입을
크게 벌리기도 하고 때로는 이를 가리키기도 한다. 에디스는 자기
신발이 어디 있는지도 안다. 그리고 사람들이 갈 때나 자기가
떠날 때를 잘 알아차리고 "바이 바이"라고 말한다.

"산책할 때 아기가
얼마나 보채는지!
그게 바로
아기가 다른 사람들에게
'바이-바이'를 하는 방법이래요."

에디스는 또 남부 사람들처럼 "하우디"(howd'y)라고 인사하고, 강아지가
짖는 소리를 들을 때마다 그대로 꾸밈없이 "바우, 와우, 와우"(bow,
wow, wow)라고 한다. 에디스는 "키티"(kitty)와 "엄마"(mamma)라는
말을 할 줄 알고, 할머니를 "바바"(Baba)라고 부른다. 그리고 셔우드처럼
"다"(Dah)[52]라고 부르고, 요강을 사용하고 싶을 때 "쉬이"(she-ee)라는
말을 하기 시작했다. 이른 아침마다 조그마한 자기 요강을 사용하고,
이제는 거의 기저귀를 더럽히지 않는다.

51 두 주 동안 뉴욕과 미들타운에 있던 엄마는 귀가하면서 에디스에게는
실로 짠 예쁜 인형을, 셔우드에게는 입으로 부는 오르간을 사주었다.
에디스도 금방 입으로 오르간 부는 법을 배웠다.—그것이 한 달 전의
일이다. 이제는 악기를 다루는 사람이 아닌 여느 사람들처럼 제법
좋은 소리를 낸다. 아직은 인형에 별 관심이 없지만 자주 인형을

가져본 적이 없는데도 처음으로 인형을 보게 되면 뽀뽀를 하고 팔로 끌어안고 쓰다듬으며 "바이 바이"라고 노래를 해준다. 에디스는 그림책 보는 것을 좋아한다. 꽃에서 좋은 향기가 난다는 것을 알고서는 꽃 그림을 볼 때마다 셔우드가 그랬던 것처럼 냄새 맡는 시늉을 한다. 에디스는 셔우드의 작은 흔들의자에 타는 것을 좋아한다. 의자 뒷부분을 단단히 잡고 올라선다. 그러고는 기우뚱 기우뚱 앞뒤로 심하게 흔들기 때문에 의자가 뒤집어지지 않도록 잘 살펴봐야 한다. 에디스는 매일 저녁 반 시간 가량을 이런 식으로 혼자서 논다. 이 놀이는 아이에게 많은 운동이 된다. 에디스는 매일 정오쯤에 자기 우유병을 들고 자러 가서 두 시간 동안 낮잠을 잔다. 이때와 밤에 자러 갈 때만 우유병을 가지고 간다. 아침에 아래층으로 내려와서 부드럽게 반숙한 달걀에 잘게 부순 크래커 조각을 섞어 먹는다. 그리고 10시 반이 되면 애플 소스에 잘게 부순 크래커 조각을 섞어서 점심으로 먹는다. 오후 4시에는 빵와 우유 혹은 밥이나 크래커에 우유나 커스터드를 곁들여 먹는다. 저녁 식사 시간이 되면 에디스는 식탁에 놓인 작은 어린이용 의자에 앉아서 빵과 버터를 조금 먹거나 으깬 감자 같은 종류의 음식을 먹는다. 자기에게 주어진 음식은 무엇이든 셔우드가 어렸을 때보다 더 잘 먹는다.

에디스의 이 두 개가 더 나오고 있다. 위 옆쪽 앞니인데, 하나는 방금 잇몸을 뚫고 나왔지만 다른 하나는 아직 보이지 않는다. 이것으로 에디스의 앞니는 다 나왔다. 아랫쪽 송곳니도 나오고 있는 것 같다. 셔우드가 그랬던 것처럼 에디스는 지금 투정을 많이 부린다. 하루를 마칠 때쯤이면 아주 지쳐 있다. 종종 6시에 잠이 들기도 한다. 그러면 셔우드도 8시 전에 자러 간다.

52

첫 기차는 오후 6시에 출발한대요.
양귀비가 자라는 퍼피랜드(Poppy-Land)로 간대요.
사랑하는 어머니가 기관사래요.
승객은 웃으며 환호를 보내죠.

호화 특별칸(Palace Car)은 어머니의 두 팔이래요.
기적소리가 낮고 감미롭게 끌어 준대요.
승객은 눈을 깜박거리다 이내 꾸벅꾸벅
기차에서 잠이 들지요.

다음 기차는 저녁 8시에
멀리 퍼피랜드를 향해 출발한대요.
삐삐— 집합을 알리는 기적이 울리네요.
"자, 모두 타세요! 침대차에 타세요!"

53 그런데 "퍼피랜드까지 얼마예요?
너무 비싸지 않았으면 좋겠어요."
아, 요금은— 포옹과 뽀뽀랍니다.
그리고 기관사에게 지불하세요.

나는 아이들을 무릎에 앉히시던
더없이 친절하신 주님께 부탁드려요.
"기도하오니 날마다 저녁 6시부터 8시에 떠나는
이 기차들을 맡아 주세요."
– 에드가 애벗[53]

1896년 5월 18일 월요일

그런즉 믿음 소망 사랑 이 세 가지는 항상 있을 것인데
그중의 제일은 사랑이라 (고린도전서 13:13)

"누가 부드럽게 흔들어 이 집을 지배하나요?
자랑하는 '사람'[54]이 순종하게 하나요?
그리고 가장 겸손하게 자기를 섬기게 하나요?
이 아기래요.

아기의 파란 눈은 천국의 별처럼 빛나요.
꼿꼿한 기상으로 그녀답게 처신하고요.
아, 누가 더 예쁜 여왕을 원하겠어요?
이 아기보다?

내 비둘기야, 자랑하는 사람이 네게로 오게 하렴.
그는 위에서 오신 진리를 배우게 될 거야.
'사랑으로 다스리는 자가 최고의 통치자이다'
아기처럼."[55]

우리 아기는 이제 16개월이 되었다. 그리고 이제 의젓한 여자아이로 성장하고 있다. 에디스의 키는 31½인치로 같은 나이 때의 셔우드보다 반 인치가 더 크다. 몸무게는 26파운드가 나가는데 당시의 오빠(28파운드)보다는 덜 통통하다.

54

셔우드는 이제 에디스를 그냥 "아기"(baby)라고 부른다. 그래서 나머지
우리들도 보통 다 그렇게 부른다. 어떻게 보면 그 나이 때의 자기
오빠보다 더 아기같지만 실은 그렇지 않다. 오히려 더 성숙한 것 같다.
에디스는 더 많은 단어를 말할 수 있고, '케이키'(cakee)와 '테이트'(tate),
'해피 데이'(happy day)가 단어장에 더해졌다. 그리고 할머니가 가르쳐
준 코, 눈, 입, 귀, 혀, 이, 머리카락, 손, 발, 무릎 등을 알고 있어서
누가 물어보면 곧잘 짚어 낸다. 셔우드는 이런 말들을 16개월이
되어서야 겨우 배웠다. 엄마 생각에 같은 나이 때 오빠가 하던 행동
중 에디스가 안 하는 것은 혼자 계단을 내려오는 것이다.
크리스마스 이후로 혼자서 계단 위로는 기어 올라가지만 아직
내려오지는 못한다. 에디스는 이달 초에 우유병을 뗐다. 셔우드와
에디스 둘 다에게서 동시에 우유병을 치운 것이다. 에디스는 저녁을
넉넉히 먹고 잠을 자러 침대에 가기 바로 전에 우유 한 컵을 마신
다음에는 아침까지 더 이상 아무것도 먹지 않고 밤새 자는 것이
규칙이다. 그렇지만 엄마는 두 아이가 밤에 자러 갈 때 빈 우유병을
들고 가는 것은 허락해 주고 있다. 낮잠을 잘 때는 우유병 없이도
살살 흔들어 주면 잘 자는데, 밤에는 우유를 잔뜩 마신 후 각각 자기
우유병을 쥐고 침대에 드는 것만큼 아이들을 더 만족시키는 것이 없는
것 같다. 아이들은 별 어려움 없이 금방 꿈나라로 떠난다. 어쩌다 밤에
깨면 우유병을 찾을 때까지 여기저기 더듬거리다가 곧 다시 잠이 든다.
아이들에게서 우유병을 치워야 하지만 우유병이 있으면 아주 쉽게
잠들고, 또 아이들이 우유병을 정말 좋아하기 때문에 엄마는 아직
그러지 않고 있다.
에디스는 생후 15개월 후부터 "해피 데이"(happy-day)라는 말을 했다.

이 말은 아침에 에디스가 엄마를 깨우면서 자주 하는 말인데, 이제는 하루 종일 자기 인형한테 이 말을 흥얼거리고, 밤에는 오빠의 작은 흔들의자에 앉아서 인형을 안고 흔들흔들 하면서 "해피 데이, 해피 데이"하고 노래를 부른다. 어떨 때는 그 말에 곡조를 붙이기도 한다. 할머니는 우리 에디스가 노래를 잘 하게 되리라 확신하신다. 에디스는 행복한 아이다. 소중한 아빠가 늘 기뻐했듯이 우리 에디스에게도 하루하루가 최고의 날인 것 같다.

4월 첫 두 주 동안 엄마는 몇몇 회의에 참석하기 위해 뉴욕 시에 가 있었다. 11일 토요일에 집에 올 예정이었지만 I. M. M. S.[56]의 여성 지부가 13일 월요일에 열리는 이사회 때까지 있어 주기를 바랬기 때문에 엄마는 그렇게 했다. 그런데 바로 그날 에디스가 집 식당에 잠시 혼자 남아 있게 되었다. 할머니는 집 안에 누워 계셨고, 다른 사람들은 모두 밖에 있었다. 애니 이모가 닭들에게 모이를 주고 들어오니 에디스가 우유 저장소 안에 있는 물통 속에 빠져 있었다!

56 이 물통은 바닥에 세워둔 약 20인치 높이의 통인데, 아이들이 이 안에서 놀지 못하게 하느라 늘 애를 먹지만 이렇게 통 안에 빠지리라고는 아무도 생각하지 못했다. 샘에서부터 연결된 파이프를 통해 물이 그 안으로 흘러들어가기 때문에 물통은 항상 물로 가득 차 있다. 모두들 에디스가 그 안에 거꾸로 빠졌을 거라고 생각했다. 그렇지 않고서야 작은 애가 물통 속에 들어갈 수가 없기 때문이다. 그런데 애니 이모가 에디스를 발견했을 때 아이는 두 발로 서서 빠져 나오려고 허우적거리며 울고 있었다고 한다. 이처럼 어린 아이가 물 속에서 숨이 막혀 질식하기 전에 자기 발로 설 수 있었다는 게 마치 기적 같다. 그리고 그 차가운 물 속에 있었는데도 아무런 해를

입지 않았다는 것도 기적 같다. 할머니와 애니 이모가 젖은 옷을
벗기고 마른 옷으로 갈아 입힐 때 에디스는 벌벌 떨고 있었고 얼굴은
창백했다고 한다. 하지만 곧 잠이 들었고, 다음 날 엄마가 집에 왔을
때는 멀쩡했다. 할머니가 말해 주지 않았더라면 엄마는 소중한 우리
아기가 그렇게 위험한 상황에 처했었다는 것을 전혀 몰랐을 것이다.
사랑하는 아기의 소중한 생명을 살려 주신 하늘에 계신 우리
아버지께서 얼마나 은혜로우신지. 엄마는 진심으로 감사드리면서
에디스가 현명하고 쓰임받는 여인으로 자라나 하나님께서 주시고
지켜주신 생명을 주님의 영광을 위해 사용하기를 기도드린다.
이번 달에 에디스는 할머니와 함께 사진을 찍었다. 1년 전에 셔우드가
할아버지와 함께 사진을 찍었던 것처럼. 아기를 얌전히 있게 하는
것이 아주 힘들 거라고 생각했는데 에디스는 아주 잘 있어 주었다.
그래서 아기와 할머니 모두 아주 멋지게 나왔다. 거의 모든 사람들이
에디스는 외할머니를 닮았다고 생각한다.

57 ☙ 할머니와 아기!(사진)

58 1896년 8월 18일, 화요일

여호와는 네게 복을 주시고 너를 지키시기를 원하며(민수기 6:24)

"우리 여왕은 정교한 기술과 예술로 다스립니다.
정치가보다 탁월해요.
우리 여왕의 변화무쌍한 익살 아래

백성들은 한결같이 충성스럽고요.
우리 여왕의 지휘를 거스리는 사람은 없어요.
그녀는 어떤 행동도 비난받지 않아요.
우리 여왕의 기분이 좋을 때나 나쁠 때나
그녀의 모든 말은 관심을 끈답니다."[57]

아이를 버릇없이 기르지 않는 사람을 꼽으라면 바로 외할머니이신데
애니 이모는 할머니가 에디스 마가렛을 응석받이로 키우고 있다고
한다. 에디스가 말을 안 듣고 야단을 맞아야 할 때도 할머니는 "아,
그 애는 너무 어리잖아. 잘 몰라서 그러니까 더 크면 잘 할거야"라고
말씀하신다. 하지만 우리 에디스 양은 무엇이 옳은 행동인지 곧잘
알고 있다. 하루는 일어나서 애니 이모의 꽃들을 짓밟아 버렸다. 꽃을
만져서는 안된다고 단단히 주의를 들었던 터라 에디스는 매를 맞아야
했다. 엄마는 출타중이었고, 할머니는 "그렇게는 못하겠다"고 하셔서
애니 이모가 조금 때려 주었다.

꼬마 숙녀 에디스 마가렛은 할머니와 조 그리고 다(Dah, [여선])를 완전히
휘두르고 있다. 그리고 걱정스럽게도 자기의 위력을 깨닫기 시작했다.
에디스가 무엇을 어떻게 하든지 할머니와 '올드 블랙 조'는 늘 용서할
준비가 되어 있다. 희한하게도 조는 항상 셔우드보다 아기 에디스를
더 많이 보살피는 것 같다. 엄마가 어렸을 때 월터 외삼촌보다 엄마를
더 아낀 것처럼 말이다. 조는 여자 아이들을 더 좋아하는 것 같다.
에디스 마가렛은 이제 28파운드가 나가고, 선 키는 33인치, 머리
둘레는 18½인치다. 엄마가 보기에는 에디스의 머리가 그 나이 때의
셔우드 머리보다 작은 것 같은데, 다는 에디스의 머리가 더 크다며

앞으로 셔우드 머리보다 더 커질 거라고 한다. 하지만 셔우드의 육아일기에서 15개월 때 머리 둘레가 18½인치였다는 것을 찾아냈다. 이에 반해 에디스는 오늘로 19개월이다. 셔우드의 19개월 머리 둘레는 기록하지 않았지만 17개월 때 이미 19인치였다. 그건 그렇다 쳐도 지금 에디스는 21개월 때의 셔우드보다 말을 더 잘한다. 머리 크기가 항상 모든 것을 설명해 주지는 않는다고 할 수 있겠다. 에디스는 단어장에 파이(pie), 아기(baby), 새(bird), 남자(man) 그리고 보다(see)라는 말을 추가했다. 그리고 "새를 보다"(see bird), "남자를 보다"(see man), "모두 다 더럽다"(all dirty)라는 말도 한다.

바로 이즈음 엄마는 론 산(Mount Lawn)에서 내려와[58] 사랑하는 아기들을 보러 집으로 갔다. 할머니는 엄마가 오면 아이들이 엄마를 볼 수 있도록 거의 밤 9시가 될 때까지 아이들을 재우지 않고 기다리셨다. 엄마는 42일간이나 아이들을 떠나 있었다. 엄마는 아기 에디스가 엄마를 잊어버리지는 않았을까 걱정했다. 하지만 에디스는 엄마를 조금도 잊지 않고 있었다. 엄마를 보자마자 "엄마"라고 부르면서 바로 엄마 무릎 위로 올라왔다. 그러고는 사랑스런 작은 팔로 엄마의 목을 감싸면서 다정하게 안아 주었다. 엄마가 함께 있으면 에디스는 엄마를 아주 잘 따른다. 하지만 할머니와 다도 정말 좋아하고 어떤 곤경에 처할 때면 오히려 그들을 찾는다. 에디스는 재미있는 꼬마다. 셔우드가 말을 하기 시작했을 때보다 말을 더 잘 하는데도 아직 화장실에 가고 싶다는 말을 안 한다. 아직은 대소변을 가릴 나이가 아니지만 때론 이보다 더 잘 할 수도 있을 것 같다. 며칠 전에는 기저귀를 더럽히고는 휴지 조각을 가져다가 자기 몸을 닦으려고 했다. 그때 할머니가 보고 있다는 것을 알아차리고는

동작을 멈추고 "다, 너무 더러워요(all dirty)"라고 소리쳤다. 그러고는
여선 삼촌이 와서 자기를 다시 정돈해 주기를 기다렸다. 오빠가
그랬던 것처럼 에디스도 자신을 청결하게 하는 법을 빨리 배우기를
바라지만 지금 상태로는 그럴 것 같지가 않다. 애니 이모는 말한다.
"거봐, 언니는 에디스랑 끔찍한 시간을 보내게 될 거야." 하지만
셔우드가 두 살 무렵 속바지를 입기 시작했으니 에디스도 돌아오는
1월까지는 분명히 속바지를 입게 될 것 같다. 두고볼 일이다.

61 엄마가 집에 있었던 토요일, 조가 할머니, 엄마, 다, 셔우드 그리고
에디스를 마차에 태우고 리버티까지 즐거운 여행을 시켜주었다.
우리는 프랭크 외삼촌의 상점에도 잠시 들렀는데, 삼촌이 아이들에게
사탕을 주셨다. 그곳에서 아이들의 몸무게도 쟀다. 셔우드는 지난
4주 동안 몸무게가 조금 늘기는 했지만 동생보다 겨우 4파운드가
더 나갈 뿐이었다. 그렇지만 셔우드의 몸무게가 늘고 있고 에디스도
더할 나위 없이 통통하고 건강해 보이기 때문에 엄마가 집에
돌아오면서 처음 생각했던 것과는 달리 아이들을 나이액(Nyack)에
데리고 가지 않고 '그대로 남겨 두어야'(let well enough alone) 할 것
같다. 이제 3주만 지나면 엄마는 C. H. C. H.[59]에서의 사역을 마치게
된다. 그러면 다시 우리 귀염둥이들과 함께 지낼 수 있을 것이다.
떨어져 있는 것이 힘들었지만 엄마는 유감스러워 할 수가 없다.
우리 아기들이 잘 보살핌을 받아 왔을 뿐만 아니라 2,000명이 넘는
어린이들을 엄마가 진료해 줄 수 있었기 때문이다. 그리고 엄마는
이 사역이 즐거웠다. 올해 C. H. C. H.가 의사들을 교체하지 않았더라면
'불합격' 되었을 많은 불행한 떠돌이 어린이들이 여행을 갈 수 있게
되었다. 그리고 엄마가 디커니스 홈에 상주했기 때문에 아픈 아이들이

전보다 많은 관심을 받을 수 있었다. 전에는 디커니스 홈에 상주하는 의사가 없었다.

62 월요일 아침에 엄마는 다시 사역지로 떠났다. 셔우드와 에디스는 엄마를 배웅하려고 6시 전에 일어났다. 둘 다 울지 않고 용감하게 엄마에게 "안녕" 입맞춤을 해주면서 헤어질 때 그 작은 손들을 흔들어 주었다.

가장 행복한 삶은 직분에 충실한 삶이라네.
크고 작은 모든 행위가
끊어지지 않는 실로 촘촘히 엮은 밧줄이 되고,
사랑이 모든 것을 고귀하게 한다네.
세상은 나팔을 불지 않고 종을 울리지 않아도
생명의 책은 빛나는 기록을 말한다네.

평생 수고한 후에 사랑은 행복을 노래할 것이네.
당신의 한숨짓는 입술에 아이의 입맞춤이
당신을 기쁘게 할 것이네.
당신이 도운 병든 사람이 당신을 강하게 할 것이네.
당신이 바친 모든 섬김으로 인해
당신이 섬김을 받을 것이네.
─브라우닝 부인

63 1896년 10월 18일, 일요일

이 시기에 엄마가 우리 아기에 대해 기록하려고 했으나 다른 일들로
인해 엄마의 어린 딸이 두 번째 생일을 맞이할 때까지 일기를 쓸
기회가 전혀 없었다. 그 후에도 기회가 되는 대로 어렵게 시간을 내어
서둘러 기록하게 되었다.

64 1897년 1월 18일, 월요일

주의 은택으로 한 해를 관 씌우시니(시편 65:11)

"계획했던 일에 열중하느라 온종일
나의 발은 이리저리 바삐 돌아다닙니다.
그리고 임무를 하나씩 행할 때마다
나는 온 힘을 쏟는답니다.
그리고 매달리는 이 작은 두 손을
나의 손은 늘 꼭 감싸고 있어요.

'엄마, 잠깐만요.' 갸냘픈 목소리가 외칩니다.
'나를 떠나지 마세요. 나도 데리고 가요.'
아기의 사랑스런 두 눈은 나의 기쁨입니다.
할 일이 많지만 나는 머뭇거립니다.
내 손을 잡는 이 작은 손이 없다면
삶이 어떨지 상상할 수 없어요.

귀여운 작은 손! 주님, 이 손을 이끄소서.
그리고 순수하고 깨끗하게 지키소서.
사랑을 행하는 데 민첩하게 하시고
나쁜 것에서 멀어지게 하소서.
기도하오니 내 손을 잡고 있는 이 작은 두 손을
주의 손에 매어 주소서."

65   ❧ 두 돌 맞은 에디스의 손(그림)

❧ [두 돌 맞은 에디스의 머리 타래]

1월 18일이 다시 돌아왔다. 그리고 오늘 엄마의 어린 딸은 두 살이
되었다. 에디스가 모든 면에서 1년 전보다 얼마나 많이 자랐는지
그때 엄마가 적어놓은 기록과 지금을 비교해 보면 알 수 있다. 그때는
23파운드가 나갔지만 지금은 30파운드다. 키는 $29\frac{1}{2}$인치에서
$35\frac{1}{2}$인치로 자랐다. 머리 둘레는 18인치였는데 지금은 $19\frac{1}{2}$인치가
되었다. 그리고 작은 손과 '갈색 머리'가 얼마나 자랐는지 보기만 해도
알 수 있다. 그때는 $3\frac{1}{2}$호 신발을 신었지만 지금은 6호 신발을 신는다.
그때는 입 안에 두 개의 작은 진주가 있었지만 지금은 고르게 난 희고
예쁜 이가 16개나 된다. 그때는 기어다녔는데 지금은 오빠처럼 걷고
오르고 뛴다. 그때는 한두 마디 겨우 말하기 시작했는데 지금은 오빠
처럼 말할 수 있다. 에디스는 많은 말을 하려고 시도한다. 그리고
최근에는 오빠가 하는 것을 듣고 꽤 성공적으로 "지금 자리에
눕습니다"(Now I lay me)[60]라는 말을 하기 시작했다. 그리고 서둘러

하나님의 축복을 "엄마, 바바(할머니), 아기 그리고 애니와 조에게 예수님 이름으로 구합니다. 아멘" 하고 덧붙인다.

66 엄마가 너무 바빠서 에디스의 언어 발달 과정에 대한 기록을 제대로 남겨두지 못해 미안하다. 엄마는 작년 6월 나이액에서 일을 시작한 이후 에디스 육아일기를 거의 쓰지 못했다. 그리고 에디스의 어휘가 이 기간 동안에 많이 형성되었기 때문에 셔우드 때만큼 잘 기록해 놓지 못했다. 더구나 에디스는 오빠보다 말을 빨리 시작했고 훨씬 빠르게 나아졌다.

할머니는 이곳 45번가 121번지에서 약 6주 동안 우리와 함께 지내다 가셨다. 할머니는 추수감사절 전날 셔우드를 데리고 오셨다. 에디스는 가족을 다시 만나게 된 것을 정말 좋아했으며, 사랑하는 할머니는 이곳에 머무는 동안 어린 손녀를 지극한 정성으로 보살피셨고, 에디스는 매우 행복했다. 그러나 할머니가 떠나신 후 따뜻한 보살핌을 받지 못한 데다가 둘째 어금니들이 나기 시작해서 에디스는 요즘 자주 울상을 짓는다. 종종 입꼬리를 아래로 축 늘어뜨리고 금방이라도 울음을 터뜨릴 것 같은 처량한 표정을 짓는다. 이 상태가 지속되면 우리 아기가 그렇게 성장할까 봐 엄마는 걱정된다.

그래도 오늘은 에디스 마가렛의 생일이다. 엄마는 밖에 나가 크림이 덮인 작은 엔젤 케이크를 사가지고 왔다. 그리고 그 위에 작은 초 두 개를 꽂은 뒤 케이크에 촛불을 붙이고 식탁에 앉아 있는 에디스 앞에 가져다 놓았다. 에디스가 아주 좋아했다. 에디스는 재빨리 촛불 한 개를 끄더니 다른 하나는 잠시 그대로 남겨 두었다. 하지만 에디스는

67 촛불 끄는 것을 정말 좋아하기 때문에 남은 촛불을 끄고 싶은 유혹을 오래 참을 수는 없었다. 엄마는 에디스를 위해 몇 번 더 초에 불을

붙여 주었다. 그리고 나서 에디스가 케이크 자르는 것을 도와주었다. 에디스는 케이크를 먹으며 좋은 시간을 보냈다. 오빠와 엄마에게도 조금씩 나누어 주었다. 이렇게 에디스의 두 번째 생일 잔치가 끝났다. 우리 모두 사랑하는 할머니를 얼마나 그리워했던지! 오늘 하루를 시작하면서 적은 짧은 시가 얼마나 진실된 말인지! "엄마, 나도 가요"(Mamma, me go) 하며 매달리는 작은 손이 얼마나 이 엄마로 하여금 우리 아기를 데려가고 싶게 하는지! 이곳 121번지에서 사역을 하는 동안에는 할머니의 도움을 제대로 받지 못하기 때문에 엄마는 에디스와 셔우드, 이 두 아이를 예전보다 더 많이 보살펴야 한다. 그러나 아이들은 이 같은 상황을 매우 좋아한다. 그리고 당연히 엄마 외에 다른 사람이 자신들을 돌봐주는 것을 싫어한다. 이것이 엄마를 더 힘들게 한다. 에디스는 매일 12시쯤 낮잠을 잔다. 이곳에 할머니가 계실 때는 할머니께서 에디스를 재웠지만 이제는 엄마가 재운다. 먼저 가벼운 점심으로 따뜻한 우유와 빵을 조금씩 먹고 곧 작은 두 눈을 감고 침대에 눕는다. 밤에는 대체로 흔들어 주지 않아도 자러 가겠다고 하거나 조금만 흔들어 주면 자러 가겠다고 "침대"(bedsh)라고 말한다. 그러면 엄마는 침대에 눕혀 준다. 에디스는 몸을 엎드려서 가슴과 배를 대고 잔다. 보통 머리를 침대 맨끝까지 밀고 올라가 약간 한쪽으로 기대어 눕는다. 에디스는 절대로 바로 누워서 자는 법이 없다. 항상 배를 대고 잔다. 거의 밤새 자는 편이지만 간혹 "디"(Dee)를 하러 일어난다. 셔우드는 "쉬"(shee) 라고 하는데 에디스는 늘 그렇게 말한다.

에디스는 물을 '어도'(audo)라고 하고, 셔우드는 '어거'(auger)라고 한다. 그 아이들은 여전히 여선을 "다"라고 부르는데, 셔우드는 쉽게 여선이라고 발음할 수 있음에도 그렇게 부른다. 그리고 둘 다 아직도 할머니를 바바(Baba)라고 부른다. 에디스는 종종 어른들이 말하는 것처럼 단어들을 합쳐서 배열하는데, 말하자면 "거기, 바로 거기"(there, right there), "거기, 부부의 의자"(there, bŭbŭ's chair) 같은 표현이다. 에디스는 셔우드를 부부(bŭbŭ)라고 부르는데 오빠(brother)라는 것이다. 그리고 아직은 "아기" 외에 다른 말로는 스스로를 칭한 적이 없다. 에디스는 "부부 이리 와"(bŭbŭ come here), "코 풀어 줘"(blow my nose), "엄마, 예쁜 꽃들이에요!"(Mamma, pretty flowers!), "나 안 좋아해"(me, don't like), "야단치지 말아요"(no, pinky me)라는 말을 한다. 에디스는 항상 "예"(yes) 대신에 "얨"(äm)이라고 하는데, 최근에는 "에쉬"(esh)라고 하기 시작했다. 그리고 크래커를 "카카"(kakar), 사탕(candy)을 "난지"(nangie)라고 한다.

여기 4개월 후에 찍은 에디스의 사진이 있다. 머리카락 길이는 5-6인치 정도인데, 금세 곱슬머리가 된다. 앞머리는 잘 자라지 않는다. 이제 겨우 뒤로 묶을 수 있을 만큼 되었다. 엄마는 곧 다 치켜 자를 생각이다. 이 사진에서 에디스는 실제보다 더 나이가 들어 보이지만 잘 나온 사진이다. 빈 말이 아니다.

❀ [에디스가 28개월 되었을 때 로제타 가족(사진)]

69 1897년 6월 18일, 금요일

어린아이에게 끌리며(이사야 11:6)

"이 태양 밝은 땅 어딘가에
더 부드럽고 감미로운 것이 있을지도 모르나
나는 주님께서 주신 축복에 감사드린다.
이 꼭 쥔 작은 손에 감사드린다."

엄마의 아기는 두 살 반의 크고 튼튼한 소녀가 되었다. 에디스는
5월 1일부터 지금까지 외할머니와 지내고 있다. 엄마는 애니 이모가
결혼하고 떠난 후 할머니에게 위로가 되고, 할머니가 외롭지 않도록
시간에 맞춰 뉴욕에서 에디스를 데리고 갔다.

할머니는 엄마에게 자주 편지를 쓰셨다. 할머니는 "오, 과수원에 가서
꽃을 꺾는 것을 얼마나 좋아하는지 모른단다" 하시면서 에디스가
아주 행복하고 만족스럽게 지내고 있다고 하셨다. 할머니는 에디스가
"자러 갈래요" 하면서 옷을 벗겨 달라고 할 때까지 밤 늦도록 실컷
놀게 한다고 쓰셨다. 에디스는 항상 스스로 속치마 허리 앞부분의
단추를 잠그고 푼다. 그러고는 짧은 기도를 하고 바로 잠이 든다.
이번 달 내내 낮에는 한 번도 침대나 속옷을 적신 적이 없다고 한다.
엄마의 어린 딸은 사랑하는 할머니와 아주 잘 지내고 있다.

70. 엄마와 오빠는 5월 말에 집[61]으로 왔다. 지금 에디스는 할머니하고만
있을 때처럼 착한 아이가 아니다. 아이들은 늘 그런 것 같다.
에디스는 한 달 동안 좀더 통통해진 것 같고 또 지금 머리를 잘라서
달라 보인다. 엄마가 에디스를 할머니 댁에 남겨두고 오던 날 오후에
혼(Horn) 씨에게 부탁해서 머리를 자른 것이다. 에디스는 머리가
길었을 때보다 더 어려 보인다. 말도 정말 많이 배웠다. 이제는
"감마"(Gam-ma)라고 한다. "비가 와요, 나갈 수 없어요"(Rains, can't go

out)라고 하거나 "날씨가 좋아요, 나갈 수 있어요"(Nice day, can go out)
라고도 한다. 또 곧잘 사탕을 달라고 조른다. 에디스는 "캔지, 캔지,
피스 기 미 캔지"(Kangie, Kangie, peash gi me Kangie)라고 한다. 하루는
풀(paste)이 들어 있는 엄마의 병을 살짝 엿본 후 물어보았다. "그 안에
무엇이 들어 있어요?"(What's in there?) 엄마가 "풀"이라고 대답하자
"풀은 먹어도 되나요?"(Ain't paste good to eat?)라고 되물었다. 안 된다고
하자 "딸기는 먹을 수 있어요"(Berries good to eat)라고 했다. 에디스는
방금 처음으로 딸기를 먹어 보았는데 오빠처럼 잘 받아내지 못하는 것
같다. 엄마도 딸기를 전혀 먹지 못한다. 에디스는 "내 거야"(that's mine)
하면서 자기 것을 재빠르게 챙긴다. "많이 아파(It hurts me so)"라는
말도 하고 그 밖에 많은 말을 한다. 엄마는 이제 에디스의 어휘를 따라
적을 수 없다. 어느 날 할머니와 엄마가 아이들을 데리고 길을 따라
걷고 있었는데 에디스가 "저쪽에 멋진 호수가 있어요"(There is a nice
lake over there) 하면서 앞질러 달려갔다. 분명히 전에 고든 부인(월터를
위해 이곳에서 일하는 여인)과 그곳에 간 적이 있나 보다. 우리가 개울가
근처에 다다르자 에디스는 어디에 인동덩굴(honeysuckles)이 있는지
알고 있었다. 그곳은 엄마가 어렸을 적에 놀던 소꿉놀이집 옆에 있는
작은 정원이었다.

에디스는 오늘 처음으로 코피를 흘렸다. 석조 난로에 세게 부딪치는
바람에 그렇게 되었고, 몇분 동안 심하게 피가 났다. 에디스가 아주
많이 놀랐다.

에디스는 엄마가 집에 온 후 첫날 밤은 엄마와 같이 잤지만 대부분
다른 날은 '감마'와 같이 자는 것에 매우 만족하고 있다.

"마이 감마(my Gamma), 팔베개를 해주세요(Let me take your arm)" 하고는

할머니 팔을 껴안고 잠이 든다. 가끔 밤에 일어나서는 "할머니가 안 보여요, 얼굴을 이리 주세요"(I can't see you, give me your face)라고 한다. 에디스는 아주 다정한 어린아이다. 내 얼굴을 어루만지면서 "예쁜 엄마"(nice mamma)라고 하거나 "내 작은 엄마"(my little mamma)라고 한다. 에디스는 '작은'(little)이라는 단어가 애정을 표현하는 말이라고 생각하는 듯하다.

에디스와 오빠는 한국행 짐을 싸는 데 관심이 많다. 이제 거의 다 쌌다. 때때로 아이들은 큰 상자나 욕조에 들어가서 "이제 나는 한국으로 간다"고 말한다.

✿ 에디스가 엄마에게 쓴 첫 편지(실물)

72 1897년 10월 18일 월요일, 잃어버린 날!

우리는 일요일 밤에 [비어 있음] 근처 태평양에 떠 있는 근사한 증기선 '엠프레스 오브 인디아'(Empress of India) 호에서 잠이 들었다. 깨어났을 때는 10월 19일 화요일 아침이었다. 그렇게 18일은 속절없이 사라졌고, 엄마는 지금 그날에 대해 쓸 수가 없다.

1897년 10월 23일 토요일

나는 여호와 너희의 거룩한 이요 이스라엘의 창조자요 너희의 왕이니라 바다 가운데 길을 큰 물 가운데에 지름길을 내고

(이사야 43:15-16)

미지의 바다 위에 있는 사랑스런 항해자야
어쩜 너는 작은 돛만 펼치고 있구나.
거센 물결이 소용돌이치는 곳을 항해하기에
너의 돛단배는 너무 연약한 것 같아.

오늘은 파도가 잠잠한 듯하지만
바람이 곧 거품을 일으킬 수 있단다.
그러면 너의 연약한 돛단배는 어디에 있을까?
집에서 멀리멀리 떨어져 있는 곱고 가여운 것아.

어린 항해자는 사랑스럽게 웃는다,
아무런 위험이 닥치지 않은 것처럼.
자신이 만날 폭풍에 대해 아무것도 모른 채
해안에서 평화롭게 항해한다.

73 배의 키를 잡고 있는 보이지 않는 조종사가
연약한 아이를 보며 웃으신다.
날개 접은 천사가 거친 물결을 지나도록
이 돛단배를 안내해 주실 거란다.
 ─에밀리 B. 존슨

지난 4개월 동안 에디스의 삶에서 일어났던 일들에 대해 말하고
싶은 것이 너무 많지만 시간이 부족한 관계로 어쩔 수 없이 기록하지
못한 채 남겨두어야 할 것 같다.

지난 일기를 쓴 직후 찰스 외삼촌과 그 가족이 할머니 집을 잠깐 방문했다. 아기 줄리아[62]는 혼자 겨우 앉아 있을 수 있는 나이였으므로 에디스에게는 좋은 놀이상대였다. 에디스는 자기 '무늪'(loppie)— 에디스는 무릎을 그렇게 부른다—위에 아기를 앉혀 놓고 싶어 했고, 그렇게 하는 데 아주 엄숙하고 진지했다. 몇 주, 아니 몇 달이 지난 후에도 에디스는 종종 그 일에 대해 이야기했다. "내 무늪에 아기를 앉혔었어요." 그리고 에디스는 아기 줄리아가 저녁 식사로 엄마 젖을 먹는 것에 큰 관심을 가지고 쳐다보았다.

🌱 아기 줄리아(사진)

8월 말에 에디스가 '나의 다'라고 부르는 여선이 엄마와 함께 한국으로 돌아가지 않기로 하면서 우리 집을 떠났다. 에디스는 여선을 많이 그리워한다. 처음에는 여선이 이곳에서 조금 떨어진 애드게이트(Adgate) 부인 댁으로 갔기 때문에 자주 그를 보러 갔으므로 별로 말이 없었는데…분명히 여선도 아기 에디스를 이처럼, 아니 그 이상으로 보고 싶어 할 것이다. 여선은 에디스와 셔우드를 끔찍이 사랑하는 것 같다. 9월 6일, 엄마와 셔우드 그리고 에디스는 리버티에 있는 사랑하는 고향 둥지를 떠나 극동을 향해 얼굴을 서쪽으로 돌렸다. 착한 올드 조가 우리를 정거장까지 데려다주었다. 여선도 같이 갔다. 할머니는 록랜드까지 같이 가셨는데, 이렇게 하는 것이 "안녕"이라는 말을 할 때 조금이나마 덜 힘들고 나중에 엄마와 아기들이 보고 싶을 때 덜 아쉬울 거라고 느끼셨기 때문이다. 할머니는 록랜드, 비버킬, 리빙스턴, 맨, 팍스빌을 여행하시면서 즐겁게 두 주를 보내셨다. 엄마랑 셔우드와

에디스는 우티카로 가서 그곳에 사시는 마가렛 제인 존스[63]의
할아버지와 할머니 댁에서 하룻밤을 머물렀다. 다음 날 정오에는
기차역으로 가는 길에 존 루사[64] 박사의 여동생인 손(Thorn) 부인 집을
잠깐 방문했다. 그날 저녁에는 엄마의 대학 동창인 메리 브라이언[65]
박사가 있는 오그덴스버그에 도착했다.

🌿 [오그덴스버그 선교회의에 함께 간 에디스와 셔우드(사진)]

최근 인도에서 돌아오신 그분을 만난 아이들은 이틀 동안 그 댁에
머물면서 즐거운 시간을 보냈다. 다음 날 있었던 선교회의에 에디스와
셔우드는 한복을 입고 갔다. 회의가 끝난 뒤 브라이언 박사가 아이들
사진을 찍어 주셨다. 사진이 꽤 잘 나왔다. 특히 에디스가 조금
낯설어하거나 부끄러워할 때 어떤 표정을 짓는지 잘 보여 준다.
9월 9일, 우리는 아일랜드 벨(The Island Belle)이라는 이름의 배를 타고
브록빌로 갔다. 에디스와 셔우드는 세인트 로렌스 강[66]을 아주
좋아했다. 윌 그레이[67] 고모부가 마중나오셨고, 우리는 곧 앨리스 고모
댁을 다시 방문했다. 사촌 머드, 앨런, 해리도 많이 컸다. 그러나
에디스만큼 성큼 자라지는 않았다. 지난번 이곳에 왔을 때 에디스는
15파운드 밖에 나가지 않는 작은 아이였고 한 끼에 겨우 우유 두
숟가락을 먹었었다. 지금은 32파운드이고 아주 푸짐하게 먹는다.
셔우드나 해리 못지않게 자기 음식을 잘 먹는다. 해리는 셔우드보다
3주 먼저 태어났다. 전에 우리가 이곳에 왔을 때는 셔우드가 더
컸었는데 지금은 해리가 더 크다. 해리는 아주 착한 아이여서 우리가
앨리스 고모 댁에 있는 동안 자기의 높은 의자를 아기 에디스가

사용할 수 있게 해주었다.

9월 11일 토요일에 우리는 글렌부엘의 친할아버지 댁을 방문했다. 할머니, 릴리[68] 고모 그리고 많은 분들이 우리를 매우 기쁘게 반겨 주셨다. 물론 에디스가 가장 많이 변했다고들 하셨다. 우리는 제인 로섬[69] 이모할머니 댁과 보이드 홀[70] 작은할아버지 댁을 방문하고 퍼시벌[71] 씨, 투리세 씨, 길로이 씨 댁도 방문했다. 그리고 다른 곳들도 잠깐씩 방문했다. 셔우드와 에디스는 글렌부엘에 있는 오래된 석조 학교에도 가보았다. 그곳은 아빠가 다닌 학교이며 아빠의 영적 고향이었다. 아빠가 나중에 다녔던 아덴스 고등학교도 가보았다.

그리고 다시 한 번 볼턴 증조할아버지를 방문했다. 할아버지는 부러진 엉덩이뼈 때문에 3년 동안 침대 위에서 생활하고 계시지만 아직 살아 계신다. 할아버지는 지난번 뵈었을 때처럼 잘 지내시는 듯했다. 함께 대화도 나누시고 노래도 열심히 부르셨다. 아들 윌리엄[72] 할아버지께서 자신의 시간을 다 바쳐 성심껏 증조할아버지를 돌보고 계신다. 볼턴 할아버지는 진정한 소망을 가지고 계신 크리스천이며, 찬송과 기도를 기뻐하신다. 그리고 인내하면서 주님께서 자신을 본향으로 데려가실 때를 기다리신다. 셔우드와 에디스에게 아빠가 뉴욕에 있던 도시 청년들을 찰스턴 호수에 데려온 이야기도 해주셨다. 어느 날 아빠가 할아버지를 모시고 나와서 "얘들아, 이분이 바로 내 할아버지야"라고 소개하자 모두들 할아버지께 고개 숙여 인사드렸고, 홀 박사의 할아버지를 만나게 되어 기뻐했다고 한다.

{외할머니께서 리빙스턴 매너에서 보내신 엽서에 이렇게 적으셨다. "내 어린 아이들은 어떻게 지내고 있니? 지금은 홀 할머니께서 내 자리를 대신해 주고 계시겠지? 얼마나 아이들을 내 팔에 안고 다시

한 번 뽀뽀해 주고 싶은지… 언젠가 그럴 수 있기를 소망한다."}[73]

9월 27일 오후에 우리는 브룩빌을 떠나 칼턴 교차로로 갔다. 그곳에서 우리는 호텔을 잡고 새벽 2시까지 세인트 폴로 가는 기차를 기다렸다. 이번 여행은 매우 힘들게 시작했다. 그날 밤은 침대칸을 끊지 않았지만—그러나 다음 날은 그렇게 했다—아이들은 다리를 뻗을 수 있는 자리를 하나씩 차지했기 때문에 잠을 잘 잤다. 9월 29일 오전 9시에 세인트 폴에 도착했다. 존스[74] 부인과 그녀의 삼촌이 기차역까지 마중나와 주었고, 우리는 그들과 하루를 보냈다. 마가렛 제인 존스는 꽤 많이 자라서 에디스보다 커 보였다. 그리고 뉴욕에 있는 우리를 방문하러 왔을 때보다 훨씬 착해져 있었다. 이제는 엄마 말도 잘 듣는다. 적어도 에디스보다는 나은 것 같다. 우리는 존스 부인의 삼촌 댁에서 아주 즐거운 하루를 보냈다. 그녀의 아버지이신 벵겔 할아버지도 마침 그곳을 방문 중이셨다. 저녁 7시에 우리는 사우스 다코타를 향해 출발했다. 아버딘까지 침대칸을 타고 갔고, 이튿날 오전 10시쯤 사우스 다코타의 레처에 도착했다. 가는 내내 오빠가 많이 아팠다. 그리고 데이빗 파월[75] 이모부 집에 도착했을 때는 완전히 탈진해 버렸다. 그래서 엄마는 오빠를 침대에 눕혀야만 했다. 에디스도 아주 피곤한 상태였지만 두 아이는 하룻밤, 아니 두어 밤을 푹 자고 난 후에는 거의 완전히 회복되었다. 아이들은 다코타에서 아주 즐거운 시간을 보냈다. 에디스는 그곳에서 어린 병아리들에게 모이를 주는 것과 커다란 짚단 위에서 흔들거리며 노는 것을 아주 재미있어했다. 사촌 제이슨[76]은 지금 오빠만한 나이였을 때 할머니 댁에 살았었다. 엄마가 제이슨을 많이 돌봐주었는데 이제 그는 24세의 장성한 청년이 되어 있었다. 제이슨은 셔우드와 에디스를 보고 매우 기뻐했다. 아이들에게 자기가 할아버지 댁에 살 때 가지고 있었던 책들을 보여 주었고, 당시 엄마가 주었던 카드도 보여 주었다. 검정과 분홍색 종이에 무명천을 덧대고 분홍색으로 테두리를 한 스크랩북도 보여 주었다. 사촌 제이슨은 늘 자기 물건들을 잘 관리했다. 엄마는 우리 아이들도 그렇게 되기를 바란다. 셔우드는 꽤 조심스럽고, 에디스도 좀더 그렇게 되기 위해 배우는 중이다.

사촌 비라[77]가 에디스에게 반해 버렸다. 에디스가 아주 독립적이라면서 딱 자기 스타일의 여자아이라고 했다. 비라는 앞으로 5년간 엄마가 에디스를 자기들에게 맡겨놓고 가기를 간절히 원했다. 데이빗 이모부와 이모[78]도 그것을 좋아하셨겠지만 엄마는 그렇게 긴 시간 동안 사랑하는 아기를 남겨둔다는 것은 생각할 수 없었다. 엄마가 에디스처럼 어린아기였을 때 데이빗 이모부 무릎에 앉아서 이모부의 턱수염을 잡아당기면 그때마다 이모부는 뽀뽀를 받아내곤 하셨는데, 지금은 엄마가 그랬던 것처럼 에디스가 이모부의 수염을 잡아당기고 이모부는 아기 에디스로부터 뽀뽀를 받아내신다. 이 모든 것이 엄마에게는 이상하게 보인다. 에디스가 있는 자리에 엄마가 있었던 것이 바로 얼마 전의 일 같은데 지금 이러고 있는 에디스가 엄마의 아기라니… 정말 믿기지 않는다. 엄마가 조그만 여자아이였을 때 데이빗 이모부가 주셨던 책 몇 권을 지금도 가지고 있는데 언젠가는 그 책들을 우리 아이들에게 줄 것이다. 사촌 비라가 에디스에게 "나를 잊지 말아요" (Forget me not)라는 글귀가 적힌 예쁜 식사용 그림 접시를 주었다. 그리고 이모가 셔우드에게 "나를 기억해 줘요"(Remember me)라는 말이 적힌 접시를 주셨다. 엄마는 엄마가 어렸을 때 할머니께서 뉴버그에 다녀오시면서 엄마와 애니 이모에게 사다 주신 예쁜 그림 접시를 잘

기억하고 있다. 우리는 꽤 컸을 때까지 그 접시로 식사를 했는데,
엄마 접시에는 작은 소녀가 벌집 앞에서 무릎을 꿇고 벌을 바라보고
있는 그림과 함께 다음 글귀가 적혀 있었다.

"이리도 바쁜 작은 벌은
어떻게 시간을 잘 활용할까요"[79]

사우스 다코타의 빅터를 방문했던 기간이 너무 짧게 느껴졌다. 정말
즐거웠고, 푹 쉴 수 있었다. 하지만 우리는 10월 5일 화요일 오후에
떠나야 했다. 사촌 제이슨이 평원을 가로지르는 길을 10마일 정도
운전해서 우리를 레처에 있는 기차역까지 데려다 주었다. 에디스는
잠이 들었다. 사촌 제이슨이 아이들에게 사탕을 한 봉지 주었다.
우리는 "안녕"을 고한 뒤 다시 세인트 폴로 향했고 수요일 아침 9시쯤
그곳에 도착했다. 기차역에서 해리스[80] 박사와 피어스[81] 양을 만났다.
이분들은 여성해외선교회의 서울 사역을 보강하기 위해 한국으로
파견된 새 선교사들이다. 그리고 잠시 후 존스 부인과 그레첸이 왔다.
우리는 곧 '좌석 기차'에 올라 캐나다태평양철도를 따라 떠났다.
밴쿠버까지 가는 기차표를 끊었는데, 엄마와 아기들의 요금이 11끼의
식사를 포함해서 2불 60센트밖에 되지 않았다. 우리는 아주 잘 지냈다.
우리 칸에는 다른 여행객이 4명밖에 없었기 때문에 모두들 아주 넓게
자리를 차지하고 편안히 갈 수 있었다. 아이들은 맘껏 놀 수 있었다.
엄마의 아기들과 그레첸은 썩 잘 어울리지 못하고 있다. 나이가
비슷해서 서로를 탓하는 것 같다. 아이들이 서로에게 더 익숙해지면
나아지리라 생각했지만 그리 나아지지 않는다. 서로 다른 아이가

80

가지고 있는 것을 달라고 하면서 누구도 양보하지 않는다. 가끔 두 아이 중 한 아이가 잠시 양보하는 경우도 있지만 주로 상황에 따라 엄마가 에디스를 단념시키거나 존스 부인이 그레첸을 달래야 한다. 때로 존스 부인이 유치원 노래나 놀이 또는 학습을 하면서 아이들의 관심을 끌기도 하지만 흥미를 갖기에는 에디스가 너무 어린 것 같다. 셔우드는 좋아한다. 그레첸 엄마가 에디스에게 유치원 공부를 꽤 많이 가르쳐 주었다. 에디스는 2개월 정도 어린데도 곧잘 따라했다. 엄마는 이런 것들을 에디스에게 가르치려고 해본 적이 없다. 머지않아 그래야 하며 조만간 이에 필요한 재료들을 모아 두어야겠다고 느끼면서도 말이다.

6시간 늦게 밴쿠버에 도착한 우리는 커머셜 호텔로 갔다. 에디스가 아팠다. 하루 동안 심한 이질을 앓았고 밴쿠버에 있는 동안 계속 아팠다. 어린 아기였을 때 앓고 난 후 처음으로 다시 겪는 이질이다. 10월 11일 월요일 정오쯤 우리는 엠프레스 오브 인디아 호에 탔다. 우리 선실은 226호, 아주 편안하다. 에디스는 엄마와 같이 자고, 셔우드는 거실에서 잔다. 하지만 하루는 배가 몹시 흔들려서 엄마 침대 한 쪽을 세워야 했다. 두 사람이 자기에는 침대가 너무 좁았기 때문에 에디스는 오빠 침대 다른 쪽에서 잤지만 아무런 투정도 하지 않았다. 아이들은 점심과 저녁을 먹은 후 빅토리아에 도착하기 전에 잠이 들었다. 순조로운 항해였으나 습하고 춥고 안개가 짙었다. 갑판으로 나가 보았지만 별로 유쾌하지 않았다.

엄마는 몇 통의 편지를 받았다. 외할머니로부터도 한 통 받았다. 할머니는 아기들을 팔에 안고 한 번 더 뽀뽀해 주고 싶다고 하시면서 언젠가 그럴 수 있기를 소망한다고 적으셨다.

캐나다에 있는 동안 에디스가 엄마 말을 안 듣고 간혹 엄마를 때리려
하며 즉시 따르지 않는다고 할머니께 편지를 썼는데, 이에 대해
할머니께서 다음과 같이 적으셨다. 이 내용을 엄마가 에디스에게 읽어
주었다. 그 후로부터 에디스는 더 잘 하고 있다. 할머니는 "네가
에디스 때문에 힘들다고 하니 안쓰럽구나. 그 아이를 잘 훈육해야 한다.
세게 때려 주고, 말을 많이 해주거라. 에디스는 고집이 세기 때문에
아주 엄하게 대해야 해. 그 애를 채찍질하거라. 가능하다면 겁은 주지
말고 아이의 마음을 다스릴 수 있도록 해보거라. 셔우드가 착하고
고운 마음으로 자라기를 바란다. 올바른 아이들로 성장할 수 있도록
최선을 다하거라. 이것은 날마다 끊임없이 해야 할 일이다"라고
쓰셨다. 엄마와 아이들은 바다에서의 첫날 오후와 밤을 무사히 보내고
잘 잤다. 그러나 화요일 아침부터 배가 심하게 흔들렸고 모두들 일어나
자마자 멀미를 했다. 그리고 하루 내내 두세 시간마다 토했다. 우리는
잠옷을 입은 채로 침대에서 지냈다. 조금만 먹고 마셨고, 아이들은
많이 잤다. 다음 날인 수요일 아침에는 모두 나아졌다. 아이들은 더
이상 멀미를 하지 않았으나 엄마는 잠옷 차림으로 아이들 옷을 입혀
주기도 전에 두 번이나 토했다. 하지만 그것이 마지막 멀미였다.
그 후에는 꽤 거친 바다를 지나면서 배가 상하, 좌우로 요동칠 때마다
다른 사람들은 또 멀미를 했지만 우리는 규칙적으로 식사를 하면서
잘 지낼 수 있었다. 아이들은 하루에 다섯 번 정도 먹는데도 늘 배가
고프다며 간식을 달라고 조른다. 아이들은 엄마보다 한 시간 정도
일찍 식사를 한다. 그래서 엄마가 아이들을 데리고 가서 기다려 준다.
배에는 15명 정도의 아이들이 있다. 엄마와 존스 부인의 아이들을
제외한 나머지 아이들에겐 모두 보모나 가정교사가 있다.

82

에디스는 자기가 먹고 싶은 것을 무엇이든지 주문할 수 있어서 참

83

좋다고 생각한다. 특히 과일류가 그러한데, 자기가 원하는 것이 없으면
바나나, 배, 오렌지, 또는 없는 과일을 달라며 "엄마, 보이한테
물어봐요"라고 한다. 자신이 원하는 것은 무엇이든지 '보이'가 가져다
줄 거라고 믿고 있다. 마치 언제나 그랬다는 듯이 자연스럽게
행동한다. 중국인 보이들은 에디스를 좋아한다. 그레첸은 그들을
무서워하지만 에디스는 조금도 무서워하지 않는다.

셔우드와 에디스는 엄마가 식사하러 갈 때 유아실이나 우리 선실 또는
갑판에서 잘 지낸다. 엄마가 무엇을 가져다 준다고 약속만 하면 된다.
그리고 이때껏 문제를 일으킨 적은 한 번밖에 없다. 당시 에디스에게
문제가 있었는데 왠지 에디스와 셔우드 둘 다 아주 심하게 울었다.
그래서 선장이 무슨 일인지 알아보라고 승무원을 보냈다.

아이들은 저녁 5시에 식사를 한다. 그리고 첫 번째 저녁 식사 종이
울리는 6시 30분까지 논다. 그런 후에 엄마는 아이들을 재운다. 때로는
7시 전에 잠들기도 하지만 그렇지 않더라도 엄마는 날마다 같은
시간에 자리를 뜬다. 아이들은 기도를 하고, 엄마는 전등을 끈다.
돌아와 보면 아이들은 항상 깊이 잠들어 있다. 그런 식으로 아이들은

84

이때까지 잘 지내 왔다. 엄마는 늘 건포도나 너트 혹은 맛있는 케이크
조각 같은 것을 가져다 준다. 아이들이 새벽 5시쯤 눈을 뜨면 몹시
기대하는 간식들이다. 아이들은 그렇게 깨면 보통 다시 자지 않는다.
6시 넘게까지 자는 법이 없다. 6시 30분에 보이가 약간의 과일과
크래커를 가져온다. 그때부터 7시 30분까지 엄마는 아이들을 씻기고
옷을 입힌다. 그리고 7시 45분에 아이들은 아침 식사를 한다.
보통 그때까지 엄마는 준비가 덜 되었기 때문에 대체로 자기들끼리

올라간다. 하지만 아이들이 식사를 끝내기 전에 엄마도 올라간다.
보이가 아이들의 시중을 들어 주고, 아이들은 얌전히 먹는다. 엄마
생각에 두 아이 모두 몸무게가 는 것 같다—정말 많이 먹는다.

10월 25일 월요일에 우리는 요코하마에 도착했다. 에디스는 인력거를
처음 탔는데 엄마 무릎 위에 앉자 그 후부터는 재미있어 했다.
셔우드 옆에 혼자 앉았을 때는 조금 무서워하는 것 같았다.

에디스는 지금 거의 모든 말을 할 수 있는데, 가끔씩 아주 귀여운 말을
하기도 하고 이상한 질문들을 하기도 한다. 그러나 그때그때 적어놓지
않으면 에디스가 했던 말들을 잊어버리고, 종종 에디스의 육아일기를
쓸 때도 다시 기억해 내지 못하곤 한다. 에디스는 아직도 사탕을
'캔지'(kangie)라고 하고 거의 매일 달라고 조른다.

에디스와 셔우드는 배에 있는 동안 일요일 아침 예배에 두 번 다
참석했는데 아주 착하게 잘 있었다. 우리 선교사들이 함께 모여
성경 공부나 기도를 하는 시간에도 대체로 얌전히 행동한다.

우리는 나가사키에서 한국으로 가는 히고 호(Higo Maru)를 기다리면서
일주일을 보낼 것이다. 그리고 11월 10일, 셔우드의 생일날 한국에
도착할 것이다.

85

1897년 10월 11-28일

❋ 에디스의 카타르성 폐렴 진료 기록[82]

10월 6-9일-세인트 폴에서 벤쿠버로 가는 기차 안에서 백일해에 노출됨. 8일부터
12일까지 가벼운 이질 증상. 12일 하루 종일 배멀미로 아무것도 먹지 못함.
한동안 소화가 안 된 변을 보았지만 더 이상 출혈은 없음.
11월 7일과 9일-황해에서 배멀미. 9일경 병에 노출됨. 8일과 9일 그리고 10일에

심한 코감기와 약간의 기침.

11월 10일-제물포에 도착. 온종일 칭얼댐. 저녁 7시에 잠.

춥다고 하고 잠시 후에는 저녁 먹은 것을 토함. 밤새 열이 나고 자지 못함.

11월 11일-오전에 열이 조금 내린 듯함. 코피를 조금 흘림. 졸려하면서 안 먹으려고 함.

오전 11시 체온 103.4도, 호흡 50, 심박수 150.

오후 2시 체온 101.8도, 호흡 44, 심박수 138.

오후 5시 체온 102.4도, 호흡 44, 심박수 150.

밤 9시 체온계가 고장남. 호흡 38, 심박수 140. 카스토리아[83]를 2드램[84] 줌.

지난 24시간 동안 백부자 엑스제 1미님[85]을 8-10차례로 나눠서 복용. 저녁에 열이
조금 내린 듯함. 그러나 중국인 보이가 체온계를 깨뜨려서 정확하지 않음.

밤새 잠을 자지 못하고 가끔씩 깜짝 놀람. 한쪽 뺨이 불덩이 같음. 호흡이 가파르고
고르지 못함.

11월 12일-오전 7시 호흡 38, 심박수가 빠름.

오전 9시 호흡 38, 심박수 144. 디기탈리스를 조금 줌. 에디스를 진찰하신
랜디스(Landis) 박사로부터 체온계를 얻음. 거친 수포음이 양쪽 폐 전체에서 들림.
가르랑거림. 열은 내린 듯함.

오전 11시 체온 100.4도.

오후 1시 체온 100.8도, 호흡 36, 심박수 144.

오후 4시 체온 102도, 호흡 38, 심박수 180. 디기탈리스를 조금 더 줌.

거의 아무것도 먹지 않음. 우유를 몇 모금씩 하루 네 차례 마심. 카스토리아가
듣지 않아서 저녁 8시에 무화과 시럽을 2드램 줌.

밤 9시 체온 100.1도, 호흡 36, 심박수 120. 수포음은 비슷하고, 여전히 가르랑거림.

새벽 3시 변을 잘 봄, 심박수는 아주 빠름, 호흡 42. 변을 보려고 힘을 쓴 후 처음에는
변비였으나 마지막에는 설사를 함.

11월 13일-밤에 우유를 작은 컵으로 한 컵 마심. 오늘 아침 처음으로 먹을 것을
달라고 함. 토스트를 그냥 달라고 했지만 우유에 담가 부드럽게 해서 줌.

심하게 기침을 했지만 백일해성 기침은 아님. 폐가 조금씩 깨끗해지고 있음.

오전 9시 체온 99.6도, 호흡 36. 아침을 먹은 후 낮잠을 오래 잠. 대부분 잠을 자는 편.

12시에 코코아를 한 컵 마시고 '감마'(Gamma)[86]에게 편지를 쓰고 싶다고 해서
그렇게 함.

오후 1시 체온 100.4도, 호흡 36.

오후 3시 바바나를 먹고 코코아를 한 컵 마심. 오후 4시 체온 100.2도, 호흡 32.

오후 3시와 4시 사이에 바느질을 하고 싶다고 해서 자기의 작은 의자에 한동안 앉아
있음. 회복된 듯함.

오후 6시 바나나를 하나 더 먹은 후 코코아를 마시고 소고기 국물을 조금 먹음.

저녁 7시 이날 오후 처음으로 잠을 잠.

저녁 8시 체온 101도, 호흡 32, 심박수 120. 오른쪽 폐가 깨끗해지고 있고
폐 윗부분은 정상, 중간 부분에서는 숨을 내쉴 때 소리가 나고, 아랫부분에서는
수포음이 조금 들림. 밤새 기침을 거의 하지 않고 잘 잠.

새벽 1시 오줌을 누고 머리가 좀 더 찬 듯함. 우유를 한 컵 마심.

11월 14일 – 아침 7시 마른 변을 봄. 우유를 한 컵 마시고, 바나나 한 개 먹음.

오전 8시 우유, 토스트, 코코아 한 컵. 목욕을 한 후 앉아서 블록을 가지고 한참 놂.

오전 10시 체온 99.4도, 호흡 36, 심박수 126. 짜증내고 칭얼댐.

오전 11시 잠. 체인-스토크스 호흡[87]–1분 동안 숨을 서너 번씩 빠르게 쉬고는
6초간 멈추었다가 총 열네 번만 쉼. 다시 1분 동안은 두세 번씩 총 스물네 번을 호흡함.

오후 2시까지 자고 난 후 지금은 블록을 가지고 놀고 싶다고 함. 하지만 먹으려고는
하지 않음. 체온이 102.5로 오름. 반고체 음식 때문일까?

오후 4시 체온 102.8도, 아직도 먹으려 하지 않음. 고체 음식을 너무 일찍 먹였음.
그리고 어젯밤 오줌을 싸면서 감기가 조금 든 듯함. 다시 심한 콧물.
오렌지 즙을 먹은 후 바나나와 토스트를 달라고 조름. 그리고 팬케익도!

오후 5시 코코아를 한 컵 마심. 땀 흘림. 체온 102.5도, 호흡 40, 심박수 132. 다시 잠듦.

오후 6시 무화과 시럽 1드램.

오후 6시 30분 수프를 꽤 많이 먹음. 아직 땀을 좀 흘림.

밤 9시 체온 101.1도, 호흡 40, 심박수 120. 자다가 오줌을 누려고 일어남.

밤 11시 변을 잘 봄.

11월 15일 – 오전 7시에 점액이 섞인 변을 보고 배가 아프다고 함.

오전 9시 체온 99.6도, 호흡 38. 밤 사이 우유 한 컵을 마심. 아침으로 뜨거운
코코아 한 컵을 마심. 인형을 씻겨 주고, '감마와 다'에게 편지를 씀.

오전 10시 누워서 쉼. 소화가 안 된 우유를 두 번 배설함. 약간의 점액과
후중감[88]이 있었음. 10시 30분과 11시 30분 사이에 잠깐 낮잠을 잠.

정오에 코코아 한 컵을 마시고, 토스트를 달라고 조름.

오후 1시 체온 101도, 호흡 38, 심박수 126. 오늘은 콧물이 덜함.

오후 1시 30분에서 3시까지 낮잠. 체온을 재고 우유를 조금 마신 후 다시 잠이 듦.

오후 3시 체온 102도. 오후 5시까지 자다가 땀에 젖어 깸.

오후 5시 체온 101.6도.

오후 6시 소고기 수프를 조금 먹음.

밤 9시 소고기 수프를 조금 먹음. 체온 99.8도.

11월 16일 – 오전 8시 체온 98도.

오전 8시 30분 코코아 한 컵을 마시고 소고기 스테이크를 조금 씹어 먹음.

작은 방으로 옮김.

오전 10시 몸을 덮고 스폰지 목욕을 시킨 후 옷을 갈아입힘.

오전 11시 체온 99.3도. 10시와 11시에 방향 암모니아정을 먹임. 스폰지로 목욕을 하고 옷을 갈아입은 후 조용히 잠이 듦.

정오에 호흡은 33이었고, 심박수는 108로 가장 낮았음.

오후 1시에 깨어서 코코아 한 컵을 마셨지만 통조림 복숭아는 먹으려 하지 않음. 체온 100.5도. 다시 잠이 듦.

오후 3시 체온 102도. 땀을 줄줄 흘림. 코코아 한 컵을 마심.

오후 3시 30분, 칼로멜 0.1그래인[89]과 음식을 줌.

2시 30분 존스 부인과 그레첸이 와서 4시까지 있다 감. 에디스가 땀에 젖어 깸. 체온을 잴 시간이 없었음. 코코아 한 컵을 마심.

5시 30분 체온 99.5도. 오렌지 2개로 만든 즙을 마심.

오후 6시 밥과 닭국을 큰 컵으로 한 컵 먹음.

저녁 7시 30분 칼로멜 0.1 그래인과 소다. 방향 암모니아정을 오늘 내내 줌. 약 20미님 복용.

밤 9시 체온 99.8도. 잠듦.

11월 17일, 수요일−오전 7시 마른 변을 봄. 오렌지를 빨아 먹음.

오전 9시 우유와 토스트를 조금 먹고 코코아 반 컵을 마심. 반고체 변.

두 번의 변 다 점액이 섞임.

오전 10시 30분 씻고 침대를 정리하려고 일어난 후 잰 체온 99.2도. 오렌지에이드를 마시고 잠듦.

오후 12시 30분 일어났을 때 체온 102.4도. 닭국 한 컵을 먹음. 졸려하면서 호흡이 억제됨.

2시 30분까지 자다가 땀을 흘리며 깨서 기분이 좋음. 방향 암모니아정을 주고 잠시 후 키니네 0.5그래인을 오렌지 즙과 삼키라고 주었는데 씹어 먹고는 바로 토함. 후에 코코아 한 컵을 마심. 계속 땀을 흘리지만 기분은 좋고 활발함.

앉아서 글씨를 쓰고 종이를 자름. 땀을 흘리는 동안 항상 두세 차례 오줌을 쌈.

저녁 6시에 소고기 국을 큰 컵으로 먹음. 몸을 단단히 여미고 한 시간 가량 난로 옆에 앉아 혼자서 조용히 놂.

저녁 8시 30분 체온 98.5도, 호흡 120. 몸은 여전히 축축함. 오늘은 전보다 땀을 더 많이 오랫동안 흘림.

11월 18일−밤새 몸과 손이 축축함. 기침을 조금 하고 잠은 잘 잠. 새벽녘에 나쁜 꿈을 꿈.

오전 5시 호흡 24. 아침 7시 체온 97.5도, 호흡 28, 심박수 120. 오렌지를 먹음.

오전 9시 아침으로 밥과 우유 그리고 코코아를 먹음.

오전 10시 체온 98.1. 랜디스 박사가 다시 방문. 아기가 백일해에 걸린 것인지 아닌지 결정하지 못함. 카타르성 폐렴이라는 생각이 듦. 지금 열이 나는 것이 그 때문인지 말라리아 때문인지 아직 결정할 수 없음.

오전 11시 30분 체온 97.6도, 호흡 28, 심박수 116. 아직까지 전혀 졸려하지 않음. 정오에 차가운 코코아를 마신 후 바로 오렌지를 먹고 [엄마가] 점심을 먹으러 간 사이 오렌지를 거의 다 토함.

오후 12시 30분 열이 없으면 생선과 밥을 주겠다고 약속했는데 구토를 했기 때문에 우유만 주고 음식은 금하려 했음. 하지만 생선과 밥을 간절히 원했기 때문에 조금 주었더니 정말로 맛있게 먹고 우유도 조금 마심. '맛있는 밥', '맛있는 생선'이라면서 아주 좋아함.

오후 1시에 오늘 처음으로 잠들어 4시까지 잠. 그때 체온은 99.2도. 자는 동안 호흡이 28-36, 심박수도 112-118이었기 때문에 체온을 잴 필요가 없었음.

오후 6시 체온 98.5.

저녁 8시까지 난로 옆에 있는 큰 의자에 앉아 있음. 저녁으로 소고기 국, 버터 바른 작은 빵조각 하나를 먹음. 확실히 많이 좋아진 듯함. 종이를 자르고, 글을 쓰고, 인형이나 블록을 가지고 놀면서 바쁨.

9시 30분까지 깨어 있다가 잘 잠. 기침을 거의 안 함. 한 번 깨서 방향 암모니아정을 복용. 지난 24시간 동안 40 미님 복용.

11월 19일-오전 8시 오렌지에이드를 먹이고 복부 마사지를 해주었지만 오전 중에는 변이 나오지 않음. 17일 이후로 변을 보지 못함.

오전 9시에 아침으로 밥과 우유 그리고 코코아 한 컵을 마심. 목욕을 하고 담요를 두른 채 난로 옆 큰 의자에 오후 1시까지 앉아 있음. 그리고 재우려 하자 오렌지를 달라고 조름. 에디스는 자러 갈 때 자주 오렌지를 먹음.

1시 30분 점심으로 밥에 버터와 설탕을 넣어 먹음.

2시 30분 기침을 심하게 함.

3시 30분 기침을 약간 함.

4시 30분 깨어 있음, 체온 98.1도. 약을 먹은 후 차가운 코코아 한 컵을 마심.

11월 20일 토요일-에디스는 7시에 일어나서 처음으로 식당에서 아침을 먹었다. 단단히 옷을 입고 '승무원'에게 업혀 부두에 도착했다. 그리고 우리는 강배를 타고 서울 항구로 갔다. 가는 동안 에디스는 여성 선실에 있는 작은 의자에 앉아서 인형과 블록을 가지고 조용히 놀았다. 제물포에 있는 미국 포함 사령관의 부인이신 [비어 있음] 부인과 제물포 주재 영국 영사의 아내인 졸리 부인[90]은 에디스가

놀랍도록 착한 아이라고 여기셨다. 참으로 에디스는 이 투병과 회복 기간을 아주
잘 견뎌냈다. 건강했을 때보다 훨씬 더 착하다. 에디스는 아주 만족하며 행복하다.
그리고 혼자서도 잘 논다. 강을 거슬러 가는 동안 기침을 한 번밖에 하지 않았다.
우리는 오전 10시에 출발해 오후 4시 30분에 도착했다. 여성해외선교부 구내에 있는
집에 도착하기 전에 날은 꽤 어두워져 있었다. 엄마는 에디스를 무릎에 안고 가마를
타고 갔다. 그래서 에디스는 더할 나위 없이 포근하고 편안했고, 여행 중에도 병이
악화되지 않았다. 우리는 내일 있을 황후의 국장[91]을 준비하느라 사등롱(silk gauze
lantern)이 줄지어 있는 궁궐 앞을 지나갔다.

11월 24일 – 추수감사절. 에디스는 순조롭게 회복되고 있다. 기침을 한 번도 안 하고
잘 있다. 셔우드도 기침을 하지 않는다. 둘 다 백일해를 앓았을 가능성이 아주
희박한 것 같다. 에디스가 앓은 병은 처음부터 카타르성 폐렴이었으며, 이것이
합병증으로 생긴 것은 아닌 듯하다. 실제로 에디스는 완전히 회복되었다.
오늘 우리는 가마를 타고 아빠의 무덤에 다녀왔다. 3년 전 바로 이날, 11월 24일에
아빠의 몸이 그곳에 묻히셨다.

❧ [에디스 병상 메모][92]

86 ❧ [엠프레스 오브 인디아 호의 승객 가이드북과 승선객 명단(실물)]
1897년 10월 11–28일

87 **1898년 1월 18일, 화요일[93]**

❧ [1898년 1월 18일 일력][94]

그리고 난 우리의 불완전함을 감싸고 흐르는
하나님의 인자하심을 생각하며 미소지었다네—
우리의 불안을 감싸는 하나님의 안식.
–E. B. 브라우닝

엄마의 어린 딸이 오늘 태어난 고향으로부터 1만 마일 떨어진 한국에
서 처음으로 생일을 맞이한다. 에디스는 오늘로 세 살이 되었다.
엄마는 오후 3시에 꼬마 손님 세 명을 초대했다. 모두 와서 에디스와
셔우드랑 놀다가 '초크도그'[95]도 먹고, 너트와 뜨거운 단풍 사탕도
맛보도록 했다. 놀랜드 밀러, 메리 아펜젤러, 매들라인 헐버트가
왔는데, 모두들 정말 재미있게 그리고 사이좋게 놀았다. 어떤 사고도
일어나지 않았다. 눈이 조금 왔지만 '초크도그'를 물에 던지지 못할
만큼 오지는 않았다. 그래서 엄마는 찬물에 치즈를 떨어뜨렸다.
아이들은 모두 그 치즈를 처음 보는 것 같았다. 그리고 우리가
브록빌을 떠날 때 제인[96] 이모할머니가 아이들에게 주셨던 헤이즐넛과
아몬드를 먹었다. 절반은 크리스마스 때 먹었고 지금 그 나머지를 먹은
것이다. 단풍 설탕은 엄마가 리버티에 있을 때 팬턴[97] 외삼촌의
가게에서 산 것이다. 그레첸은 에디스에게 금발 곱슬머리에 눈이
갈색인 아주 예쁘고 커다란 인형을 주었다. 엄마는 의자 네 개가 딸린
앙증맞고 작은 식탁 세트를 주었고, 인형을 위한 대나무로 만든 긴
의자도 주었다. 할머니는 은화 1불을 주셨다. 에디스는 선물을 받고
아주 좋아했다. 에디스는 인형을 '메리'라고 부르겠다고 했다.
인형 머리카락이 메리 아펜젤러의 머리카락과 똑같기도 하고 오빠도
그렇게 부르고 싶어했기 때문이다. 그런데 정오가 되기 전에 인형
메리에게 사건이 생기는 바람에 인형은 오후에 있을 아이들의 파티에
등장할 수 없게 되었다. 에디스가 인형을 한국식으로 등에 업고
다니다가 그만 바닥에 떨어뜨려 인형 머리에 금이 가버린 것이다.
에디스는 울상이 되었지만 전에 엄마가 비슷한 문제를 해결해 준 것을
기억해 내고 엄마에게 와서 인형을 '붙여' 달라고 했다. 그래서

88

에디스에게 로스와일러 선생님께 가서 풀을 빌려 와야 한다고 했더니
에디스는 그렇게 했다. 엄마는 인형을 고쳐서 테이프를 머리 둘레에
단단히 두른 후 풀이 마를 때까지 선반 위에 올려두었다. 이 인형은
에디스가 물려받지 않고 처음으로 갖게 된 가장 멋진 인형이다.
인형은 도자기처럼 구워 만든 비스크(bisque) 머리와 아이 몸집인데,
예쁜 속옷과 흰 드레스를 입고, 검은 스타킹에 빨간 양말을 신고,
하얀 깃털이 달린 빨간 모자를 쓰고 있다. 에디스가 가장 좋아한 것은
조임쇠가 달린 작은 구두다. 이 인형은 에디스가 처음으로 가져 보는
인형인데, 구두를 신기고 벗길 수도 있다. 셔우드가 "엄마들은 공부를
하고 아빠들이 아기를 돌본다"며 에디스를 설득해 보았으나 그냥
자기 생각을 접고, 인형의 엄마와 인형 메리 옆에서 흔들의자에 앉아
아기가 잠들 때까지 신문을 읽어 줄 수밖에 없었다.

89 세 살짜리에게 이날은 아주 길고 행복한 날이었다. 에디스는 점심
시간이 다 될 때까지 "세 살"('Three ores')이라고 하면서 새 인형과
놀았다. 그리고 점심 식사 후 엄마는 서둘러 에디스를 재웠다.
일찍 병원에 갔다가 아이들을 맞이하기 위해 시간에 맞춰 돌아오기
위해서였다. 셔우드와 에디스가 낮잠을 잘 자면 사탕이나 케이크 또는
단풍 사탕, 너트 같은 간단한 간식을 아이들이 깼을 때 찾을 수 있도록
봉투에 담아 옆에 놓아 두는 것이 습관처럼 되었다. 그래서 이번에도
엄마는 상자 안에 작은 의자 셋트 등을 넣어 놓았다. 엄마는 에디스가
일어나서 그것들을 하나씩 꺼낼 때의 표정을 보고 싶었지만 병원에서
평소보다 많은 환자를 돌봐야 했기 때문에 에디스가 깨어난 후에도
한참 동안 일어설 수가 없었다. 그리고 곧 어린이 손님들이 왔다.
아이들이 집으로 돌아갈 때까지 모든 것이 즐거웠다. 에디스와

셔우드는 손님들을 집까지 데려다 주고 저녁을 먹으러 돌아왔는데, 평소보다 반 시간 가량 식사 시간이 늦어졌다. 아이들은 보통 때보다 더 많이 먹었고, 숙녀들의 저녁 식사 시간인 오후 6시까지도 다 먹지 못했다. 식당 한쪽에는 셔우드와 에디스를 위한 작은 둥근 식탁이 있고, 아이들은 엄마가 일본에서 가져온 작은 의자에 앉아서 식사를 한다. 보모가 아이들을 돌본다. 엄마는 아이들이 높은 의자에 앉아서 숙녀들과 같이 식탁에서 먹으면 태도가 좋아질 거라고 생각하는데 그럴 만한 공간이 없다. 이런 식으로 식사를 하게 되면서부터 아이들은 자주 무례해지고 소란스러워진다. 의자에서 일어나 음식이 나오는 사이사이에 사방으로 뛰어다닌다. 엄마는 그곳에서 아이들을 벌주고 싶지 않고, 모든 숙녀들 앞에서 울리고 싶지도 않다. 게다가 엄마의 방은 아주 멀리 (이 가옥 밖에) 있기 때문에 벌을 주어야 할 때 아이들 방으로 보내기가 쉽지 않다. 그래서 아이들은 자주 벌을 받지 않고 지나가게 된다. 그러나 엄마는 아이들이 여러 사람들과 함께 식탁에 앉을 수 있다면 나아질 거라고 생각한다. 그러면 아이들도 식사를 더 잘하게 될 것이다. 요즘 에디스는 잘 먹지 않는다. 하지만 가끔 엄마 무릎에 앉혀 놓고 먹이면 자기 식탁에서는 맛을 보려고도 하지 않는 것들을 무척 잘 먹는다. 엄마는 에디스의 입맛을 살리기 위해 키니네를 조금 주고 있다. 이것을 에르바 산타 시럽에 타서 먹이면 잘 먹는다. 제물포에서 아픈 이후 에디스는 심각한 귓병을 한 차례 앓은 것 외에 아주 잘 지내고 있다. 상당한 열(103도)을 동반한 왼쪽 귀의 통증으로 아이는 하루 반나절을 침대에 있었다. 그리고 처음 12시간 동안은 아주 고통스러워했다. 따뜻한 코카인 물약을 투여했고 나중에 귀 세척을 약간 해주었는데, 가장 많은 도움이 된 듯하다. 이렇게

90

한 것은 키니네를 복용하기 전이었다. 제물포에서는 엄마가 에디스가 먹기 좋은 모양으로 키니네를 만들 수 없었기 때문에 귀가 거의 다 나을 때까지 그럴 수밖에 없었다. 그 후로는 단 한 번밖에 귀가 아프다고 하지 않았지만 오후 4시경 여러 차례 한기가 돌고 식욕이 없어졌기 때문에 키니네를 복용하게 되었다

제물포에서 앓던 시기에 에디스는 순전히 자발적으로 엄마를 "마"(Ma)라고 부르기 시작했다. 그리고 두 주가 넘도록 다시 엄마라고 부르지 않았다. 그리고 이제는 거의 "마"라고 하지 않는다. 에디스는 아주 집요한 것 같다. 예를 들면 엄마에게 어떤 수건을 달라고 했을 때 엄마가 이런 저런 방법으로 단념시키려다가 결국 언젠가 일어날 일이 있으면 가져다주겠다고 한다. 그러면 에디스는 엄마를 일어나게 할 구실을 만든다. 그리고 그것은 적중한다. 잠시 후에는 "이제 마, 작은 애기 수건을 가져다주세요"라고 한다. 에디스는 한 번 시작하면 반 시간 동안 종이를 자르는데, 엄지와 검지로 자른다. 나선형으로도 자른다. 마침내 모두 잘게 잘라서 조심스럽게 상자 안에 보관한다. 엄마가 심박수를 잴 때면 자주 엄마 시계 안에 있는 자기 사진을 보여 달라고 한다. 에디스는 그 사진을 '감마 아기'(Gamma's baby)라고 부른다. 때로는 혼자서 "나의 감마, 나의 다, 나의 조"라고 노래를 부르기도 한다. 크리스마스 직전 어느 날 밤 에디스는 할머니가 너무 보고 싶다며 울면서 짜증을 냈다. 달랠 수가 없었다. 친절하게도 해리스 박사가 와서 에디스에게 재미있는 이야기를 해주면서 아이가 향수병에서 벗어날 수 있도록 도와주었다. 가끔 에디스는 '감마' 꿈을 꾼다고 한다. '감마'가 무엇을 하고 있더냐고 물으면 "바느질"하고 대답한다. 때로는 '조' 꿈을 꾸기도 하는데 조는 항상 "리버티로 가고

91

있다"고 한다.

에디스는 "오, 쳇"(O, pshaw)이라고 하기도 한다. 아주 귀엽게 들리기는 하지만 에디스가 그 말을 배워서 하는 것이 걱정스럽다. 유감스럽게도 이 말을 엄마와 할머니에게서 배운 것 같다. 간혹 엄마가 얼른 대답하지 않으면 "엄마는 나한테 말을 하지 않는 것 같아요"라고 한다. 때때로 맞는 문법은 아니지만 "엄마 더 없어요?"(Didn't you ain't got anymore?)라고 묻기도 한다. "나는 이제 더 많이 물어보고 싶어요"(I want ax for anymore now)라고도 하고, "아마, 보이한테 물을 달라고 하지 마세요"(Amah don't ax the boy any water) 하기도 한다. 에디스와 셔우드는 둘 다 옷 벗는 것과 입는 것을 모두 '옷을 벗는다'(undress)고 한다.

92 어느 날 에디스가 셔우드의 외투를 입고 셔우드에게 자기 아기 옷을 주면서 "셔우드, 오빠가 여자 아이가 되어 줘. 그러면 내가 부부(bŭ-bŭ)[98]가 될게"라고 말했다. 에디스는 크리스마스를 '키펀스 데이'(Kiphens day)라고 불렀다. 그리고 이번에 산타클로스와 크리스마스 트리에 대해 처음 들었다. 에디스는 서울 유니온 클럽에서 열린 크리스마스 파이(Pie) 축제에 갔다. 모든 어린이가 초대되었고, 그곳에 산타클로스가 있었다. 에디스는 예쁘장한 작은 인형을 받았다. 그다음에는 홀리 언더우드(Holly Underwood) 집에 초대되어 크리스마스 트리를 구경했다. 거기서 에디스는 앙증맞은 작은 접시 세트를 받고 아주 기뻐했다. 에디스는 지금 오늘 생일 선물로 받은 식탁 세트 위에 이 접시들을 차려놓고 있다. 그런데 에디스와 오빠는 착하지 않으면 크리스마스 이브에 걸어놓은 긴 양말에 산타할아버지가 아무것도 넣어 놓지 않을 거라는 말을 들었음에도 말을 듣지 않았다. 그리고

크리스마스 아침에 일어났을 때 정말로 양말이 텅 빈 것을 발견했다. 셔우드와 달리 에디스는 별로 개의치 않았다. 지난번 크리스마스를 기억하지 못하기 때문이다. 셔우드는 정말 마음이 상했다. 그래서 식당에서 숙녀들에게 이야기했고, 그분들은 산타클로스가 두 아이에게 아무것도 주지 않아서 정말 안됐다고 하시면서 자신들이 선물을 주겠다며 셔우드를 달랬다. 그리하여 아이들은 각각 공을 두 개씩 받았고, 에디스는 그림책을, 셔우드는 예쁜 퍼즐을 받았다. 사탕과 너트도 받았다. 엄마는 아이들에게 일주일 동안 노력해서 착하게 지낸다면 새해 이브에 양말을 다시 걸어 놓을 수 있게 해주고 산타할아버지가 다시 오실 수 있게 해주겠다고 했다. 그래서 아이들은 정말 더 착해지려고 노력했고, 집에서 만든(존스 부인이 만들었다) 맛있는 사탕과 너트, 오렌지, 인형이 있는 작은 일본식 집을 받았다. 그날 밤 에디스는 '깨끗하고 커다란 인형'을 달라고 기도했고, 아침에 양말을 걸어 놓은 못에 커다란 헝겊 인형이 걸려 있는 것을 발견했다. 인형은 깨끗하게 세탁한 긴 아기 옷을 입고 있었는데, 이것은 캐나다에 있을 때 아기 사촌 모드가 준 인형이다. 에디스는 이 인형을 정말 마음에 들어했다. 에디스는 주로 이 인형을 가지고 논다. 생일 때 받은 새 인형은 가끔 한 번씩 가지고 놀 수 있게 해준다. 할머니께서 편지에 쓰신 내용이다. "우리 작은 애기(Tot)는 잘 지내고 있니? 이제는 나쁜 말을 안 하니? 더 착한 아이가 되었기를 바란다. 그리고 우리 셔우드는 어떻게 지내고 있니? 내 생각에는 셔우드를 가르치는 것보다 애기를 가르치는 것이 네게 더 힘들 것 같구나. 바다에 있을 때 아이들이 우리에 대해 얘기했었니? 육지가 보이지 않게 되었을 때 뭐라고 하든? 뱃멀미는 모두 한 번만 했니? 아니면

93

더 많이 했니? 자세하게 모두 이야기해 주렴. 이제 편지를 마쳐야겠다. 이번에는 아이들에게 쓸 수가 없구나. 보내준 것 고맙다고 에디스에게 전해 다오. 셔우드에게도 편지 쓰라고 말해 주고. 하나님이 우리 모두를 축복하시고, 지켜 주시고, 다시 만날 수 있게 해주시기를. 어머니가."

☙ [할머니가 보내신 편지(부분)]

불쌍한 할머니, 지난 편지에서는 할머니의 팔이 부러졌다는 소식을 전해 주셨다. 처음 한동안은 팬턴 외삼촌 집에 머무시다가 그다음에는 월터 외삼촌 집으로 내려가셨다. 할머니와 조는 그곳에서 겨울을 보내실 것 같다. 월터 외삼촌 집에서 보내신 편지 내용이다. "오, 나의 사랑하는 딸아, 그리고 어린 셔우드와 에디스야. 정말 보고 싶구나! 이 팔이 다 나으면 너희들 사진을 여기 가져와서 이 방에 걸어 놓을 거란다. 이제는 너희들이 보고 싶을 때마다 사진첩을 열어 본단다. 그 안에 있는 너를 보고, 사랑하는 너의 아버지도 본단다." 에디스를 무릎에 앉히고 찍은 할머니 사진이 그 애가 아침마다 옷을 갈아 입는 곳 옆에 걸려 있어서 에디스는 자주 할머니께 아침 키스를 해드린다. 오늘 밤에는 잠자다가 다시 일어나서 그 사진에 뽀뽀하고 싶어해서 엄마가 사진을 에디스에게 가져다 주었다.
에디스가 한국말을 조금씩 하기 시작했다. 하지만 아직까지는 셔우드 만큼 한국말을 하려고 애쓰지는 않는 듯하다. 에디스가 실제로 하는 말은 "조심하오"(be careful)라는 말과 "어서 어서"(hurry hurry!)[99]라는 말이다. 아이들에게는 '네티'(Nettie)라는 이름의 좋은 보모가 있는데, 남편과 사별한 젊은 부인이고 세례 받은 기독교인이다. 그녀는 근면하며 한국인치고 매우 일을 잘 한다. 하지만 아이들과 지내는 요령이 없다. 그냥 가만히 앉아서 바느질을 하며 아이들을 보는 것을 좋아한다. 그래서 엄마가 아침에 세 시간 정도 꾸준히 공부를 하려고 해도 이래저래 아이들을 돌보느라 방해를 받는다. 때로는 엄마가 공부할 수 있는 방이 따로 있으면 좋겠다는 생각이 들지만 그렇지 않는 편이 나은 듯하다. 아이들을 제대로 돌보는 것도 한국어를 공부하는 것만큼, 아니 그보다 더 중요한 엄마의 일이기 때문이다. 특히 지금처럼 아이들이 어리고, 낯선 사람들 사이에 있을 때는 더욱 그러하다. 아이들뿐만 아니라 엄마도 얼마나 자주 할머니가 우리와 함께 여기 계실 수 있다면 하고 바라는지 모른다. 이곳까지의 여행이 그리 힘들지 않아서 그럴 수만 있다면 얼마나 좋을까?

에디스는 요즘 혼자 잠기도를 드린다. "이제 눕습니다", "하나님, 모든 한국 어린이들을 축복해 주세요"라고. 그리고 이곳에 있는 우리 여성해외선교회의 숙녀들을 위해서도 기도한다. 가끔씩 숙녀들의 이름을 불러가며 기도하기도 하지만 "하나님, 이분들을 모두 축복해 주세요"라고 한다. 이제는 잠자리에 들기 전에 침대 옆에서 무릎 꿇고 기도하는데, 얼마 전까지만 해도 기도하기를 싫어했다.

95　☀ [세 살 에디스의 머리타래]

☀ 세 살 에디스의 손(그림)

에디스는 이제 34½파운드가 나간다. 미국을 떠났을 때보다 1½파운드가 늘었고, 1년 동안 4½파운드 는 것이다. 키는 39인치다.

지난번 생일 때보다 3½인치 자랐다. 머리 둘레는 겨우 ¼인치 늘어서 19¾인치다. 신발은 작년 생일 때 6호를 신었는데 지금은 8.5호를 신는다. 에디스의 머리 둘레와 몸무게는 오빠가 세 살이었을 때와 똑같지만 키는 1¾인치 더 크다. 얼마 전부터 에디스가 잘 먹지 않는다. 예전의 에디스와 전혀 다르다. 감자와 빵을 전처럼 좋아하지 않는다. 4시쯤 되면 자주 춥다고 해서 엄마는 에르바 산타 시럽에 키니네를 조금 타서 주고 있다. 싫어하면서도 제법 잘 받아 먹는다.

매일 오후에는 1시 30분이나 2시부터 3시나 3시 30분까지 낮잠을 잔다. 오빠도 이제는 그 시간에 잔다. 그리고 저녁 7시 30분에 잠자리에 들어서 아침 6시 30분에 일어난다. 보통은 둘 다 착하게 자러 가는 편인데 가끔씩 누가 먼저 씻고 옷을 갈아입느냐 하는 문제로 다투기도 한다. 서로가 상반되는 것을 원한다. 자주 에디스를 혼내야 하는데, 에디스는 "못된 엄마"(naughty mamma)라고 말하는 버릇이 생겼다. 처음에는 별로 눈치채지 못하다가 나중에야 그 말을 그치게 하려면 벌을 주어야 한다는 것을 알게 되었다. 하지만 대체로 에디스는 심성이 착한 아이이다. 정이 많고, "착한 엄마"(good mamma) 하면서 잘 안아 준다. 엄마 생각에는 에디스가 어렸을 때 엄마 모습과 흡사한 것 같은데 다른 사람들은 셔우드보다 더 아빠를 닮은 것 같다고 한다. 에디스는 오빠에 비해 혼자서도 재미있게 잘 노는 편이지만 다른 아이들과 같이 있을 때는 자주 말썽을 일으킨다. 에디스는 정리정돈에 꽤 소질이 있고 이 방면에서 빠르게 성장하고 있다. 방을 나가기 전에 자기가 가지고 놀던 장난감들을 차곡차곡 모아서 제자리에 잘 갖다 놓는다. 옷을 벗으면 항상 자기 옷을 바닥에서 주워서 의자 위에 나란히 둔다. 어떤 때는 하나씩 얌전하게 개어놓기도 한다. 또 엄마

책상 위에 있는 정리함을 똑바로 하고, 펜, 연필, 자, 종이 칼, 풀, 잉크 등을 엄마가 좋아하는 자리에 치워 놓기도 한다. 핀 등을 넣어 두는 작은 서랍을 정리하는 것도 좋아한다. 물론 아무도 돌봐주지 않을 때는 간혹 말썽을 부리기도 한다. 우연히 엄마의 약품이나 알약을 발견하고 맛을 보기도 하며 때로는 쏟기도 한다. 그리고 늘 제자리에 다시 돌려놓지 않는다. 하지만 만약 세 살배기 아기들의 분주한 손이 닿는 곳에 이렇게 많은 약이 있다면 '에디스만큼 말썽을 일으키지 않을 아이는 별로 없으리라 생각한다. 에디스는 더 이상 엄마의 잉크병을 쏟지 않는다. 그리고 여러 면에서 날마다 좋아지고 있다.

"나는 꼬마 아가씨를 사랑해요.
그녀의 예쁜 짓들을 사랑해요.
그녀는 노래와 다정함으로
덧없이 지나가는 날들을 채워 주지요.
그녀의 웃는 보조개에 입을 맞추고
금발 머리를 쓰다듬어 줍니다.
나의 앙증맞은 꼬마 아가씨는
이제 겨우 '세 살'[100]이래요."

1898년 1월 30일, 일요일

≋ [1898년 1월 30일 일력][101]

1898년 1월 28일, 한국인 집에서 노출됨.

2월 5일, 토요일 아침에 일어나기 전에 아프다고 함. 아침 식사로 오렌지 한 조각만 먹고 오전 8시쯤 토함. 오전 9시에 무화과 시럽을 2 드램 줌. 조금 자다가 오전 10시에 다시 구토. 호흡 26. 오늘은 변을 보지 않음, 어제 한 번 보았음. 온종일 대부분 잠만 자고 아무것도 먹지 않음. 조금 마시기만 함. 낮 동안 소변을 세 번 봄. 오후 5시에 무화과 시럽 2드램을 줌.

밤 9시에 일어나서 토할 것 같다고 했으나 토하지 않음. 진통은 없음.

오후 6시 체온 103.8(겨드랑이).

밤 9시 체온 102.8, 심박수 118, 호흡 32.

2월 6일 오전 6시 30분 백부자와 브리오니아(Bryonia)를 조금 줌.

오전 7시 체온 100도, 산토닌(Santonin)과 칼로멜을 0.5그래인씩 줌. 무화과 시럽.

오전 7시 30분 변을 잘 봄.

오전 10시 30분 체온 98.6도, 심박수 132, 호흡 20. 아침 식사로 크래커와 오렌지, 코코아를 조금 먹음. 12시 30분까지 잠.

오후 12시 30분 체온 99.6도, 심박수 138. 오렌지를 달라고 함.

오후 1시 우유와 크래커를 먹고 오렌지 두 개에서 짠 즙을 마심. 담즙이 섞인 무른 변을 봄. 회충의 징조는 없음.

2월 7일 오전 7시 체온 98.8도. 오늘은 많이 나아진 듯함.

2월 8일 아침에는 괜찮음. 점심을 먹고 평소처럼 낮잠을 잠. 보모가 아파서 병원에 출근하기 전에 에디스와 셔우드에게 깨면 인력거를 타고 바람을 쐬라고 노트에 적어 놓고 떠났다. 화창한 날씨이지만 조금 춥다. 에디스가 몸을 잘 감싸고 나가지 않았기 때문에 집에 돌아왔을 때 매우 춥다고 함. 하지만 조금 후에는 나아졌고 졸리다고 함.

2월 9일 7시 30분까지 자고 아침을 먹으러 옴. 많이 먹지 않음. 눈물, 콧물이 줄줄 흐름. 인형을 재우려고 흔들어 주다가 거의 잠이 들 뻔함. 그러고나서 자기를 흔들어 달라고 함.

오전 11시쯤 자러 가서 12시 30분까지 잠. 보모가 담요로 감싼 후 식당으로 데리고 옴. 로스와일러 선생이 밥과 우유를 조금 먹임. 얼굴에 반점이 일어나는 것 같음.

오후 시간 거의 잠만 잠. 저녁으로 수프와 크래커를 조금 먹음. 무화과 시럽 1.5드램 줌. 종일 방향 암모니아정 2-3미님을 거의 한 시간마다 복용함.

기침을 꽤 많이 함. 일요일 오후에 시작했는데 오늘은 더 많이 함.

저녁 8시 체온 103.2도, 심박수 160, 호흡 32.

저녁 8시 30분 조금 토함. 몸에 아주 작은 반점이 생김.

2월 10일 오늘 아침에 붉은 반점이 많이 돋아남.

오전 8시 변을 잘 보고 토스트와 코코아를 먹음.

오전 9시 체온 99.8도, 심박수 132, 호흡 26.

2월 11일 얼굴에 핀 오돌토돌한 발진이 이마부터 없어지기 시작함.

오늘 변을 보지 않아서 무화과 시럽을 다시 줌.

2월 12일 두 번 변을 잘 봄, 붉은 반점이 사라지고 있음. 간혹 쇳소리 나는 기침을
몇 번씩 함. 기침이 심해져서 방향 암모니아정을 계속 줌.

2월 13일 거의 다 나음. 스폰지 목욕을 시키고 옷을 갈아 입힘. 밥을 잘 먹음.
내일 날씨가 좋으면 밖에서 놀게 할 생각.

99 ❧ 에디스의 이질(Dysentery)

1898년 4월29일 서울 출발. 4월 30일 오후 3시 해룡호를 타고 항해.

5월 1일 — 설사를 조금 함. 정오에 피마자 기름과 대황을 줌. 잠자러 가기 전에
두세 번 변을 잘 봄.

5월 2일, 월요일 — 변을 보지 못함. 오후 2시부터 평양에 도착한 저녁 8시까지
소변도 보지 않음.

5월 3, 4, 5일 — 상당히 좋아진 듯함.

5월 5일, 목요일 — 일찍 자고 싶어 했지만 새벽 2시가 되도록 잠을 이루지 못함.
목기침을 하고 여러 번 토함. 오후에 아이스크림을 먹었음. 계속 배가 아프다면서
끙끙거림. 아침이 되면서 따뜻한 소금물을 한 컵 마시게 했는데, 그것은 게워내지
않음. 소금물이 하제(下劑)처럼 작용하면서 속을 씻어내릴 거라고 생각했음.
하루 종일 침대에서 쉬게 함. 설사만 함. 나아진 듯함. 대변을 두 번밖에 보지 않음.
안색이 안 좋음. 보채고 식욕이 없음. 조금 나아진 듯했지만 종일 침대에서 쉬게 함.
지난 사흘 동안 반고체 음식만 먹음. 하지만 어제 으깬 옥수수를 약간 먹음. 아침
대변에 옥수수가 보여서 소금물로 장세척을 하고 소독을 함. 오후에 이질 증세가
나타나고 복통과 후중감을 느껴 오래 변기에 앉아 있음. 유동식을 함. 밤에 잘 지냄.
6일부터 비스무트 1그래인+토근(Ipecac) 1/60그래인+칼로멜 1/40그래인을
하루 세 번씩 주고 변을 본 후에도 줌.

5월 9일, 월요일 — 낮에 변을 여섯 번 봄. 모두 피가 섞여 있고 피투성이가 된 창자
조각 같은 것이 보였음. 음식이나 점액은 거의 없음. 타닌산으로 세 번 관장을 함—
오후에 조금 투여한 것을 15분쯤 후에 배설, 다른 것은 투여하자마자 그대로 쏟아냄,
전혀 도움이 되지 않았음. 오늘 아침에 비스무트, 칼로멜, 토근 약을 끝내고
살롤(Salol) 1그래인을 하루 세 번씩 줌. 거의 먹지 않음. 저녁 9시에 타닌산을 투여한

후부터 새벽 4시까지 변을 열 번 봄―피투성이 조직이 섞인 같은 류의 변.
잠을 자지 못하고 고통스러워 함. 후중이 심하고 계속 변기에 앉아 있음.
한 번 멜린 식품을 조금 먹음. 잠시나마 긴장을 풀어주기 위해서는
클로로아노다인을 주어야 했음―24시간 동안 12미님을 복용. 새벽 3시 30분에
타닌산을 3온스 투여한 후 30분 동안 변을 세 번 봄. 클로로아노다인 1미님과
살롤 1그래인을 주고 닭국물과 크래커를 조금 줌. 새벽 4시에 잠이 듦.
5월 10일―6시 30분까지 잘 잠. 아침 식사로 네슬레 식품과 코코아 반 컵을 먹음.
다시 한 번 장세척을 한 후 변을 세 번 봄. 잠자는 동안 타닌산 3온스를 투여함.
그러나 금방 깼고, 세 번 더 변을 봄. 그후 비스무트와 위스키를 한 번 줌.
심한 복통을 호소했을 때 클로로아노다인을 주었음. 오전 10시에 잠이 듦.
정오까지 잠. 기저귀에 여섯 번 변을 봄. 정오와 오후 3시에 소량의 변을 봄.
코코아를 조금 먹음. 비스무트와 클로로아노다인 그리고 위스키 복용.
오후 3시에 타닌산을 멈출 것임. 무리풀에 비스무트와 아편(Opii Camphorata)을
섞어 투여해 주었더니 15분간 대변을 멈추었다가 오후 4시 30분까지 대변을 세 번 봄.
오후 4시 30분 다시 졸려 함. 그러나 저녁 6시 30분까지 대여섯 차례 변을 보고 그중
한 번은 오줌까지 눔. 멜린 식품과 젤라틴이 섞인 우유를 약간 쏟아냄. 음식을 먹은
후 심한 복통을 호소함. 한 번 더 클로로아노다인과 위스키 그리고 비스무트를 줌.
오후 6시 30분 잠.
오후 7시 30분 비스무트를 복용한 뒤 닭국물을 조금 먹음. 8시까지 변을 두 번 봄.
저녁 8시 웰스 박사와 폴웰 박사와 상담. 세 시간마다 도버산을 2그래인을 처방 받음.
아침에 말끔히 장세척을 한 후 무리풀과 비스무트를 계속 투여함.
밤 10시까지 대변 두 번.
밤 10시 도버산, 발렌타인스 소고기 국물 0.5드램.[102] 밤 11시 대변.
5월 11일, 수요일 자정 대변, 새벽 12시 30분 대변, 새벽 1시 대변, 새벽 1시 30분 대변.
새벽 1시에 도버산과 우유 그리고 멜린스 식품을 주었음.
새벽 2시 또다시 변을 봄. 무리풀과 비스무트 투여 후 새벽 4시까지 괜찮음.
아침 6시까지 두 번 변을 보고 괜찮음. 소변.
새벽 4시에 도버산과 소고기 국물을 줌.
오전 7시 도버산과 우유, 멜린스 식품을 주자마자 전부 토함. 조금 기다렸다가
무리풀에 비스무트를 섞어 투여한 다음 소고기 국물을 조금 줌. 그리고
아침 7시 30분에 도버산을 다시 줌. 9일 이후 처음으로 물을 달라고 함.
오전 10시 삽입관을 이용하여 장을 씻어냄. 전체 길이의 절반 정도를 삽입하고
반환 관은 3인치와 2인치 정도에 삽입. 이 장세척을 하기 전에 많은 양의 피가 섞인
설사를 함. 물 2파인트에 소금 2드램을 섞은 식염수를 사용함. 처음 나온 묽은

배설물에만 피가 조금 섞여 있었고 그다음은 깨끗했음. 세척을 절반 정도 마쳤을 때 에디스는 변을 볼 것 같다고 함. 삽입관을 뺌. 그냥 깨끗한 물만 배설함.

다시 삽입해서 세척을 끝냄. 5분이 채 안 되어 심한 후중과 함께 배변. 피 섞인 액체와 검은 올챙이 같은 조직들이 나옴. 잇따라 짧은 간격으로 변을 더 봄. 심한 후중. 무리풀과 비스무트를 한 번 더 주입했지만 50분 동안만 괜찮음.

11시 30분까지 두세 차례 변을 더 봄. 도버산과 소고기 국물을 줌. 받쳐준 환자용 침대 변기를 깔고 잠깐 잠을 잠. 그 변기를 치우는 것을 싫어함.

정오 구토를 하고 싶어했지만 변을 봄.

오후 1시 30분 소변. 대변 두 번. 코코아를 작은 컵으로 한 컵 마심.

오후 2시 도버산과 우유 반 온스. 한 번 더 먹고 싶어 했지만 그냥 재움.

오후 3시 30분 다시 많은 양의 피 섞인 변을 봄. 웰즈 박사와 폴웰 박사가 옴. 식염수 장세척을 한 번 더 해줌, 아침과 같은 결과.

오후 5시 도버산을 물에 타서 줌. 코코아와 우유 믹스 마신 것을 다 토해 낸 후, 소고기 국물을 한 숟가락 줌. 옷을 갈아 입혀야 함. 아편 5미님 직장으로 투여.

오후 5시 15분 '맘마'에 비스무트를 타서 입으로 복용.

오후 5시 45분 소고기 국물. 대변 두 번.

오후 6시 30분 홀릭스 맥아를 주려고 해보았지만 먹으려 하지 않음.

저녁 7시쯤 물을 달라고 함. 소고기 국물과 물을 토해 냄. 다시 배변. 소변. 배꼽 부위가 어느 때보다 아프다고 호소함. 창자의 새로운 부분이 녹아져 내리는 것처럼 어제와 비슷한 변을 다시 봄. 계속 아무것도 안 먹으려고 함. 절망 가운데 에디스에게 다시 클로로아노다인을 조금 주었더니 4미님을 복용함.

저녁 7시 45분 환자용 침대 변기 위에서 잠이 듦. 변기를 치울 수 없음.

저녁 8시 30분 자는 동안 아편 4미님을 '맘마'에 섞어 항문으로 투여함.

밤 9시 45분까지 안정. 소량의 대변.

밤 10시 얼음, 우유 등 아무것도 입에 대지 않으려고 함. 얼음물을 조금 마심. 약간 에디스답지만 많이 보챔.

밤 10시 30분 클로로아노다인 2.5미님과 소고기 국물을 조금 먹음. 체온 100.1도.

밤 10시 45분 다시 전부 토함. 배변량이 적음. 먹이려 할 때마다 토하기 때문에 다시는 아무것도 강요하고 싶지 않음. 얼음이나 물도 완강히 거부함.

밤 11시 아편과 비스무트를 '맘마'에 섞어 한 번 더 투여할 준비가 되었는데 다시 작은 변을 봐서 11시 30분까지 미룸.

밤 11시 30분 자는 동안 약을 투여했고 12시까지는 모든 것이 괜찮아 보였는데, 12시에 구역질을 하면서 토하고 변을 봄. 드디어 위스키 10미님을 탄 찬물을 조금 마심. 변기를 벗어나지 못함.

5월 12일 새벽 12시 30분 에디스가 가만히 있지 못하거나 입 또는 항문으로 아무것도 섭취하지 못할 경우를 대비해 피하 모르핀 1/20그래인을 준비함. 하지만 지금 잠들어 있음.

새벽 1시 30분 대변. 새벽 2시 10분 대변. "배가 너무 아파요."

새벽 2시 30분 먹기를 거부함. 아편을 한 번 더 준비했으나 투여할 기회를 못 잡겠음. 복부 위에 송유(turpentine)를 발라 줌. 복부가 팽창하지 않고 가라앉음. 초조한 얼굴에는 자주 심한 고통이 드러남. "여기가 우리 집이예요?"라고 물어봄. 자는 동안 항문으로 관을 삽입했으나 약물을 투여하기 전에 대변과 함께 배출해 버림.

새벽 3시 다시 관을 시도했는데 또 배변을 봄.

새벽 3시 30분 관을 삽입했으나 즉시 또 배변 작용을 일으킴. "아, 배가 너무 아파요." 아무것도 입에 대려고 하지 않음. 이렇게 장으로 투여하려고 애쓰기보다는 피하투여를 해야 할 것 같은데 아직은 아무도 에디스의 동의 없이 그 애를 잡고 제대로 약을 주지 못함. 아파서 울부짖음.

새벽 4시 구역질을 하며 토함. 파란 빛이 도는 푸른 토사물. 대변을 더 봄.

새벽 4시 30분 폴웰 박사가 모르핀 1/25그래인을 투여함.

새벽 5시 체온 99.4도.

새벽 5시 15분 발렌타인스 소고기 국물 2드램. 새벽 5시 45분 물.

오전 6시 물. 오전 6:30 발렌타인스 국물 2드램.

오전 7시 발렌타인스 국물 2드램.

오전 7시 15분 모르핀 주사 후 처음으로 대변. 아침 7시 30분이 되기 전에 두 번 더 배변.

오전 7시 30분 발렌타인스 소고기 국물 2드램.

오전 8시 30분 발렌타인스 소고기 국물 2드램.

오전 9시 15분 발렌타인스 소고기 국물 2드램.

오전 9시 30분 배변, 발렌타인스 국물 2드램.

오전 10시 아편 1/6그래인, 살롤 2그래인, 토근 2그래인.

오전 10시 15분 전부 게워 냄. 다시 1/20그래인를 피하투여.

오전 10시 30분 소금물 관장.

오전 10시 45분 발렌타인스 국물 2드램. 배변. 12시 45분까지 거의 계속 잠.

발렌타인스 국물.

오후 1시 배변. 오후 2시 발렌타인스 1 드램.

오후 3시 15분 홀릭스 식품 2온스.

오후 3시 45분 토근 1/5그래인, 비스무트 5그래인.

오후 4시 15분 위의 것들을 그대로 게워 냄.

오후 4시 30분 발렌타인스 4드램. 토근은 포기.

오후 5시 비스무트와 살롤.

오후 5시 15분 모르핀 1/20그래인 피하투여.

오후 5시 30분 체온 100.2도. 발렌타인스 국물을 반 드램 줌.

오후 6시 45분 아편 10미님을 풀과 비스무트에 섞어서 자는 동안 투여.

저녁 7시 30분 오후 5시 이후 처음으로 배변. 투여한 것은 없고 오늘은 그렇게 선홍색 혈변이 아님. 11일처럼 검고 고름이 섞여 있음. 밤 8시 30분까지 변기를 떠나기 무섭게 다시 잇따라 변을 봄. 모르핀 피하투여로 진정됨. 소고기 국물 반 드램과 우유 3드램을 물에 섞어 줌.

저녁 8시 30분 발렌타인스 국물을 조금 더 먹게 했으나 갈색 액체를 한 컵 이상 게워 냄.

밤 9시 조금 소화된 소고기 국물을 1온스 정도 토함.

밤 9시 30분 비스무트와 살롤. 물.

밤 10시 체온 102.4도. 침대 변기 위에서 잠이 듬.

밤 10시 45분 소고기 국물을 마시면 다시 토함.

밤 11시 모르핀 피하투여.

밤 11시 30분 조용함. 발렌타인스 국물 반 드램.

밤 11시 40분 반 드램 더 줌.

5월 13일 새벽 12시 30분 자정부터 이리저리 몹시 뒤척이며 잠들지 못함. 이곳저곳 몸을 긁는 것이, 마치 이나 벼룩이 아니라면 모르핀의 영향인 듯함. 복부를 알코올로 문질러 주었더니 좋아함. 하지만 계속 뒤척이며 잠을 못 이룸. "안녕"(Goodbye), "셔우드, 내 약을 좀 먹고 싶지 않아?"라며 잠꼬대를 함. 물을 달라고 해서 줌. "응가와 쉬"를 하고 싶다고 함. 하지만 그렇게 말하고 별로 신경을 쓰지 않음. 소변을 못 봐서 뒤척이는 것일 수도 있음. 풀에 섞은 아편을 투여하거나 체온을 잴 기회를 못 잡음.

새벽 1시 30분 비스무트와 살롤을 '맘마'에 적셔서 줌. 그것을 뱉어 냄. 나중에 가루에 타서 주었더니 물과 함께 삼킴. 아직도 뒤척임. 엎드렸다 바로 누웠다 하면서 침대 위를 휘젓고 다님. "안 자고 기도할 거예요." "우리 집 정리해 놓았어요? 우리 집에 가서 셔우드와 메리랑 같이 놀고 싶어요"라고 함.

새벽 1시 45분 "응가와 쉬를 하고 싶어요." 한 시간 전에 지나쳐 버린 것처럼 다시 그럴 수 없어서 일으켜 세워 주었더니 쉽게 "응가"를 함. 하지만 소변은 보지 못함. 관을 삽입해 보려고 했지만 너무 큼.

새벽 2시 발렌타인스 국물을 반 온스 줌. 한 번 더 대변을 봄.

새벽 2시 30분 다시 다 게워 냄. 그런 후 물을 두 모금 마심. 여전히 잠을 못 이룸. '다'(Dah)를 찾음. 계속해서 〈예수 사랑하심을 성경에서 배웠네〉(Jesus loves me this I know)를 반복함. 해리스 박사를 부름. 소변을 빼줘야 할 것 같아서 고장 나

쓸 수 없는 어린이용 도관을 가져와 삽입했더니 오줌이 3온스 정도 줄줄 나옴.
산성 오줌.

새벽 3시 비스무트만 줌. 그리고 위스키 10방울을 물에 섞어 줌.

새벽 3시 30분 좀 잠잠해 짐. 그리고 지금 침대 변기를 달라고 함. 하지만 바로 변을
보지 못함. 꽤 큰 변을 봄. 동그란 덩어리 대부분이 고름. 조금 더 잠잠해졌지만
약간 뒤척이다가 두 팔을 머리 위로 뻗음. 별을 잡고 싶어 함.

새벽 3시 45분 코코아를 청했지만 홀릭스 식품을 한 모금 마심. 말은 하지 않았지만
요구했던 것과 다른 것임을 알아챈 듯함.

새벽 4시 체온 101도, 호흡 14. 아직까지는 그렇게 조용한 편이 아니고 잠꼬대를
약간 함. 위스키 10 미님을 물에 타서 조금 더 줌.

새벽 4시 30분 무의식 배변. 나중에야 변기를 달라고 함. 하지만 더 이상 누지 않음.
소량의 변 대부분 고름이고 약간 거무스레한 푸른 덩어리도 있음. 위스키 10미님을
물에 섞어 줌.

새벽 4시 40분 또 한 번 기저귀에 변을 봄. 다시 복부 통증을 호소—밤 11시 이후
처음.

새벽 4시 45분 비스무트와 물 그리고 위스키 10미님. 11시 이후로 선잠을 조금 잠.
지금 한 번 더 피하투여를 해야 할 것 같음.

새벽 5시 10분 마지막에 먹은 것을 토함. 방귀를 조금 뀜.

새벽 5시 30분 구토를 더 하려고 함. 통증. 계속 배변. 엄마가 피하투여 하는 것을
허락한다고 함. 그래서 금영이[103]가 팔을 잡아 줌. 한 시간 전에 주지 못한 것이
미안함.

아침 6시 비스무트.

아침 6시 30분 코코아 반 컵. 여전히 뒤척거림.

아침 7시 15분 아편을 풀에 섞어 투여.

아침 7시 30분 코코아 반 컵과 홀릭스 식품.

아침 8시 코코아 반 컵과 홀릭스 식품.

아침 8시 45분 배변.

오전 9시 체온 101.2도, 심박수 140.

오전 9시 10분 코코아와 홀릭스 식품 2온스.

오전 10시 비스무트. 배변.

오전 10시 30분 모르핀 피하투여.

오전 10시 30분 배변. 코코아와 홀릭스 식품 1온스.

오전 11시 30분 소금물 장세척.

정오 12시 체온 100.3도.

오후 12시 25분 대변.

오후 1시 코코아와 홀릭스.

오후 1시 15분 비스마크 5그래인. 심박수 120, 호흡 14, 대변.

오후 1시 45분 발렌타인스 국물 조금. 대변.

오후 2시 15분 비스무트와 살롤. 소변(산성).

오후 2시 30분 구토. 배변.

오후 2시 45분 물과 위스키.

오후 3시 10분 대변 조금.

오후 3시 40분 구토.

오후 3시 45분 모르핀 1/16그래인 피하투여.

오후 4시 체온 100.3도. 대변.

오후 4시 30분 비스무트 5그래인.

오후 4시 40분 발렌타인스 국물.

오후 5시 40분 발레타인스 국물. 약간 횡설수설했지만 말을 걸면 분명하게 대답함.

오후 5시 45분 배변.

오후 6시 40분 보바닌(Bovanine).

오후 7시 30분 배변. 물과 위스키 조금. 구토. 말을 많이 함.

저녁 8시 30분 소금물과 석탄산(Ac. Carbol)[104]으로 장세척.

저녁 8시 45분 모르핀 1/16그래인.

밤 9시 체온 102.4도.

밤 9시 45분 코코아.

밤 10시 15분 배변. 키니네가 보임.

밤 10시 45분 발렌타인스 소고기 국물 조금. 코코아 조금.

밤 11시 변을 보는 소리만 나고 오히려 한참 동안 점점 더 조용해짐. 그래서 그냥 놔둠.
하지만 에디스는 뭔가 잘못되었다는 것을 알아채고 "응가하고 싶어요. 빨리 오세요.
아니면 내 옷에 응가할 거예요"라고 함.

(5월 13일 계속) 하루 종일 거의 쉬지 못하고 말을 함. 주로 눈을 감고 있음.
아직 꽤 기력이 있는 것 같고 팔과 손을 계속 움직임. 가끔 가까이 있는 것을 잡음.
'네티'(Nettie)에 관해 두 번 언급함. "아이들이 여기 들어오는 것이 싫어요"라고 함.
한번은 일어나서 루스와 같이 가서 놀고 싶다고 함. 오늘 아침 에디스를 두고 나올 때
"엄마한테 뽀뽀"라고 하자 처음에는 "싫어요"라고 했다. 엄마가 지금 나가니 굿바이
하세요 했더니 "굿바이"라고 했다. 그리고 한 번만 뽀뽀해 주세요 하자 "더러운
뽀뽀(dirty kiss) 아니면 깨끗한 뽀뽀(clean kiss)?"라고 물었다. 물론 깨끗한
뽀뽀지 했더니 에디스는 눈을 감고서 쪽 하고 작은 입술을 오무렸다가 폈다.

엄마의 얼굴이 뽀뽀를 받기에 좀 멀리 떨어져 있었다. 하나 그건 엄마의 잘못이었다. 가끔씩 에디스가 들쑥날쑥 코로 숨을 쉴 때마다 쑥 들어간 눈과 검은 눈꺼풀, 그리고 벌린 입 사이로 보이는 이빨이 마치 죽은 아이의 모습 같다. 언젠가 한 번은 할머니가 자기 등을 쓸어 주기를 바랐다.

밤 11시 30분 참 고요하다. 하루 중 그래도 가장 잠을 잘 자는 모습이다.

"엄마! 엄마!"하고 불러서 갔더니 자기 손이 더럽다면서 나를 밀쳐 냈다. "코코아를 좀 먹어 볼래?" 했더니 "아뇨"라고 했다. 심박수 150, 호흡 14.

자정 코코아와 홀릭스 식품을 한 모금 삼키고는 거의 토할 뻔함. 괜찮은 대변. 도관을 삽입했는데 스스로 소변을 봄—뿌연 산성 오줌.

5월 14일 새벽 1시 상당한 양을 토한 후 아주 지친 모습. 물을 달라고 해서 위스키를 타서 줌. 맛있게 마시고는 "맛있다"고 함. 체온 100.2, 심박수 180, 호흡 12.

새벽 2시 다시 구토. 힘없이 누워 있음. 모르핀을 다시 주어야 할지 말아야 할지 잘 모르겠음. 모르핀에서 깨어난 지 한참이 되었는데도 아프다고 하지 않으니 지금은 통증이 가신 듯함. 그리고 모르핀에서 깨어날 때 오랫동안 구토를 하고 살갗이 심히 자극되므로 조금 더 영양을 취한 후까지 기다리는 것이 나을 듯함.

새벽 2시 30분 모르핀 1/18그레인 피하투여. 기저귀를 갈아 줌—피는 없고 상당히 소화된 변, 고름은 거의 없음.

새벽 3시. 에디스는 지금 매우 안정되었지만 피하투여를 하기 전에 원하던 코코아를 먹지 않으려고 함. 하지만 그것을 마시면 구토를 할 것이다. 심장이 멈출 것 같아 두렵지만 아직 심박수가 180이고 모르핀을 받은 후에도 늦추어지지 않았다. 심장이 꽤 튼튼하다.

새벽 5시 20분 지금까지 물에 탄 위스키를 두세 번 섭취했고 코코아에 홀릭스 식품 섞은 것을 반 온스, 우유를 반 온스 먹음. 모르핀 피하투여 후 처음으로 토할 것 같다고 하는데 아직은 토하지 않음. 냄새나는 변을 봄.

새벽 5시 30분 조금 토함. 모르핀을 주면 얼마 되지 않아 구토를 하고 복용량도 자꾸 늘어서 이제는 중단하기로 함.

정오까지 네 번 구토, 네 번 대변. (모르핀은 주지 않음). 소금물로 장세척을 해주고 소고기 국물을 관장으로 주었지만 그대로 흘려냄. 오후에 세 차례 대변을 보았고, 다시 장세척을 해줌. 다섯 차례 구토. 석탄산 1/6그레인을 4시간 정도 간격으로 주기 시작함. 체온은 오후 3시에 99도, 저녁 7시에 100.3도, 심박수 144.

침대 시트를 갈고 깨끗한 셔츠와 가운으로 갈아 입힘. 레몬에이드를 조금 마심. 오늘 24시간 동안 열네 번 구토. 변 보기 전과 보는 동안 더 고통스러워하고 스물한 번 배변함. 밤새 맥이 아주 약해졌고 잘 깰 수 없음. 흥분제를 줌. 구역질이 심해서 음식을 많이 먹지 못함.

5월 15일 오전 내내 구토와 통증이 계속되었기에 아편을 다시 주면서 장의 염증을
가라앉혀 보기로 함. 3시 30분에 아편 ¼그레인과 토근 1/60그레인을 준 뒤
3시간마다 반복. 이후로 12시간 동안 한 번만 토함. 하지만 대변은 아직 통제가
안 되고 있음. 변에는 고름 대신 다시 선홍색 피와 조직이 섞여 있음. 장의 새로운
부분에 병이 퍼진 듯함. 모르핀보다는 아편을 맞은 후 더 평온하게 쉬고 있음.
장이 더 헐어 내린 것이 아니라면 훨씬 나아질 듯함. 오늘 24시간 동안 서른 번 대변을
보고 일곱 번 구토를 함. 체온은 다시 101도로 올라감. 심박수 140.

5월 16일 오늘은 덜 고통스러워하고 좀더 평온히 쉬고 있음. 변에는 음식이 조금
섞여 있고, 간혹 시금치 같은 것이 보임. 그러나 여전히 혈청과 한두 개의 혈전이 섞여
있음. 영양 공급이 나아짐. 보리죽과 우유, 석회수 그리고 가끔 보바닌을 섭취.
발렌타인스 소고기 국물이 다 떨어짐. 이곳에서는 고기 국물을 만들 양고기를
구할 수 없음. 소고기를 사용하는 건 안전하지 않음. 가끔씩 코코아를 달라고 해서
홀릭스 맥아와 섞어서 주면 꽤 많이 마심. 아편과 석탄산 처방을 계속함. 매일 한 번씩
소금물과 약간의 석탄산으로 장세척을 해주고 있음. 체온은 종일 101도를
유지하다가 오후 1시쯤 103도까지 오름. 말라리아 합병증이 생긴 것처럼 보이고,
말라리아성 열이 계속되는 듯함. 12일까지 열을 의식하지 못했기 때문에 이 추측이
정확하지는 않음. 오늘 24시간 동안은 변을 열 번만 보았고 구토는 전혀 안 했기에
열을 제외하면 모든 점에서 차도가 있는 듯함. 호흡은 모르핀과 아편을 받을 때
14였던 것이 24-26 정도로 빨라졌으므로 말라리아 열이 지속되면서 카타르성 폐병이
생긴 듯함. 심박수는 대체로 153에서 190(폴월 박사가 잰 것은 조금 더 낮았음).
키니네를 크림으로 만들어서 특히 양 옆구리와 배 그리고 허벅지에 발라 준 뒤
나중에 알코올로 닦아냄. 피부로 꽤 많이 흡수한 듯함.

5월 17일, 화요일 후중이 덜함. 에디스는 이제 변을 마친 것을 알아차리고 예전보다
쉽게 침대용 변기를 치울 수 있게 함. 때로는 음식이 섞인 약간 응고된 변을 봄.
2시간마다 음식을 4-6드램 정도 섭취함. 다른 치료도 지속하고 있음.
변을 열다섯 번 보고 토하지는 않음. 하지만 체온은 102도로 올라감.

5월 18일 아편을 3시간에 1/5그레인씩으로 줄임. 혀 중앙에 잔뜩 끼었던 검은 갈색
설태가 벗겨지기 시작함. 에디스는 스스로 설태를 조금씩 벗겨내기도 하고 때때로
입을 가셔 달라고 한다. 24시간 동안 두세 번 소변을 보는데 우선 도관을
부분적으로라도 삽입해야만 한다. 그러면 3온스 정도의 오줌이 저절로 잘
흘러나온다. 열아홉 번 대변을 봄. 간혹 피 섞인 점액이나 조금 소화된 음식 또는
시금치 같은 초록색 대변. 구토는 한 번뿐. 지금은 돌려서 눕혀 줄 때 외에는 항상
등을 대고 누워 있음. 자세를 바꿀 때마다 먼저 기침을 하고 새로운 자세에
적응되기까지 호흡이 곤란함. 자꾸 야위어 가지만 아직 욕창은 없음. 입으로

키니네 1그래인을 먹음.

5월 19일 글리세린 시럽에 키니에 5그래인을 타서 주었더니 한 번에 1-2그래인씩 잘 받아먹음. 다시 배가 아프다고 함. 변이 다시 더 냄새가 나고 고름 섞인 까만색이거나 시금치 색깔임. 체온이 103.6도까지 올라감. 변을 열여덟 번 보고 토하지는 않음. 오늘 밤에는 현저하게 쇠약해 보임.

5월 20일 설태는 거의 다 벗겨졌으나 딱딱히 굳고 생살이 노출되어 쓰려려 함. 순한 구강 청결제도 몹시 따가워 함. 오늘은 키니네 7그래인을 주고 철분 2미님을 주기 시작함. 열은 내렸으나 속은 다시 나빠져서 세 번 토함. 열다섯 번 배변. 정오에 아편 가루 대신 아편 1/8그래인과 토근 1/16그래인, 초산연(Lead acetate) 1/12그래인 그리고 장뇌(Camphor) 1/8그래인을 주기 시작했지만 더 구역질을 하고 잘 먹지 않음. 변은 다양하지만 아직 고름과 함께 혈전이 간혹 섞여 있기도 하고, 대체로 붉은 혈청과 시금치 색깔임.

5월 21일 키니네 5그래인을 주었더니 거의 온종일 체온이 100도 정도로 유지됨. 하지만 아침이 되면서 부분적으로 복막염 증세가 나타남. 열세 번 배변. 세 번 구토. 호흡이 줄어들고 상태가 아주 나쁨. 가끔씩 무의식 중에 악취 나는 검은 갈색 배변을 함. 말이 없고 의기소침하며 숨을 내쉴 때 신음소리를 냄. 다시 배가 아프다고 호소함. 겨드랑이 살이 너무 빠져서 체온계를 꽂을 수 없음. 이제는 거의 항상 두 무릎을 세우고 있음. 배를 부드럽게 쓸어 주면 좋아함. 복부가 차 있지만 부어 있지는 않음. 아주 쇠약해 보이고 에디스의 말을 잘 알아들을 수 없음. 두 번 레몬에이드를 달라고 함. 아편과 초산연 혼합제를 달리 조제함. 토근을 줄이고 아편을 늘림.

5월 22일 음식을 주면 "내일 먹게 남겨 둬야 한다"고 함. 정오에 에디스를 리(Lee) 부인의 별채로 옮겨 주었더니 이 변화를 좋아함. 잠시 동안 건강이 호전된 듯함. 더 편안해 보임. 송유(Turpentine)를 플란넬에 묻혀 계속 복부에 발라 줌. 때로 무릎을 내리기도 하지만 여전히 세운 채로 있기를 좋아함. 철분을 주었으나 거의 다 게워 냄. 아직은 감히 키니네를 다시 시도하지 못하고 있음. 반 시간마다 영양분을 2-4드램씩 주고 있음. 우유와 보리죽 그리고 보바닌을 닭국물과 교대로 주고 있음. 밤새 그렇게 함. 배변 열네 번, 구토 네 번.

새벽 3시 30분 힘겹게 머리를 이쪽저쪽으로 돌리면서 다시 매우 고통스러워 함. 입술이 하얗고 이마에 불안한 표정이 역력함. 지난 24시간 동안 입안에 쌓인 점액을 걷어 내려고 입술과 이를 자꾸 뜯고 있음. 거의 2시간 가까이 힘겨워 신음하면서 때때로 "이젠 충분해"라고 함. 반 시간마다 한 번씩 오빠가 쓰던 작은 숟가락으로 3드램 정도의 영양을 섭취함.

새벽 5시 20분부터 새벽 6시 30분까지 조용히 자고 난 후 닭국물을 조금 줌. 알코올로 문질러 주고 천천히 옷을 갈아입힘. 에디스는 오른쪽으로 기대어 반 시간 동안 누워 있었는데 아주 편안해 보였다. 체온이 102.4도까지 올라갔지만 알코올 목욕을 한 후 0.6도 내림.

5월 23일, 앓기 시작한 월요일 이후 처음으로 안아서 흔들어 달라고 함. 정오 전에 아무 도움 없이 두 번 소변을 봄. 아침 8시부터 저녁 8시까지 일곱 번 배변, 일곱 번 구토. 에디스는 자주 코코아를 달라고 했고, 간혹 물을 청하기도 했다. 한 번에 2-3드램씩 마심. 아침 일찍부터 대변이 변함―피가 조금 섞여 있거나 전혀 없는 갈색 물 같은 설사.

오후 3시 손발이 차갑고 얼굴과 몸은 뜨거워짐. 체온 103.2도. 알코올 목욕을 한 번 더 해주고 발에 뜨거운 물자루를 대어 줌.

오후 5시 5분 체온 104도. 해열제를 한 번 복용한 후 103.1도(?)로 떨어짐.

오후 6시 45분 초조해 하며 한숨을 내쉼. 구역질을 함.

저녁 7시 15분 체온 100.5도.

저녁 7시 30분 위스키 10미님을 피하투여.

저녁 7시 50분 마지막으로 보바닌 같은 물질을 토함.

저녁 8시 오빠의 작은 숟가락으로 아이스크림을 조금 맛있게 빨아 먹음. (에디스의 숟가락은 노블 부인 댁에 두고 왔음). 이렇게 여러 번 작은 숟가락으로 받아먹고서는 더 이상 구역질을 안 함.

저녁 8시 25분 체온 106도, 호흡 52, 고비. 엄마가 에디스를 안고 오후에 낮잠을 재울 때처럼 흔들어 주었다. 숨소리가 훨씬 더 가라앉았고 에디스는 만족스러운 것처럼 보였다. 얼굴이 평온해지더니 숨소리가 점점 더 멀어져 갔다.

에디스는 두 눈을 크게 뜨고 엄마의 눈을 바라보면서 그 어린 영혼을 주신 하나님께로 돌아갔다.

1898년 5월 23일, 월요일, 저녁 8시 40분.

❊ 메모

에디스는 '응가'를 할 때마다 자주 이렇게 말한다. "오, 정말 죄송해요, 정말 죄송해요"(Oh, I am so soddy-so soddy). 한번은 "셔우드도 죄송해요"(Sherwood is soddy too)라고 했다. 맛있는 음식을 토할 때는 흔히 "대단히 죄송합니다"(I am awful soddy)라고 한다. 준 음식을 다 먹기 싫을 때는 "내일 먹게 남겨 주세요"(Save it for tomorrow days)라고 하거나 "버리지 마세요"(Don't throw it away)라고 한다. 간혹 자기 얼굴이 깨끗한지도 묻는다. 모르핀을 받고 있을 때 (이 약은 에디스를 다른 사람으로 변하게 한다) 한번은 엄마가 "에디스야, 엄마를 사랑하니?"라고 물어 보았더니 "네"라고 대답했다. "예수님을 사랑하니?" "아니오." "오, 아니야,

너는 예수님을 사랑해.”. “아뇨, 그렇지 않아요. 나는 엄마를 사랑해요. 하지만
예수님은 좋아하지 않아요”라고 했다. 모르핀 효능이 사라졌을 때 다시 엄마가
“예수님은 우리 에디스를 사랑하실까?”라고 물었더니 에디스는 “네”라고
망설이지 않고 대답했다. “에디스는 예수님을 사랑하니?” “네.” 분명하고 명확했다.
한번은 병에서 잘 나을 거라고 생각하는지 물어보았더니 “네. 하나님이 저를 낫게
해주고 계세요”라고 대답했다. 16일 밤은 에디스의 상태가 가장 좋았던 밤이었다.
알코올로 문질러 주고 있는데 에디스는 “엄마는 좋은 엄마예요”(You are a good
Mamma)라고 했다. 이 말은 에디스가 건강할 때 자주 하던 말이다. 엄마 말고 누구를
또 사랑하느냐고 물어 보았더니 “나는 감마(할머니)를 사랑해요. 그리고 모두
사랑해요. 그리고 블랙 조를 사랑해요”라고 대답했다. “셔우드도 사랑하니?” “네.”
“아빠도?” “네.” “예수님도?” “네.” “하나님도?” “네.” 아침이 되어 약을 먹이려고
깨웠을 때는 “메리가 병원에서 링 어라운드 로지(ring-a-round-rosy)를 하면서
노는 것을 보았어요”라고 했다. 밤에 토스트를 달라고도 하고 또 닭고기를
달라고도 했다. 이 밤은 에디스에게 최상의 밤이었고, 엄마는 다시 용기를 얻었다.
그리고 하나님께서 이 위로자를 남겨 주신다면 너무도 감사하리라는 생각이 들었다.
하나님께서 아빠를 데려가실 때 친히 이 아이를 보내주시지 않았던가?

5월 17일 아침 에디스는 즐겁게 아침 목욕을 했다.

5월 18일 아침에는 침대 위에 있던 〈성서공회 글리닝스〉(Bible Society
Gleanings)[105] 잡지를 가리키면서 “저것을 보고 싶어요”라고 했다. 에디스는
책 안에 있는 그림들을 보고 책으로 부채질을 하기도 했다. 원래의 에디스 같았다.

5월 18일 오늘로 에디스는 꼭 3년 4개월이 되었다. 아침 일찍 한동안 안 하던
구토를 하면서 이런 말을 했다. “한국 음식을 먹었기 때문이에요.”

5월 21일 메스꺼움과 구역질이 더 심해졌다. 자기 음식을 모두 ‘내일 먹게 남겨 두고’
싶어 했다.

5월 22일 젤라틴을 조금 맛본 후 “이 젤리가 나를 아프게 해요”(That jelly hurs me)
라고 했다. 5월 22일 일요일 정오 리 부인의 초대로 에디스를 노블 씨의 작은
집에서 리 부인의 사랑채로 옮겼다. 그렇게 하는 것이 특히 말라리아에 좋을 거라는
생각이 들었다. 에디스는 이 변화를 잘 견뎠고, 고마워했다. 아이를 살펴보니
모든 면에서 생기가 돌고 청결하고 다정스러웠다. 오후 5시 30분에는 더 평온해지는 것
같았다. 에디스는 엄마도 자기 베개에 머리를 베고 같이 자기를 바랐다.

5월 23일 새벽 3시 30분부터 5시 20분까지 아주 힘겨워하면서 머리를 이쪽저쪽으로
돌리며 입술과 이를 손으로 자꾸 뜯었다. 매우 초조한 표정으로 고통스러워하는
것 같았다. 사랑스러운 작은 얼굴, 이마에는 괴로움과 당혹스러움이 가득했다.
에디스는 엄마에게 안아 달라고 호소했다. 하지만 엄마는 희망을 놓지 않았기 때문에

그렇게 해주기가 두려웠다. 에디스의 심장이 너무 약해져 있었기 때문에 조금만
자세를 바꾸어도 구토를 하고 회복시키기가 어려울 것 같았기 때문이다. 에디스는
거칠게 숨을 내쉬었다. 그리고 때때로 신음 소리를 내면서 "이젠 충분해"라고 했다.
아침 10시, 엄마는 에디스의 손에 하얀 민들레꽃을 쥐어 주었다. 에디스는 좋아하면서
오랫동안 그 꽃을 쥐고 있었고, 엄마는 누우러 갔다. 웹 할머니가 에디스를 일으켰으며,
웰스 박사와 폴웰 박사가 번갈아 가며 에디스 곁을 지켰다. 간혹 에디스가 음식이나
약을 거부할 때면 웹 부인이 '할머니'를 위해 먹으라고 하는데, 그러면 에디스는
그것을 받아 먹었다. '할머니'라는 말은 에디스를 끌어당겼다. 그리고 숨을 거두기
3시간 전에 에디스가 의식이 있는 가운데 마지막으로 대답한 질문은 바로
이 말이었다: "할머니를 사랑하니?"
오후 2시 45분에 에디스가 마지막으로 요구한 것은 코코아였다.
코코아는 에디스 옆에 항상 준비되어 있는 음식이었다.
저녁 8시 직후 엄마는 마지막 긴 잠을 자는 엄마의 사랑하는 아기를 품에 안고
"안녕"이라고 작별인사를 했다.
"외롭고 적막한 무덤에 눕겠지만 우리는 영원히 잠들지 않으리.
생명을 주신 하나님께 감사드리고 거두어 가시는 하나님께 감사드리세."[106]

100 할머니가 에디스에게 보낸 마지막 편지는
'어린 아기'(little Tot)가 세상을 떠난 후에 도착했다.

❈ [할머니가 에디스에게 보낸 마지막 편지]
내 어린 아가, 네 편지를 받고 할머니는 정말로 기뻤단다. 애니 이모 집에
너의 사촌 되는 아기가 있다는 것을 알고 있니? 그 애 이름은 넬리(Nelly)란다.
이모네는 작은 아기 고양이도 두 마리 있단다. 네가 거기 있었으면 고양이들과
잘 놀았을 텐데. 그리고 이곳에 사촌이 한 명 더 늘었단다. 아직 이름은 짓지 않았는데,
랄프(Ralph)라고 부르면 어떨까 생각하고 있어. 할머니가 너희를 얼마나 보고 싶어 하는지,
그리고 얼마나 너희를 한번 찾아가 보고 싶은지. 에디스는 할머니를 잊어버리면 안 돼.
조도 자주 네 얘기를 한단다. 조가 곧 너한테 카드를 보낼 거야. 안녕.
하나님께서 우리를 축복해 주시기를.
할머니.

❧ [에디스가 마지막으로 할머니에게 쓴 편지]
"나는 할머니를 사랑해요. 그리고 다를 사랑해요. 그리고 블랙 조를 사랑해요."
1898년 5월 9일

❧ [에디스에게 보낸 할머니의 편지에 들어 있던 카드(2매)]

❧ [여성해외선교회에서 평양에 있는 로제타 홀에게 보낸 전보]
이사야 43:2 "네가 물 가운데로 지날 때에 내가 함께 할 것이라 강을 건널 때에 물이
너를 침몰하지 못할 것이며 네가 불 가운데로 지날 때에 타지도 아니할 것이요 불꽃이
너를 사르지도 못하리니"

❧ [에디스의 생명 징후(vital signs) 기록표]
에디스 M. 홀-3세, 병명: 이질 및 합병증―지속된 말라리아 열과 부분적 복막염 그리고
카타르성 기관지염. 1898년 5월 6-23일.

101 ❧ [1898년 5월 23일 일력][107]

102 ❧ [마지막 여행]

마지막 여행
프란시스 바린

어린 여행자는 길을 떠났어요,
사랑스런 마지막 미소를 지으며.
그 애가 가는 길을 우리에게 보여 줄
발자국 하나 없어요, 남쪽에도 북쪽에도.
눈 위에 찍힌 작은 발자국도 없고
돌아오기 위해 던진 꽃도 없어요.
"얘야, 너는 왜 가야 하는 거니?"
우리는 울었지만 그 애는 웃으며 혼자 길을 떠났어요.

어린 여행자는 길을 떠났어요,
그 애를 사랑하는 우리 모두를 남겨 놓고.
동이 틀 무렵 자기가 가야 할
멀고 먼 길을 떠났어요.
별들이 하늘에서 희미하게 반짝였어요.
친절하게도 그 애의 출발을 본 게 틀림없어요.
우리는 볼 수 없었어요, 울기만 했어요.
"우리에게 돌아와, 아가야 아가야!"

103 ☽ [1898년 5월 23일 에디스가 숨을 거둔 그래함 리 목사 부부의 사랑채, 평양(사진)]

104 ☽ [에디스 관(사진)과 민들레 꽃(실물)]

"그리고 이것이 모든 것의 끝이구나!
나의 기다림과 나의 아픔 모두—
이 작은 관 하나뿐.
그리고 다시 빈 팔이구나."[108]

[일기 원본 105-106쪽 없음]

·

107 1898년 5월 25일, 수요일

☽ [1898년 5월 25일 일력][109]

장례예배는 1898년 5월 25일, 수요일 오후에 그래함 리 목사 댁에서
거행되었다.

[에디스 장례예배 순서]

찬송가 [비어 있음]

성경말씀 에스겔 24:16-17, 25-27 (엄마가 선정) 인자야 내가 네 눈에
기뻐하는 것을 한 번 쳐서 빼앗으리니 너는 슬퍼하거나 울거나
눈물을 흘리거나 하지 말며 죽은 자들을 위하여 슬퍼하지 말고
조용히 탄식하며 수건으로 머리를 동이고 발에 신을 신고 입술을
가리지 말고 사람이 초상집에서 먹는 음식물을 먹지 말라 하신지라
인자야 내가 그 힘과 그 즐거워하는 영광과 그 눈이 기뻐하는 것과
그 마음이 간절하게 생각하는 자녀를 데려가는 날 곧 그날에
도피한 자가 네게 나와서 네 귀에 그 일을 들려주지 아니하겠느냐
그 날에 네 입이 열려서 도피한 자에게 말하고 다시는 잠잠하지
아니하리라 이같이 너는 그들에게 표징이 되고 그들은 내가
여호와인 줄 알리라

히브리서 4:15-16 (노블 목사가 선정) 우리에게 있는 대제사장은 우리의
연약함을 동정하지 못하실 이가 아니요 모든 일에 우리와 똑같이
시험을 받으신 이로되 죄는 없으시니라 그러므로 우리는
긍휼하심을 받고 때를 따라 돕는 은혜를 얻기 위하여 은혜의 보좌
앞에 담대히 나아갈 것이니라

마태복음 19:13-15

108 **찬송가.** "예수 사랑하심은" – 에디스가 좋아하던 찬송가

베이비 벨의 발라드(올드리치),[110] 노블 부인 낭송

어여쁜 베이비 벨이
어떻게 우리들의 세상에 왔는지
시인들이 말하는 것을 들어보지 못하셨나요?
천국 문이 벙긋 열려 있었대요.
아기는 두 손을 꼭 쥔 채 꿈꾸는 듯한 눈으로
낙원을 거닐다가
깜깜한 밤하늘에 반짝이는 별처럼 떠 있는
이 지구를 보았대요.
천국을 오가는 다리가 있고
그 위로 하얀 날개 달린 천사들이
죽은 성도들을 천국으로 데려오는 것을 보았대요.
아기는 꽃다리를 살짝 건드려 보았대요.
천상의 백합화 꽃봉오리가 꺾이지 않도록
살며시 두 발을 내디뎌 보았대요!
그러자 발은 꽃 위에 이슬처럼 떨어졌고,
이상스레 달콤한 공기가 가득 맴돌았대요!
그렇게 어여쁜 베이비 벨이
우리들 세상에 왔답니다.

오, 어여쁜 우리 아기 베이비 벨,
매일매일 얼마나 잘 자랐는지!
두 눈은 여성스러움으로 가득 차 있었고
그 안에는 멋진 시가 쓰여 있었지!
그 깊고 부드럽게 반짝이던 눈,

마치 천국 문을 지키는
파수꾼의 햇불 아래 서 있듯
의미심장하고 맑고 밝던 눈.
그래서 우리는 점점 더 베이비 벨을 사랑하게 되었죠.
아, 우리 마음에 이토록 아름다운 사랑이
생긴 적이 없었답니다.
우리는 이 현실 세계와
저 아침 너머에 있는 보이지 않는 세계를 잇는
동아줄을 가졌다고 느꼈어요!

하나님의 손이 베이비 벨의 입을
봉하고 있던 빗장을 거두셨습니다.
그리고 아기는 자주 낯선 말을 몇 마디씩 했어요.
우리가 이해할 수 있는 범위를 넘어선 말들이었죠.
그는 결코 아이가 아니었어요.
그 애의 존재에 대한 열쇠를 우리는 가지고 있지 않았어요.
우리는 그 애에게 거룩한 것을 가르칠 수 없었어요.
그 아이는 순결한 그리스도, 바로 그분이었어요.

우리는 차차 알게 되었지요.
우리 하나님께서 베이비 벨을 데려가시려고
당신의 전령을 보내셨다는 것을.
우리는 그분이 오기 전에 그 그림자를 보았어요.
그리고 말로 표현할 수 없는 고통에 떨었어요.

모든 희망은 두려움으로 바뀌었고,
우리의 생각은 비에 젖은 햇살처럼
눈물에 씻겨 내려갔습니다.
우리는 소신을 굽히지 않고 크게 울부짖었어요.
"오, 하나님, 우리를 살살 치십시오!
머리 숙여 막대기에 입맞추는 법을 가르쳐 주시고
슬픔을 통해 온전히 성장하게 하소서."
아, 우리가 그 애를 얼마나 사랑했는지 하나님은 아십니다.
그 애의 마음은 우리 가슴 깊이 간직되어 있습니다.
베이비 벨! 우리의 마음은 찢어지도록 아프단다.

110 마침내 전령이 왔어요.
보이지 않는 나라에서 전령이 왔어요.
어여쁜 베이비 벨이 어떠했냐고요?
작은 두 손을 가만히 포개고
마냥 온화하고 아름다운 모습으로 있었대요!
우리는 그 애의 비단 머리를 나눠서 가르마를 타고
이마에 장미를 둘렀어요.
여름에 밀려온 눈처럼 하얀 꽃봉오리였지요.
그 애를 머리부터 발까지 꽃으로 감쌌어요!
그리고 어여쁜 베이비 벨은
우리들 세상을 떠나갔어요!

한국인들을 위한 설교, 윌리엄 B. 베어드

독창, "어느 향기로운 날"—그래함 리 목사

설교, W.A. 노블 목사(예배를 주관하신 분)

하관 예배

찬송가, "우리는 영원히 잠들지 않으리(We Shall Sleep But Not Forever)"

축도, 그래함 리 목사

111 1898년 5월 26일, 목요일

≈ [1898년 5월 26일 일력][111]

엄마는 엄마의 소중한 아기 딸의 몸이 아빠 곁에 안식하기를 소원했다. 고맙게도 리 목사님께서 양철로 된 상자를 공기가 들어가지 않게 단단히 납땜해 주셨고, 신실한 김창식이 이생에서는 한 번도 그 애를 보지 못했던 아빠 옆으로 그 사랑하는 아이의 작은 몸을 데려다 주었다. 에디스는 아빠가 그렇게도 자주 다녔던 평양에서 서울까지의 긴 도보 여행을 5월 26일 떠나 6월 1일 도착했다. 아펜젤러 목사님이 보내주신 이 편지에서 (그날 있었던) 나머지 이야기를 느껴볼 수 있다. "어제 정오 학교에서 돌아오니 저의 집 대문 앞에 김창식 형제가 와 있었습니다. 어린 에디스가 이곳 아빠 곁에 묻히기를 바라시는 것이 너무도 당연하고 옳다고 생각했기에 이미 그를 맞을 준비를 하고 있던 참이었습니다. ++ 피어스 양이 하얀 모란꽃다발을 가지고 왔습니다. 제 아내는 흰 장미화관을 보냈고, 앨리스는 하얀 장미로 십자가를 만들었습니다. 무덤을 파고 우리는 이 꽃들을 관 위에 놓았습니다.

112 "나는 부활이요 생명이니." 이 말씀을 제가 읽은 후 다같이 〈예수 안에 잠들라 복된 잠을〉(Asleep in Jesus, Blessed Sleep) 찬송을 한국말로 불렀습니다. 그런 다음 꽃들을 치우고 저와 벙커 형제, 스웨어러 형제, 김창식 형제가 관을 내렸습니다. 그리고 아름다운 하관 예배를 제가 인도한 후 김 목사가 기도를 드리고 이어서 한목소리로 주기도문을 하였습니다. 예배 전체가 간결하고 아름다웠습니다. 박사님의 마음에 드실 만한 인상 깊었던 예배였습니다. 봉분을 만들고 그 위에 꽃을 놓았습니다. 박사님의 사랑하는 어린 딸은 이제 아버지 품에서 영면하고 있습니다. 그리고 이 두 사람은 마지막 나팔이 울릴 때 부활할 것입니다. 박사님 가족의 절반이 천국에 계십니다."

엄마는 따뜻한 위로가 담긴 귀한 편지들을 많이 받았다. 그 편지들을 여기 적어 놓고 싶지만, 또 지금은 못하더라도 언젠가 그러고 싶지만 아직까지는 다른 일들이 많아서 실천을 못하고 있다. 이 기록조차도 시간이 많이 흐른 후에야 적을 수 있었다.

[일기 원본 114–115쪽 없음]

116 ⚹ [일기를 쓰기 위해 모아 둔 메모들][112]
-119

"땅에서의 생은 짧았고
은줄은 이내 풀렸지만,
땅에서 풀어짐은
황금줄로 하나님과 연합하기 위함이다."
–헨리에타 후크, 1850

120 ⚹ [아름다운 3년의 모습들(앨범 사진 모음)]

1899년 1월 18일, 수요일

하나님이 자기를 사랑하는 자들을 위하여 예비하신 모든 것은
눈으로 보지 못하고 귀로 듣지 못하고 사람의 마음으로 생각하지도
못하였다(고린도전서 2:9)

1년 전 이날 엄마는 사랑하는 아기가 한국에서 맞이한 첫 번째 생일에
대해 썼다. 하지만 그다음 생일을 천국에서 보내게 되리라고는
꿈에도 생각하지 못했다.

121 ☚ [앨범 사진 설명]

에디스 마가렛 홀을 기리며:
1) 셔우드의 고향 뉴욕 리버티. 어린 에디스가 1895년 1월 18일 우리에게 왔다.
2) 4개월 때 아기 에디스
3) 6개월 때 아기 에디스
4) 8개월 때 아기 에디스
5) 1년 3개월 때 아기 에디스
6) 2년 3개월 때 아기 에디스
7) 2년 3개월 때 아기 에디스
8) 미국을 떠날 때
9) 엠프레스 오브 인디아 호 갑판 위에서
10) 에디스가 1898년 5월 23일 숨을 거둔 곳. 평양 리 가족의 사랑채.
***
사람을 기쁘게 하는 것은 크게 자라는 나무가 아니다
하루 피었다가 지는 5월의 백합이 훨씬 더 아름답다
비록 밤새 떨어져 죽는다 해도 빛의 화초, 빛의 꽃이었으니
작으면 작은 대로 그 아름다움만 본다면
짧은 순간순간들이 완벽한 삶이리라.[113]
***

천국이 이런 사람의 것이니라.[114]

≈ [한복 입은 에디스(사진)]

에디스는 갓난아기였을 때 그리 건강하지 않았고, 가끔씩 사람들은
그 애가 오래 살지 못할 거라고 했다. 하지만 엄마는 정말로 필요한 때
하나님께서 보내 주신 엄마의 '작은 위로자'를 설마 데려가지는
않으시리라고 믿었다. 그리고 한 살이 되었을 때는 너무나도 튼튼하고
활기찼기 때문에 아무도 그 애에 대해 걱정하지 않았다. 셔우드는 입이
까다로울 때가 있었지만 에디스는 늘 자기 음식을 잘 먹었다. 그리고
제물포에서 카타르성 폐렴에 걸리기 전까지는 한 번도 아픈 적이
없었다. 그러나 에디스는 그 병에서 순조롭게 회복되었고 홍역에 걸릴
때까지 아주 건강했다. 홍역을 앓고 난 후부터 에디스의 건강은 그리
좋지 않았다. 열을 동반한 심한 귀앓이를 한 번 했고, 다시 수포성
결막염에 걸렸다. 그때 엄마는 에디스가 조금 허약해진 것을 알았다.
하지만 에디스가 우리 세 사람이 지낼 수 있는 집에 살면서 엄마와
같이 식탁에 앉아 먹을 수 있다면, 그래서 엄마가 음식을 좀더 잘
조절해 줄 수 있다면 다시 건강하고 튼튼해 질 거라고 생각했다.
그러나 어찌하랴! 안타깝게도 그럴 기회는 단 한 번도 오지 않았다.
엄마는 많은 것을 후회하고 있지만 그래 보았자 아무 소용이 없다.
날이 갈수록 엄마에게는 작은 위로자가 더욱 더 필요한 것 같다.
그리고 오빠도 에디스를 더 필요로 하고 있다. 우리에게는 에디스가
필요하다. 이런 상황에 의심의 여지가 없지만 지금 우리가 이해하지
못하는 어떤 특별한 이유로 하나님께서는 그 아이를 우리에게서
떼어 놓는 것이 최선이라고 생각하셨으리라.

122

✈ 언젠가는
– 메이 라일리 스미스[115]

언젠가 인생의 모든 교훈을 배웠을 때,
그리고 해와 별들이 영원히 저물었을 때,
우리의 약함으로 인해 여기서 거절한 것들과
눈가를 적시며 슬퍼했던 것들이
인생의 어두운 밤에 깜빡일 것이다.
깊고 푸른 하늘일수록 별들이 더 반짝이듯이.
그리고 우리는 알게 될 것이다. 하나님의 계획이 어찌 다 옳았는지,
책망이라 여겨지던 것이 어찌 가장 진실된 사랑이었는지.

우리는 보게 될 것이다. 우리가 찡그리고 한숨 쉬는 동안에도
하나님의 계획은 당신과 나를 위해 최선으로 진행되고 있다는 것을.
우리가 부르짖을 때 어떻게 하나님께서 귀 기울이시는지를.
하나님의 지혜는 마지막까지 다 내다보시기에.
그리고 신중한 부모가 조르는 아이에게
단 것을 너무 많이 허용하지 않듯이
아마 하나님께서도 지금 우리에게 좋게 보이는
인생의 달콤한 것들을 숨기시는 것이리라.

그리고 언젠가 만약 우리가 인생의 포도주에 섞인다면
우리는 쑥을 발견하고 반역하며 위축될 것이다.
당신과 나의 손보다 더 지혜로운 손이
우리가 마실 수 있는 지혜의 잔을 부어 주시도록 구하고,
만약 우리가 사랑하는 어떤 친구가
인간의 입맞춤이 닿지 못할 낮은 곳에 누워 있다면
오, 사랑의 하나님을 그리 비난하지 말고
은혜의 순종으로 당신의 슬픔을 감당하라.

그러면 당신은 곧 알게 될 것이다. 긴 호흡이 결코
하나님께서 그분의 친구에게 주시는 가장 좋은 선물이 아니라는 것을.
그리고 때로는 죽음의 검은 관 속에
그 사랑이 주실 수 있는 가장 좋은 은혜가 숨겨져 있다는 것을.

우리가 인생의 문을 활짝 열고
그 안에 들어서서 하나님의 역사하심을 볼 수 있다면
이 모든 의심과 투쟁을 다 해석하고
수수께끼들을 여는 열쇠를 찾을 수 있을 것이다.

그러나 오늘은 아니다. 그러므로 불쌍한 마음이여!
피지 않은 순결한 흰 백합 같은 하나님의 계획에 만족하라.
닫힌 꽃잎을 벌리려고 찢지 말라.
시간이 황금빛 꽃받침을 드러낼 것이다.
그리고 만약 인내의 걸음으로 우리가
피곤한 발의 샌들을 풀고 쉴 곳에 이른다면,
우리가 분명히 알고 이해할 수 있을 때
"하나님이 제일 잘 아셨다"고 말할 수 있을 것이다.

생각해 보니 지난 겨울 엄마가 육아일기를 쓰면서 에디스가 아픈 사람들, 특히 아픈 어린이들에 대해 얼마나 많은 관심이 있었는지에 대해 기록하지 않은 것 같다. 에디스는 오후에 낮잠을 자고 난 후 자주 엄마가 아직 환자들을 돌보고 있는 진료소로 찾아왔다. 그리고 밤에 "저는 이제 자리에 눕습니다" 하고 기도하면서 "하나님께서 병원에 있는 어린 아이들을 축복해 주세요. 무엇에 머리를 물린 아이도 있고 눈이 아픈 아이도 있어요"라는 간구를 가끔 덧붙였다. 이를 뽑거나 종기를 째야 할 때면 셔우드는 재빨리 다른 곳으로 가버렸지만, 에디스는 엄마가 내보내지 않는 한 엄마 옆에 꿋꿋이 서 있었다. 어느 날 오후 에디스가 왔는데 엄마는 수술을 하느라 너무 분주했기 때문에 그 애가 온 것을 눈치 채지 못했다. 엄마의 얼굴에 피가 튀자 황메리가 면 수건으로 피를 닦아 주는 것을 보고 에디스도 수건을 구해 와서 높은 의자를 엄마 옆에 놓은 뒤 그 위에 올라서서 엄마 얼굴에 묻은 피를 닦아 주기 시작했다! 이처럼 에디스는 늘

123

도움이 되었고 매우 용감했으며 행동도 민첩했다. 그래서 엄마는 언젠가 이 아이도 의사가 되리라 확신했다.

에디스는 조가 준 작은 돈지갑을 가지고 있었는데 늘 돈을 저축하려 했다. 셔우드만큼 돈을 많이 받은 적이 없었지만, 죽었을 때 그 아이의 돈지갑에는 금화 2불 12.5센트가 있었다. 엄마는 이 돈에 에디스에게 새로운 상품들을 사주려고 저금해 두었던 25불 정도를 보탰다. (에디스가 입었던 괜찮은 옷들은 '아기 줄리아'[116]에게 보냈고, 나머지는 모두 평양 어린이들에게 나누어 주었다.) 그리고 이 돈을 엄마의 어린 딸을 기념하여 한국 어린이들을 위한 병동을 짓는 데 바치는 것이 좋겠다고 생각했다. 그래서 고향으로 보내는 일부 편지들에 이 계획을 언급했고, 고향의 친구들이 이 사업에 조금이라도 보탬을 주었으면 하고 바라던 중이었다. 그런데 놀랍게도 어젯밤 받은 우편물에 이 목표를 위한 금화 150불 남짓한 수표가 들어 있었다. 이것은 에디스의 생일 선물이자 바로 오늘 성경 말씀이 제시해 주신 바인 것 같다. 이 땅에서 이런 선물을 받는다면 천국에서 받지 못할 선물이 있을까? 이 수표는 사촌 폴리 크레리와 그녀의 딸 엠마 영 그리고 그녀의 두 손녀 루이즈와 폴리 영이 보내 준 것이다. 그들은 서로에게 전통에 따라 크리스마스 선물을 하는 대신 그 돈을 에디스를 기념하는 사업에 보태기로 한 것이었다.

우리가 미국을 떠날 때 사랑하는 할머니는 두 아이를 위해 각각 5불씩을 주시면서 매년 아이들의 크리스마스 선물이나 생일 선물로 쓰라고 하셨다. 금화 1불은 은화 2엔의 가치이기 때문에 1엔은 크리스마스 선물로, 1엔은 생일 선물로 사용할 수 있었다. 에디스가 가고 난 후 엄마는 크리스마스 돈은 어린이 병동을 위해 떼어 놓고 생일 돈은 에디스 또래의 한국인 소녀들을 위한 파티를 열어주는 데

쓰기로 했다. 엄마는 벌써 사탕과 케이크를 사 놓았고, 모든 소녀들이 하나씩 가져갈 수 있는 작은 장난감들도 마련했다. 그러고도 충분히 남아서 아침에 국수와 그 위에 띄울 달걀을 살 수 있었다. 그리고 엄마는 어린이들에게 무슨 말을 할까 생각 중이었는데, 어린이 병동에 대한 계획을 알리고 기도를 부탁할까 하다가 충분한 돈이 모아지려면 꽤 오래 걸릴 것 같아서 말하지 않고 내년까지 기다려 보기로 했다. 그런데 바로 그때 150불 수표가 든 편지가 온 것이다. 엄마는 믿음 없음에 대해 심하게 책망받은 느낌이 들어 즉시 무릎 꿇고 자백과 감사의 기도를 드렸다. 그리고 물론, 오늘 모인 모든 한국인 소녀들과 어머니들은 어린이 병동에 대해 들을 수 있었다.

루스 노블도 엄마와 함께 왔다. 우리는 앞서 언급한 은화 1엔으로 산 것들 외에 팝콘과 일본산 밀감 등도 먹었다. 아이들 모두 행복한 시간을 보냈고, 그들이 즐거워하는 것을 보는 것은 엄마와 셔우드에게 기쁨이 되었다. 하지만 그 기쁨에는 슬픔도 섞여 있었다. 할머니도 그 돈이 이렇게 사용된 것을 기뻐하실 것이고, 매년 이렇게 쓰일 것을 좋아하실 것이다. 사랑하는 할머니, 얼마나 간절히 아기 손녀를 그리워하고 계실까? 할머니께서는 "솔직히 말하면 (내 자식을 제외하고) 에디스만큼 내가 사랑했던 아이는 없었단다"라고 편지에 적으셨다. 할머니는 늘 에디스를 "나의 작은 아기"(my little Tot)라고 부르신다. 그리고 "에디스가 없으니 정말 외롭구나. 나는 밤낮으로 그 애를 생각한단다"라시며 때때로 다른 '작은 아기들'을 만나면 '우리 아기'가 생각난다고 말씀하신다.

❦ 하얀 민들레(실물)

126 1899년 5월 23일, 화요일

이는 그가 ++아시며 기억하심이로다(시편 103:14)

또 다시 작은 흰색 클로버 꽃이
푸른 초원에 여기저기 피었단다.
이 작은 흰색 클로버 꽃이 무엇을 의미하는지
마음껏 너에게 말해 줄 수 있다면 좋을 텐데.

1년 전에 나에게는 사랑스런 아기가 있었지.
귀여운 '검은머리'[117] 은총의 아이였어.
나는 이 순간 그 푸른 눈을 바라본단다.
그리고 작은 보조개가 파인 얼굴을.

이곳저곳 돌아다니던 자그마한 발,
아직 그 발을 감싸던 신발을 가지고 있는데—
그리고 잔디 위를 걷는 발자국 사이로
새어나오던 아기의 웃음소리가 들리는데—

초원과 오솔길과 정원은
화사하고 달콤한 꽃으로 가득했지.
아기는 늘 하얀 클로버 꽃을 뽑아서
머리만 따고 나머지는 던져 버렸지.

그리고 숨이 멎은 아기의 작은 몸이
'마지막 긴 잠을 위해 단장을 했을 때'[118]
앙증맞은 두 손에는 클로버 꽃이 쥐어져 있었지.
'더 이상 클로버 꽃을 딸 수 없는 그 손에'[119] —

127 내 아기를 본 지가 너무나 오래 된 것 같아.
'내 사랑 에디스 마가렛!'[120]
그리고 궁금해. '내 아기가 옛날처럼
지금도 이 엄마를 생각하고 있는지?'[121]

{내가 천국문에 이를 때에
거기서 내 사랑을 만날 수 있겠지
내 아기가 늙은 백발의
엄마를 알아볼 수 있다면!}[122]

작은 흰색 클로버 꽃들이 천국 보좌에서
둥실둥실 떠내려와 내게 노래를 전해주네.
'소망의 모습',[123] 믿음의 승리
그리고 하늘 사랑의 위로를 —

나의 고통스런 마음을 치유하는
부드러운 하나님의 은총을 —
즐거운 부활의 아침의 기쁨과
다시는 헤어지지 않는 기쁨을 —

나는 이 소박한 들꽃들을 진정으로 좋아한다.
비록 많은 사람에게 하찮게 보일지라도
이 작은 흰색 클로버 꽃은 내가 살아 있는 한
나에게 가장 소중한 꽃이 될 것이다.
— 헬렌 브라운의 〈하얀 클로버와 하얀 민들레〉를 각색

서울에 온 엄마와 셔우드는 오늘 감사하게도 아빠와 에디스의 무덤을
방문할 수 있게 되었다. 푸른 잔디로 덮인 이 두 개의 무덤이 얼마나
많은 것을 이곳 하늘 아래 있는 우리의 삶에서 빼앗아 갔는지
하나님은 아시고, 기억하신다. 아버지가 자녀를 불쌍히 여기듯 주님도
우리를 불쌍히 여기신다. 그리고 우리는 그분이 사랑으로 우리를
징계하신다는 것을 확신해야 한다. "오, 기도를 들으시는 주여",[124]
우리가 이 슬픈 징계로 훈련받을 수 있게 해주소서. 그리하여 주님이
계획하신 "의와 평강의 열매"[125]를 맺을 수 있게 해주소서.

🌿 [〈하얀 클로버와 하얀 민들레〉, 〈나의 아기〉, 〈하나님의 사랑〉 등
3편의 시를 기록한 메모지]

🌿 나의 아기[126]

"마음이 찢어 질 것 같구나
이제 다시 듣지 못할 그 음성 때문에,
내 목을 감싸 안는 두 팔과
가까이 다가오는 그 발소리 때문에
귀중한 어머니라는 이름을 위해서
그리고 엄마를 찾는 작은 손길을 위해서
이 아픔을 이겨 내야 해. 그러지 않으면

아! 정말 비난받지 않겠니?

그리고 이것이 모든 것의 끝이구나!
나의 기다림과 나의 아픔 모두―
이 작은 관 하나뿐
그리고 다시 빈 팔이구나."

☙ 하나님의 사랑[127]

요람처럼 흔들흔들
고요하고 평화롭게 이리저리,
작은 얼굴 위에 쏟아지는
엄마의 다정한 눈길처럼―
푸른 지구가 매달려 있네. 돌며, 흔들리며,
소리 없이 살면서, 천천히 안전하게.
얼굴을 굽혀 우리를 내려다보시는
하나님의 밝은 빛이 쏟아지네.

그리고 고통받는 미약한 아기처럼,
쉬지 않고 간절히 부르짖는
다정한 어머니가 있네.
가장 아끼고 사랑하는 아이를 안고서―
한없이 무겁게 흘러내리는 눈물로
약하고 괴롭고 비참할 때,
하나님의 오래 참으심이 친절히
우리를 아끼고 사랑해 주시네.

오, 크신 하나님의 마음! 그의 사랑은
막을 수도, 넘을 수도 없고,
지치지 않으시며,
죽음의 순간에도 사라지지 않네.
하나님의 사랑! 그 크신 사랑은
오직 어머니만이 그 값을 알 수 있고,
모든 사랑을 넘는 그 사랑은

잃어버린 자를 구원하기 위해 아들을 내어 주었다네.
– 색스 홀름

129 ☞ 에디스 마가렛 어린이 병동(사진)

1900년 1월 18일, 화요일

자녀들아 우리가 말과 혀로만 사랑하지 말고 행함과 진실함으로 하자
(요한일서 3:18)

"모든 생명은 만인의 생명을 돕기 위한 것이다. 각 개인은 온 인류의 진보를 위해 살아야 한다."
– 앨리스 캐리(Alice Cary)

"나는 할 수 있는 게 별로 없어." 작은 별이 말했다.
"이 어두운 세상을 밝게 하기 위해서.
내 은빛 광선은 밤의 어둠을
깊이 뚫을 수 없어.
하지만 나는 하나님의 위대한 계획의 한 부분이야.
그래서 내가 할 수 있는 최선을 다할 거야."
– 마가렛 샌스터(Margaret E. Sangster)

130 오늘은 에디스의 다섯 번째 생일이다. 작년에 우리는 그 애 또래의
한국인 소녀들을 초청해서 할머니가 주신 생일 돈으로 소박하게나마

대접하면서 그날을 기념했다. 일곱 명을 초대했는데 그중 여섯 명이 왔다. 아이들과 함께 그들의 어머니 또는 할머니도 왔다. 수잔과 셔우드도 참석해서 파티가 더욱 즐거웠다.

에디스 마가렛 어린이 병동이 아직 완공된 것은 아니지만 방 두 개와 부엌은 공사가 끝나 이번 겨울에 사용할 수 있게 되었고, 올해 우리 파티를 이곳에서 열 수 있게 되어 정말 좋다. 1년 전에는 감히 바라지도 못하던 일이 벌써 거의 완성되었다니 정말 놀랍다. 수잔이 쾌적한 방 하나를 사용하고 있는데, 아이들은 모두 여기에 모였다. 그런 후 우리는 어린이 병동 1호실인 다른 방으로 들어갔다. 벽에는 멋진 금색 액자에 담긴 에디스의 초상 그림이 걸려 있고, 선반 위에는 에디스가 가지고 놀던 장난감들이 있었다. 낮은 탁자에는 흰 식탁보가 씌워져 있고, 그 위에는 어린이들을 위한 예쁜 다과 접시들이 놓여 있었다. 그리고 모든 아이들이 기념품으로 가져가도록 작은 색유리 그릇들이 준비되어 있었고, 그 안에는 일본제 색깔 사탕이 가득 담겨 있었다. 올해는 빵과 크래커, 일본 떡 그리고 박하차를 설탕과 함께 대접했다. 그리고 한국 사탕과 팝콘, 땅콩 등도 많이 있었다. 모든 아이들이 음식을 집으로 가져갈 수 있도록 종이 봉지도 하나씩 나누어 주었고, 모두 즐거운 시간을 가졌다. 특히 눈먼 어린 소녀가 즐거워했는데, 작은 유리그릇은 그 후로도 며칠 동안 그 아이에게 기쁨을 주었다. 나중에 내가 가정 방문을 했을 때 몇몇 집에서 그 작은 유리그릇을 보물처럼 여기고 있는 모습을 실제로 볼 수 있었다. 소녀들은 종일 그 그릇을 가지고 놀다가 밤이 되면 그것을 안고 잠을 잤다.

그림 속에서 에디스가 우리를 내려다보고 있는 가운데 나는 어린이들과 어머니들에게 왜 우리가 이 날을 축하하는지, 또 생일 선물이었던

131

돈에 대해 그리고 어떻게 하나님께서 1년 전 우리의 기도를 들어
주셔서 지금 우리가 모인 이 좋은 건물을 주셨는지 이야기해 주었다.
우리는 에디스가 좋아했던 찬송 〈예수 사랑하심은〉(Jesus Loves Me)과
〈행복한 나라가 있네〉(There is a Happy Land)를 불렀다. 오늘 오후
우리가 가진 이 모임이 모두의 사기를 북돋워 준 듯하다.

앞 쪽에 있는 이 건물 사진은 한국인 성도 중 한 사람이 찍은 것이다.
이 사진은 완공되기 전의 건물 모습을 잘 보여 주고 있다. 우리는
한 해가 더 가기 전에 완공된 병원의 사진을 가질 수 있기를 바란다.
지난 가을 공사를 좀더 하고 싶었으나 추위가 닥쳐왔고 기금도 모두
바닥났다. 하지만 벌써 기금이 다시 모일 가능성이 보인다. 셔우드가
크리스마스 선물로 받은 1불과 금광[128]에서 받은 1불을 바쳤다.
그뿐 아니라 지게로 벽돌을 날라서 번 돈과 환자들이 준 돈을 합쳐서
500냥을 더 드렸다. 나중에 우리 둘이 조금 더 보탤 수 있을 것이다.

132 최근 이모부 파월 목사님께서 보내주신 편지에 에디스와 셔우드가
죽은 아기새를 목사님 집 헛간에 묻어 준 이야기를 하셨다. 그리고
이같이 덧붙이셨다. "불쌍한 어린 에디스, 우리는 종종 그 애를
생각하면서 그 애의 용감하고 신속하던 태도에 대해 이야기를 나누곤
합니다. 에디스는 셔우드와 무척 다른 것 같았어요. 셔우드는 조금
약해 보였지만 에디스는 강인한 체격에 말과 행동을 분명하게 잘
했지요. 이 세상이 에디스같이 용감하고 강인한 사람을 필요로 하는
이때 그 재능을 제공해 줄 수 있는 그 아이를 이 땅에서 하늘로
데려가야 한다는 것이 이상하기만 합니다." 그러니 어린 딸에게
잠재되어 있던 능력을 엄마만 본 것이 아니었다.

올겨울에 엄마는 유난히 더 에디스를 그리워하고 있다.

"밤이면 친구는 고독을 느낀다.
네가 그리워서. 알겠니?
재잘거리는 아기의 입맞춤과
그 작은 손길이—"

셔우드도 에디스 이야기를 더 많이 하고, 전보다 더 그 아이를
그리워하는 것 같다. 에디스가 없는 삶은 너무 힘든 것 같다.

"'겨우 아기'라고요! 아, 모르셨나요!
저 작은 발이 아무도 갈 수 없는 곳을 걸을 것이며
저 부드러운 손가락이
선율을 타며
말로 표현할 수 없는
달콤한 음악을 만들 거라는 것을?
아기의 손이 머무는 곳에 가슴을 울리는 불협화음이
마술처럼 새로운 조화로 넘치게 되는 것을?"

133 1900년 5월 23일, 수요일

라마에서 슬퍼하며 통곡하는 소리가 들리니 라헬이 그 자식 때문에
애곡하는 것이라 그가 자식이 없어져서 위로 받기를 거절하는도다
(예레미아 31:15)

여러 종류의 서로 다른 슬픔이 있지만 어떻게 보면 모든 슬픔은

291

비슷한 면이 많은 것 같다. 하지만 아이를 잃는 슬픔만은 특별하다고 생각한다. +++ 어떤 슬픔은 일어나는 일들로 인해 잊혀지기도 하지만 어떤 슬픔은 일어나는 일들로 인해 계속 기억된다. 아이를 잃은 슬픔이 그런 슬픔이다. -《데이비드 하럼》[129]에서

오늘 엄마와 셔우드는 중국 상하이에 있다. 우리의 사랑하는 에디스가 떠난 지 2년이 되었다. 루스와 그레첸 그리고 메리를 보면서 우리는 에디스가 지금 어떤 모습이 되었을지 상상해 보지 않을 수 없었다. 에디스는 셔우드보다 키가 컸을 것이다. 세 살 때 키가 셔우드 보다 거의 2인치 더 컸기 때문이다. 그 애의 검은 머리카락은 이때쯤 다시 길게 자랐을 것이고, 사랑스럽던 아기 얼굴은 아름다운 어린 소녀의 얼굴이 되었을 것이다. 에디스는 점점 더 예쁘게 변해 갔다. 그래서 우리가 평양에 갔을 때 이미 노블 부인이 그 애를 보고 예쁘다고 하셨다. 엄마는 또 지금쯤이면 에디스가 많은 도움을 주는 아이가 되었을 거라고 확신한다. 분명히 스스로 옷을 갈아입었을 것이고, 심지어 오빠도 도와주었을 것이다. 오빠처럼 한국말을 읽고 쓸 수 있었을 것이고, 성경 구절도 암송했을 것이다. 그리고 틀림없이 그레첸처럼 노래도 할 수 있었을 것이다. 사랑하는 할머니는 에디스가 셔우드보다 더 쉽게 노래를 부를 거라고 하셨다. 그리고 오빠에게 얼마나 큰 도움이 되었을까? 바로 이것이 셔우드에게 필요한 것이다— 셔우드는 동무를 갈망한다. 또 엄마에게 얼마나 큰 위로가 되었을까? 틀림없이 엄마가 이 길고 비싼 상하이 여행을 하지 않아도 되게 해주었을 것이다. 이리도 사랑스런 어린 아들과 딸이 우리 집을 행복하게 만들어 주었을 터이고, 엄마는 아무리 일이 고되어도 머리가

이 지경으로 탈진하지 않았을 것이다. 엄마의 건강이 나빠져서 이럴 수도 있겠지만 왠지 어린 딸을 잃은 상실감이 점점 더 감당하기 힘들어진다. 오, 엄마가 은혜의 보좌 앞에 담대히 나아가 필요할 때 도움을 받을 수 있기를 바란다. 성경 말씀에 "우리에게 있는 대제사장은 우리의 연약함을 동정하지 못하실 이가 아니요"[130]라고 하셨듯이.

이 글을 쓴 지 얼마 되지 않아 엄마는 상하이에 계시는 피치 부인[131]과 유익한 대화를 나누었다. 부인은 하나님과 하나님의 계획에 완전히 조화된 삶을 사시는 것 같다. 그리고 그 모습은 엄마도 그렇게 되기를 갈망하게 만든다. 그런데 여러 번 하나님과 친밀한 관계에 들어가 보려고 간절히 노력했지만, 그리고 심지어 사랑하는 아빠의 도움도 받아 보았지만 한 번도 성공하지 못했다. 마침내 그것은 엄마에게 일어날 수 있는 일이 아니므로 그러한 경험을 탐내서는 안 된다고 생각하기에 이르렀다. 적어도 아직은 그러한 경험이 엄마에게 허락되지 않았다고. 엄마는 아주 물질적인 사람이고, 이러한 경험들은 좀 더 영적인 사람들을 위한 것이라고 생각하게 되었다. 우리의 본성은 서로 다르기 때문에 모두 같은 경험을 하리라고 기대할 수는 없다. 하지만 이제 엄마는 더 행복한 경험을 갈망하지 않을 수 없다. 그래서 엄마는 엄마의 이삭(Isaac)을 제단에 올려놓고 하나님께서 하실 수 있는 최선을 다하시도록 노력했다. 그러나 이조차도 엄마는 실패한 것 같다. 하나님이 엄마의 가장 소중한 것을 빼앗은 듯하고, 하나님이 엄마에게 가르치시려는 교훈을 깨달으려고 애쓰며 반항하지 않으려 해도 왠지 시간이 지날수록 처음에 엄마가 분별했다고 생각했던 이 교훈들의 희미한 윤곽마저 점점 더 흐려지는 것 같다. 그리고 아무런 결과가 없다. 최근에는 때때로 반항적인 감정이 일고, 엄마는 이 거대한 상실들이 오기 전보다 더 멀리 휩쓸려 가 있는 느낌이다. 틀림없이 무언가가 잘못되었다. 피치 부인은 엄마가 무거운 상실감을 가지지 않을 수 없다고 하셨다. 그리고 그녀도 아빠와 에디스가 없어진 것이 엄마와 셔우드를 위해 어떻게 더 좋을 수 있는지 이해할 수 없다고 하셨다. 하지만 그저 모든 감정을 예수님께 맡기고 절대적으로 그분을 신뢰해야 한다고 하셨다. 엄마도 그렇게 해보려고 했다. 그러나 피치 부인에게도 말씀드렸듯이, 엄마가 그렇게 한 것은 달리 할 수 있는 방도가 없었기 때문이다. 이 특별한 상실감 속에서 엄마가 유치하지만(stoic) 은밀하게 느끼는 것은—물론 이렇게 하는 것을 특권이라 여기지는 않는다—만약 하나님께서 엄마의 소중한 사람들을 데려가지 않으셨다면 하나님을 더 신뢰할 수 있었을 것이라는 마음이다. 이것은 지금 우리가 두려워하는 명백한 사실이다.

136 기독교인으로서, 그리고 선교사로서 이런 말을 하는 것이 매우 못마땅하지만 말이다. 엄마는 엄마의 마음을 진찰해 보려고 했으나 자신의 병을 진단하기는 어렵다. 하지만 한 가지 문제는 이러한 손실이 최선이었다고 느끼고 싶은 곳까지 엄마 자신을 이끌어 오지 못한다는 사실이다. 가끔은 멀리 떨어져서 이 시처럼 느껴 보는 것이 아름답다고 생각한다.

"주께서 내 보물 창고에서 내 손을 비우셨네.
그리고 주의 언약의 사랑을 나타내셨네.
내 아픈 마음에는 상처가 없었네.
주의 호흡의 향기로 치유되었네."[132]

그러나 아직 엄마는 이러한 상처들이 아물기를 바랄 수 없다. 그것은 마치 사랑하는 사람들을 잊어버리는 것처럼 느껴진다. 너무나 어리석어 보이고 나중에 엄마에게조차도 틀림없이 근시안적으로 보이겠지만 엄마는 그 상처들을 안고 치유받기를 거부하면서 살아간다! 지금까지는 이것을 전혀 깨닫지 못했지만 말이다. 이러한 것들을 글로 쓰자니 훨씬 더 심각해 보인다. 그럼에도 만약 하나님께서 엄마의 상처를 치료해 주신다면, 그래서 위 시를 진정으로 노래할 수 있다면 그것은 축복일 것이다. 그러나 엄마가 그러기를 원하기에는 어쩐지 그 감정을 잘 표현하지 못할 것 같다. '희생' 같은 냉정한 말 외에는 말이다! 이것이 분명 내 감정이 있어야 할 자리이다. 이런 생각을 하면 할수록 더 어리석어지는 것 같다. 엄마가 사랑하는 바로 그 사람들은 한 순간도 이러한 생각을 하지 않으리라는 것을 엄마는 잘 알고 있기 때문이다. 아빠는 엄마를 사랑한 만큼 그 무엇보다도 엄마의 영혼이 잘 지내기를 바랐다. 불쌍하고 어리석은 엄마, 엄마는 최근 자신이 아주 멍청해져 버렸다는 사실을 알고 있다. 계속 일만 했고, 놀 시간이 없었다. 그리고 늘 그러리라고 약속했다. 무슨 대책이 있어야 한다. 하나님께서 늘 엄마에게 긍휼을 베풀어 주시기를. 성령께서 엄마를 가르치시고 이 영적 상태에서 건져내 주시기를. "주께서 나를 징벌하시매 멍에에 익숙하지 못한 송아지 같은 내가 징벌을 받았나이다 주는 나의 하나님 여호와이시니 나를 이끌어 돌이키소서 그리하시면 내가 돌아오겠나이다."[131]

[일기 원본 138-271쪽 없음]

1898년 에디스 마가렛 홀의 비용[134]

파란색 드레스 천(2.00)과 재단 및 제작비(1.00)　　　　　　　3.00
뉴욕에서 9호 신발　　　　　　　　　　　　　　　　　　　1.50
일본 구두방에서 신발 수선비　　　　　　　　　　　　　　0.35
높은 의자 1개 구입비와 수선비

✿ 'Cradle songs'(카드)

✿ [아이들 얼굴(사진)과 꽃(그림)]

[일기 원본 274–279쪽 없음]

아기 옷

가장 부드러운 리넨과 새하얀 면포로 옷을 만든다.
옆에서 요정이 피리로 레이스를 짜 주고.
연필로 그린 고사리처럼 정교한 자수를 놓는다.
눈꽃의 왕이 한 땀 한 땀 매만져 주고.
노래 부르며 엄마는 작디작은 솔기를 꿰맨다.
옷이 점점 완성되는 동안.
아, 어머니로서 할 수 있는 가장 달콤한 일은
아기의 앙증맞은 옷을 만드는 것이다.

엄마의 생각은 수년 앞을 가로질러 나아간다.
그리고 엄마는 꿈속에 빠진다.

한 뜸 한 뜸 섬세한 솔기마다
촘촘히 멋진 희망을 깁는다.
황금빛 속에 성이 떠 있고
그 꼭대기에는 작은 탑이 높이 솟아 있다.
아, 어머니로서 할 수 있는 가장 소중한 일은
아기의 앙증맞은 옷을 만드는 것이다.

281 ✧ 아기 에디스의 첫 번째 새 옷들(천조각 실물)
짧은 드레스 3벌. 각각 조금씩 달리 마름질함
짧은 드레스 한 벌과 치마 위에 받쳐 입을 블라우스 하나
옷 밑에 입는 블라우스 2벌
짧은 덧치마 2벌
덧입을 짧은 패티 스커트 2벌
생일에 입을 요량으로 만든 겨울 앞치마, 혹은 덧치마

282 ✧ [천조각 2개(실물)]

283 ✧ [천조각 2개(실물)]

[일기 원본 284–294쪽 없음]

295 에디스 마가렛 홀에게 든 비용

1895년

홀릭스 식품, 맥아유와 연유	25.00
첫 번째 짧은 옷과 바느질 삯	4.00
아기 신발 3켤레 (1호 2켤레, 2호 1켤레)	0.85
아기 긴 양말 3켤레	0.60

젖병 5개와 젖꼭지 1박스	0.75
옷핀(0.50), 아기용 머리빗(0.20), 그레이엄 크래커(0.40)	1.10
인건비	96.00
〈합계〉	128.30

선물들

한국의 레이놀즈 부인으로부터 아기 양말 1켤레
차이나 호에서 바턴 양이 파란색과 흰색 소모사로 뜨개질한 모자
영 부인으로부터 파란색과 흰색 줄무늬가 쳐진 유모차용 "깃털 이불"
노블 부인으로부터 드론워크[135]한 리넨 조각
친할머니로부터 드레스용 하늘색 캐시미어 천
앨리스 고모로부터 앞치마용 아마포와 레이스
엠마 이모로부터 밤색 깅엄 드레스
조로부터 딸랑이, 여선으로부터 헝겊 강아지
애니 이모로부터 그레이엄 크래커 1상자

1896년

1월 18일 3.5호 신발 1켤레	0.25
속블라우스[136] 2벌, 사이즈 2	0.70
순모 손뜨개 웃도리 4벌	1.75
긴 양말 고정 핀 1짝	0.20
2월 18일 손뜨개 인형과 딸랑이	0.30
무화과 시럽	0.40
웃옷 3벌	1.05
수 놓인 흰색 모슬린 챙모자	0.98
손뜨개 속블라우스 2벌	0.50
수 놓인 흰색 짧은팔 드레스 1벌	1.74
분홍색 실내복 1벌	0.79
리본 3야드(0.30)와 옷핀(0.25)	0.50
겨울용 두터운 밤색 비단 보닛 1개	2.75
밤색 캐시미어 드레스 1벌	2.59
밤색과 검정색으로 된 겨울용 망토 하나	3.25
순모 웃옷 2벌	1.18
신발 1켤레	1.50

296

속바지 4벌	2.00
깅엄 드레스 1벌	0.59
옷핀	0.30
어린이용 고데기	0.10
0.69짜리 속바지 2벌	1.38
어린이용 높은 의자	0.90
흔들의자	0.35
7월, 8월, 9월 할머니 집 숙박비	6.00
약품	0.50
11월까지 인건비	75.00
〈합계〉	107.65

1897년

깅엄 앞치마 2개	0.70
봄 겉옷[137]	1.49
탁한 녹색 면 드레스 1벌	0.98
분홍색 캐시미어	1.98
리버티에서 7.5호 신발 한 켤레	0.70
뉴욕에서 보스워스 부인 보육비	2.00
긴 양말 2켤레	0.50
월터 외삼촌 집 숙박비 14주	14.00
뉴욕 시에서 7.5호 신발 1켤레	1.35
레처에서 밀짚모자(0.20), 브록빌에서 야간용 뜨개옷(1.50)	1.75
레처에서 약	0.50
세인트 폴에서 밴쿠버까지 기차 운임	0.52
증기선에서 지출한 팁	1.00
엠프레스 오브 인디아 호 운임 ¼	40.00
백신	1.00
일본에서 인력거 삯	0.50
일본 체류비	2.00
스튜어드 호텔에서 연료 및 레인지 비용 그리고 약	2.00
화물비, 관세, 여행 중 경비	5.00
서울에서 1월까지 인력거 짐꾼 삯	0.25
11월 생활비 중 2인 부담금의 ¼, 연료 물품 등	13.15
샌프란시스코 주문 비용 중 2인 부담금의 ¼ (전체 주문 비용의 1/18)	3.10

영국 주문 비용 중 2인 부담금의 ¼ (전체 주문 비용의 1/18)	3.03
시카고 주문 비용 중 2인 부담금의 ¼ (전체 주문 비용의 1/18)	7.82
12월 생활비 중 2인 부담금의 ¼	4.33
일본에서 장난감	1.00
〈합계〉	123.55

298 1897년 1월 18일부터 1898년 1월 18일까지 받은 선물들

존스 부인으로부터 작은 은수저 한 개
킷 외숙모로부터 긴 양말 두 켤레
제니 인트맨으로부터 양초와 견과류
팩 박사로부터 25센트
한나 부인으로부터 1불
친할머니로부터 1불
외할머니로부터 1불, 돈지갑, 손수건
비라 파월로부터 접시 한 개(1898년 1월 깨짐)
조로부터 유리컵 한 개, 손수건, 견과류, 사탕
엠마 이모로부터 껌
넬리와 사촌 모드로부터 인형을 한 개씩(물려받음), 연말에 없어짐.
크리스마스 파이에 올려진 작은 인형 하나와 공
일본 접시 한 세트
일본 [장난감]집 하나
그레첸 존스로부터 커다랗고 예쁜 인형 한 개
스크랜턴 부인으로부터 그림책
로스와일러 선생으로부터 손수건 한 장
새해를 맞아 헝겊 인형 하나
제인 고모로부터 빅토리아 여왕 기념 손수건
앨리스 고모로부터 흰색 앞치마
에스더로부터 앞치마 하나

1898년 1월 18일부터 1899년 1월 18일까지 선물들

아펜젤러 부인으로부터 7.5호 신발 한 켤레

1898년 비용

파란색 드레스 천(2.00)과 재단 및 제작비(1.00)	3.00
뉴욕에서 9호 신발	1.50
일본 구두방에서 신발 수선비	0.35
높은 의자 1개 구입비와 수선비	1.00
파란색 엷은 면포와 빨간색 엷은 면포 그리고 드레스 만든 품삯	3.00
깅엄 앞치마 2개	0.30
4월 30일까지 숙박비와 고용비 중 2인 비용의 ¼	25.00
평양까지 운임과 여행 중 경비	3.50
약품 비용 등	7.50
치즈 직포,[138] 대부분 턱받이와 기저귀로 씀	2.00
관 (비단과 엷은 면포 7엔, 목재 2.40엔)	5.00
밀봉된 겉상자	1.50
서울까지의 이동비	17.00
매장비	2.50

❋ [뒤표지]

1. 패니 포레스터(Fanny Forester)는 에밀리 C. 저드슨(Emily C. Judson, 1817-1854)의 필명이다. 본명이 에밀리 처벅(Emily E. Chubbuck)인 그녀는 아도니람 저드슨(Adoniram Judson)과 결혼한 후 그의 버마 선교 사역에 합류했다. 〈나의 새〉(My Bird)라는 제목의 이 시는 몰멘(Moulmein or Maulmein)에서 태어난 그녀의 딸을 위한 시다. 그녀는 결혼 후 채 4년이 되기 전에 남편과 아들을 잃은 후 딸과 함께 미국으로 돌아왔고, 남편이 죽은 지 4년 후인 1854년 사망했다.

2. 박에스더(Esther, Pak).

3. "But handsome is who handsome does"는 "잘 생겼다고 다 착한 사람이 아니다"라는 뜻의 관용구다.

4. 루이자 챈들러 몰턴(Louisa Chandler Moulton)의 시 〈내가 이 딸을 가질 수 있다면〉(If I Could Keep Her So) 원문에는 '부드러운 금발 머리'(downy golden hair)로 되어 있는데 로제타는 이 부분을 에디스의 머리카락 색깔에 맞춰 '어여쁜 갈색 머리'(bonny brown hair)로 표현했다.

5. 〈아기의 기록〉(Baby's Record)이라는 시에서. Miller, Nancy Minerva Haynes, 《Mother Truth's Melodies: Common Sense for Children, A Kindergarten》, 1887, London: Forgotten Books.

6. 마가렛 버노이 셔우드(Mrs. Margaret Ver Noy Sherwood), 로제타의 오빠 찰스 허드 셔우드(Charles Hurd Sherwood)의 아내.

7. 로즈벨트 렌슬러 셔우드(Rosevelt Rensler Sherwood, 1885-1919), 로제타의 오빠 프랭크 로즈벨트 셔우드 목사(Rev. Frank Rosevelt Sherwood)의 장남.

8. 엠마 영(Emma Young, 결혼 전 이름 엠마 크레리), 로제타의 사촌 폴리 버 크레리(Polly Burr Crary, 1833-1899)의 딸. 엠마의 아버지 호레스 크레리(Horace H. Crary)는 저명한 사업가로, 가죽 공장을 운영했다.

9. 패니 셔우드(Fannie), 로제타의 오빠 찰스 허드 셔우드의 딸.

10. 박 에스더는 1895년 1월 남편 여선과 미국으로 왔다. 그녀는 1895년 2월에 뉴욕 리버티에 있는 공립학교에 입학했다. 남편은 로제타의 아버지 농장에서 일했다.

11. 릴리 홀(Lillie Hall), 윌리엄 제임스 홀(William James Hall)의 여동생.

12. 로제타는 이 구절을 시편 68:5라고 잘못 기록했다.

13. 로제타는 에셀 린 비어스(Ethel Lynn Beers, 1827-1879)의 시 〈아기 몸무게 재기〉(Weighing the Baby)에 '한 달'이라고 적힌 부분을 에디스의 나이에 맞게 '석 달'로 바꾸었다.

14. 로제타는 원본의 '소복한 곱슬머리'(crowning curl)를 '자라는 머리'(growing crown)로 고쳤다.

15. 5미님은 약 다섯 방울. 1minim=0.01616115199milliliters. 리스테린(Listerine)은 장 세척제다.

16. 홀릭스 식품(Horlicks Food)의 창업자 제임스 홀릭스와 윌리엄 홀릭스가 개발한. 맥아유로 만든 뜨거운 음료.

17. 설탕 젖꼭지(Sugar-teat)는 유아에게 이유식을 먹이기 위해 고안된 것이다. 설탕 크래커를 잘게 부수

어 우유 또는 물을 섞어 반죽한 다음 천에 싸서 끈으로 묶어 작은 사과만 한 크기의 공 모양으로 만든다. 이 부드럽고 달콤한 공을 아기 입에 대면 바로 이 공을 빨기 시작하고, 그 후 얼마 동안 아기는 조용해진다.

18. 앨리스 홀 그레이(Alice Hall Gray), 윌리엄 제임스 홀의 여동생.

19. 아이작 왓츠(Isaac Watts, 1674-1748)의 〈자장가〉(A Cradle Hymn). 로제타는 이 시의 7연 중 앞의 2연만 일기에 기록하고, 시 전문은 메모지에 적어 일기에 덧붙여 두었다.

20. 로제타는 유진 필드(Eugene Field)의 시를 일기 가장자리 여백에 덧붙여 기록했다.

21. 박여선, 에스더의 남편.

22. 작자 미상의 시 〈즐거운 마음〉(The Merry Heart)에서.

23. 프랭크 로스벨트 셔우드 목사(Rev. Frank Rosevelt Sherwood, 1858-1938), 로제타의 오빠.

24. 박여선과 박에스더 부부.

25. 프랭크 로즈벨트 셔우드 부인(Mrs. Frank Rosevelt Sherwood), 본명 Catherine Anne MacKinlay.

26. 클래런스 맥킨레이 셔우드(Clarence MacKinlay Sherwood), 프랭크 외삼촌의 둘째 아들.

27. 존 사무엘 B. 몬셀(John Samuel B. Monsell).

28. 존 홀(John Hall), 윌리암 제임스 홀의 동생

29. 제임스 홀(James Hall), 윌리엄 제임스 홀의 동생.

30. 사라 퍼시벌(Sarah Percival), 친할아버지의 여동생.

31. 영국의 북아일랜드 합병을 지지하는 북아일랜드 인. United Royalist.

32. 로제타가 기록한 에디스 홀의 아버지 윌리엄 제임스 홀 외가 쪽 족보에는 동명이인이 여럿 있다. 독자들의 이해를 돕기 위해 동명이인의 이름 뒤에 아라비아 숫자를 붙여 구별했다(옮긴이). 즉, 윌리엄 제임스 홀을 기준으로 ①은 어머니 세대, ②는 외할아버지 세대, ③은 외증조할아버지 세대를 뜻하는 것이다. 따라서 이 족보 상 '마가렛 홀'은 에디스의 할머니, '존 볼틴'은 외증조할아버지, '윌리엄③ 볼틴'은 외고조할아버지다.

33. 이 단락은 로제타가 일기 가장자리 여백에 기록한 내용이다.

34. '골리'(golly)는 18세기에 사용하기 시작된 '하나님'(God)의 완곡어법이다.

35. 디도서 1:15.

36. 폴리 버 크레리(Polly Burr Crary, 1833-1899), 외할아버지의 여동생 폴리 셔우드 버(Polly Sherwood Burr, 1797-1878)의 딸.

37. 세스 보니(Seth Bonney), 외할머니의 여형제 엘리자베스 길더슬리브 보니(Elizabeth Gildersleeve Bonney)의 아들.

38. 찰스 허드 셔우드(Charles Hurd Sherwood), 로제타의 오빠, 변호사.

39. 레나 셔우드(Lena Sherwood), 찰스 허드 셔우드의 딸.

40. 박 에스더는 1895년 9월 뉴욕 시에 있는 유아아동병원에 들어갔다. 그곳에서 일 년 남짓 자립해서 살았다. 그리고 동시에 라틴어, 물리, 수학 과외를 받았다. 1896년 10월 1일 볼티모어 여자의과대학(Woman's Medical College of Baltimore, 오늘의 "Johns Hopkins")에 입학하여 서양 의학을 공부한 최초의 한국 여성이 되었다. With Stethoscope in Asia: Korea, p. 161.

41. 캐나다. Land of the Maple Leaf

42. 에밀리 헌팅턴 밀러(Emily Huntington Miller)의 시 〈아기의 크리스마스 양말 달기〉(Hang Up the

Baby's Stocking).

43. 소아 콜레라(cholera-infantum)는 아기가 소화관 염증 때문에 설사를 하는 질병이다. 주로 전염병으로 생기기도 하지만 너무 많이 먹이거나 음식을 잘못 주어서 유발할 수도 있다.

44. 로제타는 원문에 있는 '곱슬머리 사이로'(through the tangled hair)라는 말을 '하얀 이마 아래서'(beneath a forehead fair)라고 바꾸었다.

45. 로제타는 원문의 '한때 꼭 껴안던'(nestled once)을 '한때 꼭 움켜잡던'(once clasped)으로 바꾸었다.

46. 이 시의 지은이는 해리 T. 펙(Harry Thurston Peck, 1856-1914)이다. 로제타는 이 시의 마지막 연 아래 5행과 시 제목을 일기 가장자리 여백에 이어서 적었다.

47. 월터 셔우드 주니어(Walter Sherwood Jr.), 로제타의 오빠 월터 힐 셔우드(Walter Hill Sherwood)의 아들.

48. 넬리 셔우드(Nellie Sherwood, 1883년 생), 엠마 외숙모의 딸. 엠마 외숙모는 로제타의 오빠인 윌리엄 판튼 셔우드(William Fanton Sherwood)의 부인이다.

49. 애니 셔우드(Annie sherwood), 로제타의 여동생.

50. 로제타가 일기 손그림 옆 가장자리 여백에 추가하여 기록한 시.

51. 로제타는 같은 나이의 셔우드와 에디스의 발육 상태를 비교해서 일기 가장자리에 기록해 두었다.

52. 셔우드는 여선 삼촌을 "다"(Dah)라고 불렀다.

53. 에드가 애벗(Edgar W. Abbott)의 〈양귀비 마을행 기차〉(Poppy-Land Express).

54. 로제타는 원문의 '죄인'(wretch)을 '사람'(one)으로 바꿨다.

55. 앨리스 머지(Alice Muzzy)의 시 〈아기에게 부치는 송시〉(Ode to a Baby).

56. 국제의료선교사협회(International Medical Misssionary Society).

57. 〈여왕〉(A Queen), 《Chambers Journal of Popular Literature, Science and Arts》, Edinburgh, 1895.

58. 당시 로제타는 론 산에서 열린 크리스천 헤럴드 프레쉬 에어 어린이 여름 캠프(Christian Herald Fresh-Air Children's summer camp)를 책임지는 의사였다.

59. Christian Herald Children's Home.

60. 18세기부터 널리 애용된 아이들의 취침 기도(Child's Bedtime Prayer).

61. 리버티에 있는 셔우드 가 농장.

62. 줄리아 셔우드(Julia Sherwood), 로제타의 오빠 찰스 허드 셔우드의 딸.

63. 마가렛 제인 존스(Margaret Jane Jones, "Gretchen"), 조지 히버 존스(George Heber Jones) 목사의 딸.

64. 다니엘 베넷 세인트 존 루사(Daniel Bennet St. John Roosa, 1838-1908) 박사는 유명한 안이과 의사로, 뉴욕 의과대학 설립자이자 총장이다. 로제타가 수련의일 때 그녀의 교수이기도 했다.

65. 메리 브라이언(Mary Bryan) 박사는 1890년 로제타가 한국으로 임명받아 떠날 때 뉴욕 디커니스 홈 사역을 이어받았다. 후에는 인도에서 의료선교사로 봉사했다.

66. 세인트 로렌스 강(The Saint Lawrence River)은 5대호와 대서양을 연결하는 강으로, 대체로 동북쪽으로 흐른다.

67. 윌리엄 그레이(William Gray), 윌리엄 제임스 홀의 여동생 앨리스 홀의 남편.

68. 릴리 홀(Lillie Hall), 윌리엄 제임스 홀의 막내 여동생.

69. 제인 볼턴 로섬(Jane Bolton Rowsom), 홀 할아버지의 여동생.

70. 보이드 홀(Boyd Hall), 홀 할아버지의 남동생.

71. 사라 홀 퍼시벌(Sarah Hall Percival) 고모의 남편.

72. 윌리엄 볼턴(William Bolton), 윌리엄 제임스 홀의 어머니의 막내 동생.

73. 로제타는 이 편지를 일기 가장자리 여백에 덧붙여 기록했다.

74. 마가렛 뱅겔 존스(Margaret Bengel Jones) 부인.

75. 데이빗 M. 파월(Rev. David M. Powell) 목사는 로제타의 이복 언니 에다 엘비라 셔우드(Ada Elvira Sherwood)와 결혼했다가 사별한 후 로제타의 이복 언니 아델린 아넷트 셔우드(Adeline Annette Sherwood)와 결혼했다. 로제타의 아버지 로즈벨트 R. 셔우드는 91세까지 장수했고, 세 번 결혼했다. 아델린 아넷트 셔우드는 첫째 부인 벳시 허드(Betsy Hurd)에게서 태어난 두 아이 중 하나다. 벳시가 29세에 암으로 사망한 후 먼 친척인 패니 허드(Fanny Hurd)와 재혼해서 낳은 딸이 에다 엘비라이다. 그리고 윌리엄 팬턴(William Fanton), 찰스 허드, 프랭크 로즈벨트도 두 번째 결혼에서 태어났다. 패니가 48세에 유방암으로 사망하자 피비 길더슬리브(Phoebe Gildersleeve)와 결혼해서 월터 힐, 로제타와 애니를 두었다.

76. 제이슨 고드 파월(Jason Gould Powell), 데이빗 M. 파월과 아델린 아넷트 셔우드의 아들.

77. 비라 파월(Vira Powell), 제이슨 고드 파월의 여동생.

78. 아델린 아넷트 셔우드.

79. 아이작 왓츠의 시 〈이리도 바쁜 작은 벌은 어떻게〉에서.

80. 릴리안 N. 해리스 박사(Dr. Lillian N. Harris, 1863-1902), 더글라스 폴웰(E. Douglas Follwell) 부인의 여동생. 1897부터 1902년까지 한국에서 의료 선교사로 봉사했으며, 사역 중 발진티푸스로 사망했다.

81. 넬리 피어스(Nellie Pierce)는 1897년 교육 사역을 위해 한국에 왔다. 1904년 성서협회의 휴 밀러(Rev. Hugh Miller) 목사와 결혼했다. 서울 양화진외국인선교사묘원에는 휴 밀러 선교사 어머니 엘리자베드 밀러의 묘가 있다.

82. 에디스 육아일기에 삽입되어 있는 로제타의 치료일지. 모두 11장의 쪽지에 에디스에게 처치한 치료 내용이 일자와 시간대별로 기록되어 있다.

83. Castoria, 변비약.

84. 2드램(dram)은 약 7.39밀리리터.

85. 1미님(minim)은 약 1방울.

86. 할머니.

87. 심호흡과 무(無)호흡이 교대로 일어나는 이상 호흡. Cheyne-Strokes repiration.

88. 후중(後重,Tenesmus), 대변이 잦고 아랫배가 무지근하며 대변을 본 뒤 항문 가장자리나 아랫배가 아픈 증상.

89. 1/10그래인(grain)은 약 6.48밀리그램.

90. 클라라 졸리(Clara L. A. Joly 1860-1929). 인천 주재 영국 영사였던 졸리(H. B. Joly 1858-1898)의 아내로, 대한제국 황태자(후에 순종)의 영어 선생으로 일했다. 졸리 부인은 1927년까지 서울에서 살았고, 자녀를 방문하러 일본에 갔다가 1929년 시모노세키에서 죽었으며, 1898년 별세한 남편과 함께 양화진외국인선교사묘원에 묻혀 있다. 로제타는 졸리 부인의 성을 'Jolly'라고 적었지만 양화진에 있는 묘비에는 'Joly'로 새겨져 있다.

91. 대한제국 고종황제의 황후 명성황후 장례식. 명성황후는 1895년 10월 8일(음 8월 20일), 궁궐을 침입

한 일본 자객에 의해 시해되었으며(을미사변), 대한제국 선포(1897년 10월 12일) 한 달 뒤인 11월 21일 국장을 치렀다. 명성황후의 유해는 청량리 홍릉에 안장되었다가 고종 사후인 1919년 2월, 현재의 경기도 남양주 금곡 홍릉으로 옮겨졌다.

92. 에디스 병상 메모를 기록하기 위해 작성한 로제타의 쪽지.

93. 로제타는 1898년 1월 18일 일기 이후 일기 쓴 날짜를 그날에 해당하는 일력 낱장을 붙여 표기했다. 이 일력에는 음력 날자와 성경구절이 인쇄되어 있다.

94. 이날 일력에는 "음력 납월 이십륙일, 정월 十八 화요일, 자기 피로 우리를 속하시니라 묵시오장구절"이라고 인쇄되어 있다. 개역개정 성경은 이 구절을 "사람들을 피로 사서 하나님께 드리시고"(요한게시록 5:9)라고 옮겼다. 납월은 음력 12월이다.

95. 초크도그(choke-dogs)는 특히 딱딱한 치즈다. 19세기 말 아일랜드 농부들은 크림과 버터 생산에 집중했기 때문에 탈지유만으로 치즈를 만들 수밖에 없었고, 이렇게 만든 치즈는 수분이 없어 딱딱한 치즈가 된다. '와이트 섬의 돌'(Isle of Wight Rock)이라는 별명도 있다.

96. 제인 볼턴 로섬(Jane Bolton Rowsom) 부인, 윌리엄 제임스 홀의 이모.

97. 윌리엄 팬턴 셔우드(William Fanton Sherwood), 로제타의 오빠.

98. 에디스의 애기 말로 "brother".

99. 로제타는 '조심ᄒᆞ오', '어셔셔'를 한글로 적었다.

100. 로제타는 에디스의 나이에 맞추기 위해 인용한 시 〈미래의 여성〉(A Woman of the Future)에 '네 살'이라는 표현을 '세 살'로 바꾸었다.

101. 이날 일력에는 "음력 정월 초구일, 일본 곰에 황제 봉하신 날, 정월 30, 주일(Sunday), 주께서 죄를 지목하지 않는 자 복이 있는 자니라 라마 사장팔절"이라고 인쇄되어 있다. 개역개정 성경은 이 구절을 "주께서 그 죄를 인정하지 아니하실 사람은 복이 있도다"(로마서 4:8)라고 옮겼다.

102. 약 30방울. 부피로 반 드램(0.5 fluid dram)은 30 미님.

103. 염금영(Kumyoung Yum)은 로제타가 서울에 있을 때부터 함께했던 하우스 보이.

104. Ac'idum Carbol'icum. - Carbolic Acid.

105. 런던에 있는 British and Foreign Bible Society에서 정기적으로 출판하던 잡지. 〈이삭줍기〉.

106. Mary Ann Pepper Kidder(1820-1905).

107. 이날 일력에는 다음과 같이 인쇄되어 있다. "음력 1898년 사월 초사일, 5월 23일 일요일. 구주께서 항상 계시사 나중에 다시 강림하실 줄 아노라. 약백 십구장 이십오절." 이 구절을 개역개정 성경은 "나의 대속자가 살아계시니 마침내 그가 땅 위에 서실 것이라"(욥기 19:25)고 옮겼다.

108. 로제타가 에디스의 관 사진 아래 적어 놓은 작자 미상의 시 〈나의 아기〉(My Baby)의 마지막 구절. 로제타는 이 시와 헬렌 브라운과 색스 홀름의 시와 같이 적은 메모지를 1899년 5월 23일 일기에 덧붙여 놓았다.

109. 이날 일력에는 다음 내용이 인쇄되어 있다. "음력 사월 초육일, 5월 25일, 수요일. 기도회. 상주—예수를 죽는 가온대서 다시 살게 하시고 영화를 주셨느니라. 피득전서 일장이십일절." 이 구절을 개역개정 성경은 "그를 죽은 자 가운데서 살리시고 영광을 주신 하나님……"(베드로전서 1:21)로 옮겼다.

110. Thomas Bailey Aldrich(1836-1907). 〈Ballad of Baby Bell〉의 작가.

111. 이날 일력에는 다음 내용이 인쇄되어 있다. "음력 사월초칠일, 아라샤에게 예수 올라가시는 날(Greek Church Ascenscion Day), 아라샤 등극하는 날(Coronation Day(Russia), 5월 26일, 목요일. 그가 온 뒤 올치 아닌 거시 업느니라. 요한칠장십팔절." 개역개정 성경은 이 구절을 "그 속에 불의가 없느니

라"(요한복음 7:18)로 옮겼다. 일력에 기록된 두 날의 의미는 '그리스정교회의 승천일'과 '러시아정교회의 대관식 날'이다.

112. 로제타는 바쁜 일상으로 인해 제날짜에 일기를 쓰기가 어려웠다. 상황에 따라 일기 쓰기에 필요한 자료나 메모들을 스크랩해 놓았다가 나중에 일기에 반영하곤 했다. 에디스 육아일기 원본 116쪽에서 119쪽에는 이 같은 메모들이 붙여져 있다. 그중에는 헨리에타 후크(Henrietta Hook, 1850)의 시 한 구절도 있다.

113. 벤 존슨(Ben Jonson, 1573-1637)이 루시어스 캐리 경과 H. 모리슨 경의 영원한 우정을 기리며 쓴 송시의 일부(A Part of an Ode to the Immortal Memory and Friendship of that Noble Pair, Sir Lucius Cary and Sir H. Morison).

114. 마태복음 19:14.

115. Mrs. May Riley Smith, 1842-1927. 뉴욕 출신의 시인.

116. 1897년 10월 23일 일기 참조.

117. 원본에 '금발머리'라고 적힌 것을 에디스의 머리 색깔에 맞게 '검은머리'로 바꾸었다.

118. 원본: '언덕 아래 눕혔을 때'(laid away under the hill).

119. 원본: '움직이기를 멈춘 차가운 그 손에'(her hands so cold and still).

120. 원본: '하지만 내 사랑을 절대 잊지 않아'(But my darling I never forget).

121. 메모지에 로제타는 이 부분을 이렇게도 각색했다. '내 아기 에디스가 지금도 이 엄마를 생각하고 있는지'(if my baby Edith remembers her mother yet).

122. 로제타는 헬렌 브라운(Helen E. Brown)의 시 〈하얀 클로버와 하얀 민들레〉를 일기에 기록해 놓았고, 같은 시를 적은 메모도 일기에 붙여 놓았다. 일기에 적은 헬렌 브라운의 시에는 7연이 누락되어 있다.

123. 원본: '소망의 인내'(patience of hope).

124. 시편 65:2.

125. 히브리서 12:11.

126. 작자 미상의 시 〈나의 아기〉. 로제타는 이 시의 마지막 구절을 에디스가 죽은 날 일기에 붙여 놓은 에디스의 관 사진 아래 기록해 두었다.

127. 색스 홀름의 〈하나님의 사랑〉(The Love of God). 색스 홀름은 19세기 말 미국의 인기 소설 《Ramona》의 작가인 헬렌 헌트 잭슨(Helen Hunt Jackson, 1830-1885)의 다른 이름이다. 그녀는 이 외에 "H. H.", "Rip van Winkle"이라는 이름도 사용했다.

128. 평안도 운산 금광.

129. 에드워드 웨스콧(Edward Noyes Wescott) 작 《David Harum: A Story of American Life》.

130. 히브리서 4:15.

131. 미국 북장로교 중국 선교사 조지 필드 피치(George F. Fitch)의 아내 메리 M. 피치(Mary M. Fitch)를 말하는 것 같다. 피치 선교사는 1870년부터 1923년까지 53년 동안 중국에서 선교사로 활동했으며, 1888년에는 미국 장로교 중국선교지부 책임자로 일했다. 1890년대 중반부터 3·1운동 이후까지 한국의 독립운동을 지원했다. 중국에서 태어난 그의 아들 조지 애쉬모어 피치도 1909년부터 아버지와 함께 중국에서 선교사로 헌신했는데, 1932년에는 윤봉길 의사의 홍구공원 의거 이후 임시정부 김구 주석을 한 달여 자기 집에 숨겨 준 인물이기도 하다. 김구의 《백범일지》에는 피치 선교사의 이름이 '비오생'이라고 기록되어 있다. 해방 이후 1947년부터 1951년 사이에는 서울 YMCA 재건 책임자로 한국에서 헌신했다. 현재 서울 양화진외국인선교사묘원에는 애쉬모어 피치 선교사의 딸로 추정되는 소녀

(로이스 제랄딘 피치)의 무덤이 있다.

132. 애나 시프턴(Anna Shipton, 1815-1901)의 시 〈회고〉(Retrospection)에서.

133. 예레미야 31:18.

134. 일기 원본 272쪽에는 1898년 에디스 마가렛에게 든 비용 중 일부 항목이 적혀 있다. 이 내용은 일기 뒷부분에 수록된 비용 부분과 중복된다.

135. 드론워크(drawn-work): 천의 실을 뽑아 그 자리에 여러 무늬를 떠서 넣은 자수.

136. under waist : 속옷을 고정시키는 블라우스.

137. Refer. 보통 짙은 청색에 단추가 두 줄로 달린, 두꺼운 모직으로 된 짧은 재킷.

138. 성기게 짠 면직물(cheese cloth).

로제타의 '치유할 수 없는 상처'

이용민(한국기독교역사학회 총무이사)

1.

〈로제타 홀 일기〉 시리즈의 마지막은 그녀의 딸인 에디스 마가렛 홀에 대한 육아일기다. 로제타 홀은 한국에서의 선교 사역을 담은 일기 네 권에 이어 아들 셔우드 홀에 대한 육아일기와 딸 에디스 마가렛 홀에 대한 육아일기를 작성하였는데, 마지막 6권에 해당하는 육아일기가 드디어 세상에 나오게 되었다. 에디스는 엄마가 태어났던 뉴욕의 리버티 셔우드가 농장 집에서 1895년 1월 18일 오전 7시에 태어났다. 아빠를 한 번도 보지 못한 아기라고 가여워하면서도 건강하고 예쁘게 태어난 에디스에 대한 첫인상이 일기의 첫 장면으로 기록되어 있다.

에디스 마가렛 홀에 대한 육아일기는 에디스가 태어난 바로 그날 시작되어 1900년 5월 23일자로 끝난다. 에디스가 세상을 떠난 날이 1898년 5월 23일이므로 로제타의 홀 육아일기는 에디스 사후에도 계속 기록되었다는 사실을 알 수 있다. 그렇게 로제타 홀은 에디스의 생일인 1월 18일과 에디스의 기일인 5월 23일을 맞이하며 만 2년 동안 에디스에 대한 그녀의 그리운 마음을 네 차례에 걸쳐 기록으로 남겨 놓았다. 특히 이 부분에 평양에 설립된 에디스 마가렛 어린이 병동의 설립 과정이 자세히 담겨 있다.

로제타 홀은 셔우드 홀 육아일기를 1893년 11월 10일부터 1900년 11월 10일까지 썼고, 에디스 마가렛 홀 육아일기는 1895년 1월 18일부터 1900년 5월 23일까지 기록했다. 두 자녀의 육아일기가 비슷한 시기에 작성이 완료되었음을 확인할 수 있다. 그런데 한국에서의 선교활동에 관한 그녀의 일기 네 권이 각각 일기 1권은 1890년 8월 21일에서 같은 해 9월 23일까지, 일기 2권은 1890년 9월 24일에서 1891년 5월 17일까지, 일기 3권은 1891년 5월 15일에서 같은 해 12월 31일까지, 그리고 일기 4권은 1892년 3월 8일에서 1894년 10월 1일까지 기록되어 있으므로 그녀의 육아일기와 선교일기를 특별히 별도로 생각할 필요는 없을 것이다.

그녀의 선교일기와 육아일기는 모두 1890년에서 1900년 사이에 기록되었다. 따라서 로제타 홀 일기 여섯 권은 선교일기 네 권과 육아일기 두 권이 각각 별도의 내용을 담고 있는 두 편이 아니고, 모두가 그녀의 선교활동 전반을 기록하고 있는 하나의 일관된 일기라고 볼 수 있다. 그리고 더욱 특별한 점은 로제타 홀에게 그녀의 선교활동 전반에 걸쳐 일찍 세상을 떠난 그녀의 남편이나 그녀의 딸이 갖는 특별한 의미가 담겨 있는 것이다. 비록 두 사람이 이 땅에 존재하지 않았지만, 두 사람이야말로 그녀로 하여금 한국에서의 선교활동을 지속하도록 이끈 실제적인 이유였음을 일기를 통해 알 수 있다.

그것은 이후 로제타 홀이 남편을 기념한 기홀병원과 딸을 기념한 에디스 마가렛 어린이 병동을 중심으로 지속적인 의료선교를 전개해 간 가장 근본적인 동력으로 작용하였으며, 결국 우리나라 최초의 여의사 박에스더에 이어 우리나라 여의사를 양성하기 위한 전문 의학기관으로 설립된 경성여자의학전문학교로 열매 맺게 되는 모든 과정의 주춧돌이 되었으며, 그것은 더 나아가 그녀의 아들 셔우드 홀이 우리나라에서 결핵을 퇴치하기 위한 전문 결핵병원을 설립하고 크리스마스 실 등을 활용하여 결핵 퇴치에 크게 공헌하게 되는 과정으로 이어지고 있다.

그러므로 에디스 마가렛 홀 육아일기는 그녀의 딸이 이 세상에 태어나서 안타깝게 병을 얻어 일찍 세상을 떠나게 되었다는 어떤 객관적인 사실만을 보여 주기보다는 비록 길지 않은 시간을 살다 갔지만 그것이 그녀의 선교 비전 속에서 어떠한 결실로 열매 맺게 되었는지에 관한 전체적 구도 속에서 살펴보아야 한다는 점을 염두에 두어야 할 것이다. 이러한 관점은 셔우드 홀 육아일기에서도 분명하게 나타나며, 그녀의 선교일기 네 권을 통해서도 구체적으로 드러난다. 이것이 바로 로제타 홀 일기 여섯 권이 하나의 일관된 관점에서 작성되었다는 의미이자, 로제타 홀 일기의 사료적인 가치라 할 수 있다.

2.

본격적으로 일기의 내용을 들여다보기에 앞서 《로제타 홀 일기 6》의 구성을 살펴보고자 한다. 우선 앞서 언급한 바대로 에디스 육아일기에는 에디스가 세상을 작별하고 난 이후에도 만 2년 동안 에디스의 생일과 에디스의 기일을 맞아 기록한 4편의 일기가 있는데 이것들을 제외하면, 에디스의 탄생에서부터 에디스가 양화진에 안장되는 모습까지 담긴 총 28편의 일기로 구성되어 있다.

로제타 홀은 셔우드 육아일기와 마찬가지로 에디스가 태어난 날인 1895년 1월 18일부터 1896년 1월 18일까지 매달 18일에 한 달에 한 번씩 열세 편의 일기를 남겼다. 그리고 1896년 3월 18일자, 5월 18일자, 8월 18일자, 10월 18일자 일기 네 편에 이어 1897년 1월 18일자, 6월 18일자, 10월 18일자 세 편의 일기를 작성하였다. 또한 바로 그 뒤를 이어 로제타 홀 가족이 다시 한국으로 돌아오는 여정을 담고 있는 10월 23일자 일기 한 편과 함께 11월 24일까지 작성된 에디스의 카타르성 폐렴 진료기록 한 편이 있다.

그 이듬해 에디스가 만 세 살이 되는 1898년 1월 18일자 일기와 1월 30일자 일기 두 편에 이어 2월 5일에서 13일까지 에디스의 홍역에 관한 기록과 5월 1일에서부터 23일까지 에디스의 이질에 관한 기록을 담고 있는 일기두 편과, 에디스가 세상을 떠나고 나서 치르게 된 5월 25일 장례식 일정과 5월 26일 양화진을 향해 떠나는 모습까지 두 편이 작성되었다. 이러한 구성을 통해 확인할 수 있는 점은 로제타 홀이 에디스 마가렛 홀 육아일기를 작성하기 시작한 이래 점차 일기를 쓸 수 있는 시간이 충분하지 못했다는 사실이다. 이는 로제타 홀이 남편을 양화진에 묻고 고향으로 돌아가 아이 둘을 키우면서도 다시 한국으로 돌아가 의료사역을 펼칠 계획을 실행에 옮기고 있었기 때문이다.

따라서 로제타 홀은 에디스 마가렛 홀에 대한 육아일기로 1895년에는 매달 한 번씩, 1896년에는 두세 달에 한 번씩, 1897년에는 1월, 6월, 10월, 그리고 다시 한국에 오고 난 이후에는 주로 진료기록으로 일기를 대체하게 되었는데, 이는 에디스가 한국으로 다시 돌아오는 과정에서 몸이 약해지면서 각종 질병에 시달리다가 한국에 도착해서 평양에 정착한 직후 결국 이질에 의해 세상을 떠나게 되었음을 보여 준다. 그녀의 에디스 육아일기에는 자신이 에디스에 대해 자세한 사항들을 기록하지 못하고 있다는 사실에 대한 미안한 심정이 곳곳에서 나타난다.

이러한 점을 감안하면, 로제타 홀의 에디스에 대한 육아일기는 크게 세 부분으로 나눌 수 있는데, 첫째는 에디스가 태어났을 때부터 한국으로 오기 이전까지인 1897년 10월 18일자 일기까지를 하나의 장면으로 살펴볼 수 있으며, 둘째는 에디스를 포함한 로제타 홀 가족이 다시 한국에 돌아오는 과정을 담고 있는 1897년 10월 27일자 일기에서 에디스의 장례 절차를 모두 마치고 양화진의 아빠 곁에 묻히러 가는 1898년 5월 26일자 일기까지를 하나의 장면으로 살펴볼 수 있다. 그리고 셋째로는 에디스가 세상을 떠난 뒤 딸의 생일과 기일을 맞아 기록한 1899년 1월 18일부터 1900년 5월 23일까지 네 편의 일기를 또 다른 장면으로 살펴볼 수 있다. 이러한 구분은 각각 에디스가 태어나서 자라나는 모습을 담고 있는 장면과 그 딸이 한국에 와서 여러 가지 질병에 시달리다 마침내 세상을 떠나게 된 모습을 담고 있는 장면, 그리고 그렇게 잠시 동안 이 세상을 다녀간 딸을 기억하며 그리워하는 엄마의 모습이 담긴 장면으로 바뀌고 있다.

3.

이렇게 구분해 본 각각의 장면으로 들어가 로제타 홀의 에디스 마가렛 홀에 대한 육아일기를 조금 더 구체적으로 살펴보자. 로제타 홀에게 에디스의 탄생은 상처받은 엄마의 마음에 커다란 위로였다. 그래서 이 일기책의 부제가 '나의 작은 위로자'로 되어 있다. 그녀는 두 아이를 보내 주신 하나님께 감사드리며 아이들이 늘 하나님을 사랑하고 예배하는 자들로 성장하여 항상 엄마의 위로자가 되기를 기도했다. 아빠처럼 파란 눈을 지녔으며 아름다운 갈색 머리를 가진 에디스는 엄마에게 자주 뽀뽀를 해주는 아이였다. 엄마는 이 세상에 에디스의 존재 가치와 영혼의 무게를 잴 만한 저울이 없기에 오직 하나님만이 아실 거라고 생각한다. 에디스가 어여쁜 꼬마 숙녀로 자라나는 모습은 엄마의 일기를 통해 아주 자세하게 살펴볼 수 있으므로 여기서는 바로 두 번째 장면으로 넘어가려고 한다.

에디스는 비교적 건강한 편이었으나 약간의 질병에 노출된 적도 있었다. 그럴 때마다 엄마는 어린 딸이 질병에 시달리는 모습을 애처로운 마음으로 지켜보며 치료했다. 에디스는 생후 6주쯤 되었을 때 이질에 걸려서 일주일을 앓았으며, 또다시 10주쯤 되었을 때도 이질에 걸려 꼬박 일주일을 앓았다. 그리고 6개월이 막 지날 무렵에도 이질에 걸려 사흘을 앓았다. 11개월이 되었을 때는 소아 콜레라를 심하게 앓기도 했다. 이 내용들은 별도의 진료기록이 아닌 일기에서 살필 수 있다.

육아일기에 별도의 진료기록으로 작성된 내용은 한국으로 가는 여정에서부터 나타난다. 1897년 9월 6일 로제타 홀과 셔우드 홀 그리고 에디스 마가렛 홀은 로제타 홀이 처음으로 한국을 향해 고향을 떠났던 것처럼 다시 극동의 한국을 향해 떠났다. 중간에 아빠 제임스 홀의 고향을 경유하며 아빠의 흔적들을 따라가 보기도 했다. 긴 여정에도 에디스는 건강하게 버텨 주었다. 그러나 10월 6일 밴쿠버에 도착했을 때 에디스는 어릴 적 앓았던 이질로 얼마간 고생을 했다. 에디스의 카타르성 폐렴 진료기록에 따르면 에디스는 10월 6일에서 12일까지 일주일 동안 백일해와 이질을 앓았으며, 11월 7일 한국에 도착하기 직전 심한 배멀미와 코감기로 고생했다.

한국에 도착해서는 바로 고열에 시달리며 폐렴 증세를 보이다가 11월 24일 회복되면서 건강이 좋아졌다. 그러고 나서 가마를 타고 아빠의 무덤에도 다녀왔다. 그렇게 에디스는 1898년 1월 18일 세 번째 생일을 맞을 때까지 행복한 날을 보냈다. 제물포에 머물고 있을 때 한 차례 귓병을 앓은 것 외에는 비교적 건강하게 지냈던 것이다. 그런데 바로 그 생일날 에디스는 홍역에 노출되었다. 에디스는 얼굴과 몸에 붉은 반점을 일으키는 홍역에 시달리며 4주 동안 고생하다 2월 13일경 완치되었다. 에디스에게 치명적인 질병이 찾아온 것은 그 다음이다.

홀 가족은 1898년 4월 29일 해룡호를 타고 서울을 떠나 평양으로 이주했는데, 에디스는 바로 그곳에서 다시 이질에 걸렸다. 5월 1일부터 설사를 하기 시작하면서 배가 아프다며 보채고 음식도 제대로 먹지 못했다. 구토와 피가 섞인 변을 보면서 고열과 함께 고통을 호소하는 상황에서 엄마는 장세척을 하는 등 치료에 전념하였으나, 에디스는 5월 23일 저녁 8시 40분 두 눈을 크게 뜨고 엄마의 눈을 바라보면서 마지막 숨을 내쉬었다. 세 살 에디스 마가렛 홀의 병명은 이질 및 합병증으로 지속된 말라리아열과 부분적 복막염, 그리고 카타르성 기관지염이었다. 에디스가 숨을 거둔 곳은 그래함 리 목사 부부의 사랑채였다. 에디스의 손에는 하얀 민들레가 쥐어져 있었다.

에디스의 장례 절차가 시작되었다. 에디스의 장례예배는 1898년 5월 25일 수요일 그래함 리 목사 집에서 거행되었다. 이때 엄마가 선정한 성경말씀은 에스겔 24장 16-17절, 25-27절이다.

> 인자야 네 눈에 기뻐하는 것을 한 번 쳐서 빼앗으리니 너는 슬퍼하거나 울거나 눈물을 흘리거나 하지 말며 죽은 자들을 위하여 슬퍼하지 말고 조용히 탄식하며 수건으로 머리를 동이고 발에 신을 신고 입술을 가리지 말고 사람이 초상집에서 먹는 음식물을 먹지 말라 하신지라 인자야 내가 그 힘과 그 즐거워하는 영광과 그 눈에 기뻐하는 것과 그 마음에 간절하게 생각하는 자녀를 데려가는 날 곧 그날에 도피한 자가 네게 나와서 네 귀에 그 일을 들려주지 아니하겠느냐 그 날에 네 입이 열려서 도피한 자에게 말하고 다시는 잠잠하지 아니하리라 이같이 너는 그들에게 표징이 되고 그들은 내가 여호와인 줄 알리라

이날 울려 퍼진 찬송은 평소 에디스가 좋아하던 찬송가인 〈예수 사랑하심은〉이다. 엄마는 소중한 딸이 아빠 곁에서 안식하기를 소원했다. 그래함 리 목사가 양철 상자로 공기가 들어가지 않도록 납땜해 주었고, 김창식이 이생에서는 한 번도 보지 못했던 아빠 옆으로 그 사랑하는 아이의 작은 몸을 데려다 주었다. 에디스는 아빠가 그렇게도 자주 다녔던 평양에서 서울까지의 긴 도보여행을 5월 26일 떠나 6월 1일 목적지에 도착했다. 서울에 있는 선교사

가족들이 에디스를 받아 아빠 곁에 묻어 주었다.

　세 번째 장면은 로제타 홀의 독백으로 전개되는 쓸쓸한 장면의 무대라고 할 수 있다. 나중에 생각해 보니 에디스는 엄마처럼 아픈 사람들에게 관심이 많았던 것이 떠올랐다. 에디스가 평소 아픈 사람들, 특히 아픈 어린이들에게 많은 관심이 있었기 때문에 로제타 홀은 장차 에디스가 의사가 되리라 확신하고 있었다. 로제타는 에디스가 남기고 간 금화 2불 12.5센트에 에디스에게 선물을 사주려고 모아 두었던 25불을 보태어 어린 딸을 기념하여 한국 어린이들을 위한 병동을 짓는 데 사용하고자 했다. 그러한 소식을 전해 들은 사촌으로부터 금화 150불 가량의 수표를 받아서 어린이 병동을 지을 수 있는 기반이 마련되었다.

　엄마 로제타와 오빠 셔우드는 서울에 있는 아빠와 에디스의 무덤을 찾았다. 푸른 잔디로 덮인 무덤을 보면서 로제타는 주님이 계획하시는 의와 평강의 열매가 맺히기를 기도했다. 아마도 그 열매는 바로 에디스 마가렛 어린이 병동일 것이다. 에디스 마가렛 어린이 병동 1호실 벽에는 멋진 금색 액자에 담긴 에디스의 초상 그림이 걸려 있었고, 선반 위에는 에디스가 가지고 놀던 장난감들이 있었다. 이렇게 꾸며진 에디스 마가렛 병동에서 에디스의 다섯 번째 생일을 맞아 한국 어린이들과 어머니들을 초대하여 파티를 벌이던 날, 로제타는 이렇게 기록하였다.

> 그림 속에서 에디스가 우리를 내려다보고 있는 가운데 나는 어린이들과 어머니들에게 왜 우리가 이날을 축하하는지, 또 생일 선물이었던 돈에 대해 그리고 어떻게 하나님께서 1년 전 우리의 기도를 들어주셔서 지금 우리가 모인 이 좋은 건물을 주셨는지 이야기해 주었다. (1900년 1월 18일, 화요일 일기에서)

로제타 홀은 일기를 쓰기 전 항상 성경구절을 적었다. 에디스 마가렛 홀에 대한 육아일기의 마지막인 1900년 5월 23일자 일기의 성경구절은 예레미야 31장 15절이다.

> 라마에서 슬퍼하며 통곡하는 소리가 들리니 라헬이 그 자식 때문에 애곡하는 것이라 그가 자식이 없어져서 위로 받기를 거절하는도다

그리고 에드워드 웨스콧의 책에 나오는 구절을 적었다.

> 여러 종류의 서로 다른 슬픔이 있지만 어떻게 보면 모든 슬픔이 비슷한 면이 많은 것 같다. 하지만 아이를 잃은 슬픔만은 특별하다고 생각한다. 어떤 슬픔은 일어나는 일들로 인해 잊히기도 하지만 어떤 슬픔은 일어나는 일들로 인해 계속 기억된다. 아이를 잃은 슬픔이 그런 슬픔이다.

4.

에디스가 떠난 지 2년째 되는 날, 로제타 홀은 에디스가 지금 어떤 모습이 되었을지 상상해 보았다. 길게 자란 머리카락을 휘날리며 예쁘게 변한 얼굴로 키가 큰 소녀의 모습이었다. 많은 사람을 도와주며 한국말을 잘하고 노래 부르기 좋아하는 딸의 모습을 떠올리며 엄마에게 얼마나 큰 위로가 되었을지 상상했다. 엄마는 아무리 일이 고되어도 이 지경으로 탈진하지 않았을 것이라며 어린 딸을 잃은 상실감을 점점 더 감당하기 힘들어진다고 기록했다.

아무리 노력해 보아도 마치 하나님이 그녀의 가장 소중한 것을 빼앗아간

듯하고, 또 이를 통해 과연 하나님이 그녀에게 가르치시고자 하는 교훈이 무엇인지 깨달으려고 애써 보아도, 그것이 무엇인지 처음에는 알 것도 같았지만 시간이 흐를수록 점점 더 모르겠다는 심정을 토로하였다. 때때로 반항적인 감정이 일고 거대한 상실감에 휩쓸려 멀리 가버린 것 같다는 느낌이었다. 하나님이 그녀의 소중한 사람들을 데려가지 않으셨다면 하나님을 더욱 신뢰할 수 있었을 것이라는 마음이었다. 동시에 그녀는 이러한 그녀의 마음을 명백하게 두려워하고 있었다. 틀림없이 무언가가 잘못된 것이었다. 그녀는 기독교인으로서, 그리고 선교사로서 이런 생각이 드는 것을 못마땅해 했다. 그리고 그녀는 결국 치유받기를 거부한 채 그 상처를 안고 살아갈 것을 인정한다.

> 엄마는 엄마의 마음을 진찰해 보려고 했으나 자신의 병을 진단하기는 어렵다. 하지만 한 가지 문제는 이러한 손실이 최선이었다고 느끼고 싶은 곳까지 엄마 자신을 이끌어 오지 못한다는 사실이다. 가끔은 멀리 떨어져서 이 시처럼 느껴보는 것이 아름답다고 생각한다. "주께서 내 보물 창고에서 내 손을 비우셨네 그리고 주의 언약의 사랑을 나타내셨네 내 아픈 마음에는 상처가 없었네 주의 호흡의 향기로 치유되었네" 그러나 아직 엄마는 이러한 상처들이 아물기를 바랄 수 없다. 그것은 마치 사랑하는 사람들을 잊어버리는 것처럼 느껴진다. 너무나 어리석어 보이고 나중에 엄마에게조차도 틀림없이 근시안적으로 보이겠지만 엄마는 그 상처들을 안고 치유받기를 거부하면서 살아간다! (1900년 5월 23일, 수요일 일기에서)

치유할 수 없는 상처임을 그녀는 잘 알고 있었던 것이다. 대신 《로제타 홀 일기 6》마지막에 예레미야서 31장 18절 말씀을 의미심장하게 적어 두었다.

> 주께서 나를 징벌하시매 멍에에 익숙하지 못한 송아지 같은 내가 징벌을 받았나이다 주는 나의 하나님 여호와이시니 나를 이끌어 돌이키소서 그리하시면 내가 돌아오겠나이다

그녀는 자신의 상처가 치유되기를 바라지 않았다. 대신 그 상처를 가슴에 품고도 자신에게 맡겨진 사명을 감당하고자 힘겨운 발걸음을 앞으로 내딛었다. 거기에는 남편이 다하지 못했던 사명과 그녀의 딸이 미처 펼쳐 보지도 못한 꿈들도 함께였을 것이다.

《로제타 홀 일기 6》완간에 즈음하여

김성환(양화진문화원 원장)

1.

　　양화진문화원이 한국기독교선교100주년기념교회의 후원으로 2015년 9월 6일 《로제타 홀 일기 1》을 발간한 이후 꼭 2년 만에 《로제타 홀 일기 6》을 냄으로써 마무리하게 되었습니다. 2016년에 세 권, 올해 두 권을 발행했습니다. 로제타 홀 선교사 유가족이 양화진문화원에 기증한 선교일기 네 권, 육아일기 두 권, 어린 시절 일기 한 권, 두루마리형 편지일기 두 권, 그리고 기도일기(Prayer Calendar) 24권 등 모두 34권 중 네 권의 선교일기와 두 권의 육아일기를 〈로제타 홀 일기〉라는 이름으로 발간한 것입니다.

　　완간에 즈음하여 이처럼 귀한 선조의 유산을 기증해 주신 로제타 홀 선교사의 손녀 필리스 홀 킹 여사와 남편 고 에드워드 킹 박사, 외증손자 클리포드 킹 선생에게 깊이 감사드립니다. 아울러 이 일기가 우리에게 기증될 수 있도록 힘써 주시고, 나아가 선교사의 헌신을 널리 알려야 한다는 사명감으로 6권 전체를 번역해 주신 김현수 박사와 에스더재단 관계자 분들께도 진심에서 우러나오는 감사의 마음을 전하고 싶습니다. 또한 〈로제타 홀 일기〉가 발간될 때마다 한 권 한 권 일기 내용을 꼼꼼히 읽고 분석하여 해제를 써 주신 이용민 박사님, 원본의 이미지를 확실하게 살려 촬영해 주신 남기용 사진작가님, 아름다운 책이 될 수 있도록 수고해 주신 홍성사 여러분, 그리고 번역 원고의 문장을 가다듬어 주신 100주년기념교회 봉사자 여러분과 양화진문화원 가족들에게 깊은 감사의 마음을 전합니다.

2.

이번에 완간된 〈로제타 홀 일기〉 여섯 권 중 네 권의 선교일기는 그녀가 한국에 선교사로 오기 위해 뉴욕 집을 떠난 1890년 8월 21일 시작하여 자신을 뒤따라 한국에 온 윌리엄 홀 선교사가 내한 3년 만에 순직하기 직전까지 기록되어 있습니다. 그리고 두 자녀의 육아일기 중 셔우드 홀 육아일기는 아들이 스스로 일기를 쓸 수 있게 되기까지 10년간 기록했으며, 유복녀로 태어난 딸 에디스 육아일기는 딸이 죽은 후 2년 뒤 딸을 기념하여 에디스기념유아병동을 세울 때까지 기록했습니다. 로제타 홀 선교사는 일기에 수많은 사진과 자료를 첨부했고, 특히 매년 생일에 두 자녀의 머리카락을 붙여 놓았고, 손가락을 실제 크기로 그려 놓는 등 '선교와 자녀양육 기록의 보고'라고 해도 될 만큼 다양한 자료를 풍성하게 수록했습니다.

〈로제타 홀 일기〉는 슬픈 이야기입니다. 선교일기 4권은 남편 윌리엄 홀 선교사의 순직으로 막을 내렸으며, 자녀의 육아일기 두 권 역시 어린 딸 에디스의 죽음으로 끝을 맺습니다. 가장 사랑했던 두 사람의 죽음으로 인한 슬픔은 일기 전체의 분위기를 슬픔으로 압도합니다. 그럼에도 우리는 일기를 통해 로제타 홀의 믿음이 성숙해지는 과정을 만날 수 있고, 한국인들을 향한 그녀의 진심어린 사랑을 볼 수 있습니다. 다양한 자료와 세밀한 설명을 통해 당시의 상황도 엿볼 수 있습니다. 특히 로제타 홀은 날마다 새롭게 다짐하는 선교사로서의 사명, 새삼 깨닫는 하나님의 섭리와 사랑을 성경과 시를 통해 우리에게 전하고 있습니다.

한국으로 가기 위해 집을 떠나는 날과 다음날 일기에 로제타는 "너희 안에 이 마음을 품으라. 곧 그리스도 예수의 마음이니"(빌 2:5), "자기를 낮추시고 죽기까지 복종하셨으니 곧 십자가에 죽으심이라"(빌 2:8)는 성경구절을 맨 앞에 적었습니다. 마치 미지의 나라로 떠나는 자신의 마음을 다잡으려는 듯이! 제물포항에 도착한 1890년 10월 13일 일기는 "여호와의 눈은 그 경외하는 자 곧 그 인자하심을 바라는 자를 살피사"(시 33:18)라는 성경구절과 "모든 걱정과 염려를 주님께 내려놓습니다. 선택은 당신의 것이옵고 우리의 본분은 행하며 견디는 것입니다"라는 자신의 기도로 시작하고 있습니다.

한국인 환자들을 대할 때마다 다짐했을 법한 "무슨 일을 하든지 마음을 다하여 주께 하듯 하고 사람에게 하듯 하지 말라"(골 3:23)는 말씀은 1890년 10월 17일 일기에 기록되어 있고, 남편 윌리엄 홀이 한국 선교사로 발령받게 되었다는 소식을 들은 날(1891년 7월 20일) 일기에는 "포기하지 않으면 때가 이르매 거두리라"(갈 6:9)는 말씀이 적혀 있습니다. 이는 약혼자였던 윌리엄 홀 선교사가 한국으로 올 수 있도록 포기하지 않고 기도했던 자신의 마음의 표현입니다. 결혼 후 남편과 북한산에서 야영을 하며 사랑을 나누던 날(1893년 7월 26일) 일기에는 "무엇보다도 뜨겁게 서로 사랑할지니"(벤전 4:8)라는 성경과 "인생의 최대 행복은 사랑받고 있다는 확신이다. 내가 나이기에 사랑받는 것, 아니 내가 나임에도 사랑받는다는 확신이다"라는 프랑스 작가 빅토르 위고의 글을 함께 적었습니다.

셔우드가 태어난 1893년 11월 10일 일기에는 "이제 당신 말씀대로 되기를 원하나이다. 이 아이를 어떻게 기르며 우리가 그에게 어떻게 행하리이까"(삿 13:12), "그의 평생을 여호와께 드리나이다"(삼상 1:28), 에디스가 태어난 날(1895년 1월 18일) 일기에는 "주는 고아를 도우시는 이시니이다"(시

10:14)라는 말씀을 적었고, 남편 순직 후 처음 쓴 셔우드 육아일기(1894년 12월 10일)와 에디스와 영원히 이별하던 날(1898년 5월 25일)에는 "인자야 내가 네 눈에서 기뻐하는 것을 한 번 쳐서 빼앗으리니 너는 슬퍼하거나 울거나 눈물을 흘리거나 하지 말며"(겔 24:16)라고 기록했습니다. 유복자로 태어난 에디스의 육아일기에는 유독 '고아와 과부'에 관한 성경구절이 자주 등장하여 당시 그녀의 속마음을 느끼게 해줍니다.

양화진외국인선교사묘원에 있는 홀 선교사 가족묘의 합동 비석에는 "사나 죽으나 우리가 주의 것이로다"(롬 14:8)라는 비문이 적혀 있습니다. 이 성경구절은 에디스 육아일기 1895년 8월 18일자에도 있습니다. 항상 주님께 모든 것을 맡기고 선교 사역과 자녀 양육에 헌신한 로제타의 마음이 고스란히 전해 오는 듯합니다.

3.

오늘날 한국 교회를 비판하는 소리가 높음에도 불구하고 이를 부정하기 어려운 현실에 마음이 아픕니다. 마침 올해는 마르틴 루터가 종교개혁의 깃발을 치켜든 지 500주년이 되는 해입니다. 이제 이 땅에 처음 복음이 들어오던 시기, 고국에서 맘껏 자유롭고 풍요롭게 살 수 있었음에도 알지도 보지도 못했던 미지의 하나님의 자녀들에게 복음을 전하기 위해 바다를 건너 온 선교사들의 헌신과 사랑, 그리고 믿음을 회복해야 할 때입니다. 선교사들과 더불어 진리를 찾고, 드디어 복음을 만나 자신의 생명까지 던진 수많은 믿음의 선배들의 눈물을 기억해야 할 때입니다.

양화진외국인선교사묘원에는 90명의 선교사를 비롯해 모두 145명의 선교사와 그 가족이 묻혀 있습니다. 그들의 믿음과 헌신이 연합하여 이룩한 한국 교회는 이제 그들을 다시 생각해야 할 것입니다. 비록 작은 흔적에 불과한 일이지만, 양화진문화원이 로제타 홀 선교사의 육필일기 6권을 세상에 번역해 내놓는 것도 한국 교회 초창기의 순수했던 신앙과 열정을 다시금 되살리는 작은 불씨가 되기를 바라는 작은 소망이 있기 때문입니다. 작은 씨앗 한 톨이 땅에 떨어져야 아름다운 꽃과 무성한 열매가 맺히듯이 우리의 작은 몸부림이 나락으로 떨어지고 있는 한국 교회의 부활과 회생의 징조가 되기를 소망합니다.

감사의 말

　　무엇보다 먼저 〈로제타 홀 일기〉 출판 프로젝트가 실현될 수 있도록 오랜 시간 동안 사랑으로 최선을 다해 헌신 노력해 주신 김현수 박사와 에스더 재단, 그리고 한국 양화진문화원의 모든 분께 모든 홀 가족과 우리 부모님을 대신하여 진심으로 감사의 말씀을 드립니다.

　　우리 부모님이신 에드워드 킹 박사와 필리스 홀 킹께서 생애 마지막 과제로 추진한 것은 한국에서 의료선교사로 헌신하신 할머니, 로제타 홀 선교사의 이야기가 한국인들과 세계인들에게 널리 공유되는 것이었습니다. 이를 위해 우리 가족은 로제타 홀 선교사가 남긴 일기를 양화진문화원에 기증하였고, 이후 모든 과정은 성령의 인도하심과 여러분들의 헌신 덕분에 한국어로 번역 출판되기에 이르렀습니다. 우리는 한국인들을 위해 헌신하신 할머니의 이야기를 출간된 책을 통해 볼 수 있게 되어 너무 기쁩니다.

　　한국인 여러분은 항상 자신들의 역사를 존중하는 모습을 보여 주셨고, 홀 가족에 대해서도 존경과 사랑을 아끼지 않았습니다. 저희도 같은 사랑을 여

러분께 나누어 드립니다. 〈로제타 홀 일기〉를 읽는 모든 분들께 구세주 예
수님을 향한 로제타 홀의 사랑어린 믿음과 헌신의 이야기를 통해 하나님의
은혜가 넘쳐 흐르고, 여러분도 그녀와 같이 주님을 섬길 수 있게 되기를 진
심으로 기도합니다.

클리포드 킹
마샤 (킹) 에버렛
로리 (킹) 스키퍼
에드워드 박사와 필리스 (홀) 킹의 자녀이며
셔우드 홀 박사와 매리언 홀 박사의 손주,
윌리엄 홀과 로제타 홀의 증손

미리 써두신 하나님의 사랑 편지

1.

　2015년 초, 저는 양화진문화원에 기증하기로 한 로제타 홀 선교사 유품 중에서 필히 제가 직접 가지고 한국에 가야 할 것이 있다는 부탁을 받고 버지니아 주 맥클린으로 갔습니다. 그리고 새해 벽두 사흘을 로제타 홀의 손녀 필리스 홀 여사와 그녀의 남편 에드워드 킹 박사와 함께 보냈습니다. 우리는 로제타 홀의 일기 여섯 권을 함께 읽으며 출판에 대한 소망을 나누었습니다. 사실 1890년 처음 기록되어 근 120여 년 동안 가보처럼 간직하고 있던 일기를 선뜻 내놓는다는 것은 쉬운 일이 아니었습니다. 그러나 방광암 말기 진단을 받은 에드워드 킹 박사는 로제타 홀의 이야기가 박물관에 갇혀 있지 않고 세상에 알려지기를 바랬고, 많은 이들이 그녀의 삶을 통해 하나님의 사랑을 이해하고 미리 예비해 두신 축복을 받기를 소망했습니다. 이를 위해 에드워드 킹 박사는 제게 일기의 복제, 번역, 출판하는 일에 힘을 써줄 것을 당부했습니다. 그리고 그날 바로 그 자리에서 저는 로제타 홀의 손글씨 일기를 활자화하기 시작했고, 전문가들을 찾아서 일기 복사본을 만들기 시작했습니다.

에드워드 킹 박사는 두 번째 일기를 정리한 《셔우드 홀 육아일기 2》 복사본과 활자화(영어)된 책을 병석에서 받아 보고 매우 기뻐하셨습니다. 얼마 후 제3권이 그의 집에 도착했을 때는 이미 혼수상태였지만, 앞으로 나올 로제타 홀 일기를 이미 다 보신 듯 편안한 마음으로 2015년 3월 24일 소천하셨습니다. 그리고 그해 부활절 후 4월 18일, 맥클린에 있는 트리니티 연합감리교회에서 아름다운 장례예배가 있었습니다.

그때까지만 해도 저는 〈로제타 홀 일기〉를 한국어로 출판하는 일이 얼마나 큰 일이고, 또 어떻게 진행될지 전혀 알 수 없었습니다. 그리고 그녀의 일기가 주는 의미도 진정으로 이해하지 못하고 있었습니다. 단지 일기 원본 여섯 권과 육필 영어를 활자로 옮겨 다시 만든 일기를 양화진문화원에 기증하면 내가 할 일은 끝난다고 생각했습니다. 이 일기를 한국어로 번역해서 출판하는 일은 그 분야 전문가들의 몫이라고 생각했기 때문입니다. 그때도 이 일이 사람의 일이 아니라 하나님의 일임은 분명히 깨달았지만 나머지는 누군가가 대신 완성해 주리라고 생각했던 것입니다.

2.

서울 양화진문화원을 방문하여 육필일기 여섯 권과 사진 등 로제타 홀의 유품을 전달하고 집으로 돌아오는 길에 로제타의 일기가 나를 위해 100년 전에 써두신 이야기라는 깨달음이 찾아왔습니다. 100년 전, 로제타가 이 일기들을 쓸 때는 결코 출판을 생각하지 않았을 것입니다. 그리고 이 일기들을 보존해 온 그녀의 후손들도 가족의 유품으로만 여겼을 뿐, 세상에 내놓을 생각은 전혀 하지 않았습니다. 그런데 지금 하나님께서는 알을 깨고 그녀의 일기를 세상에 내놓도록 하셨습니다. 그러나 그때까지도 저는 제가 왜 이 자리에 있어야 하는지 전혀 깨닫지 못했습니다.

로제타 홀과 저는 정확히 100살 차이가 있습니다. 제가 스물다섯에 그녀의 일기를 읽었더라면 더 큰 도움이 되었을 것입니다. 애리조나 황야에 이식된 들풀 같던 내게 제대로 뿌리 내릴 수 있는 자양분이 되었을 것입니다. 당시 저는 이민 1.5세로서 새로운 삶을 개척해 가야 했으며, 이를 위한 본보기를 애타게 찾고 있었습니다. 그러나 좀체 찾을 수 없었고 수많은 시행착오를 거듭하며 스스로 길을 터득해야 했습니다. 그리고 하나님께 부끄럼 없이 정말 열심히 살았다고 스스로 자부하고 있었습니다. 그런데 어느 날, 꼼짝달싹 할 수 없는 뒤주에 갇혀 있는 제 모습을 발견했습니다. 지금까지 내힘으로 풀지 못한 문제들이 없다고 생각했는데, 이제는 내 힘으로 할 수 있는 것이 아무것도 없었습니다. 이때 제 앞에 펼쳐진 것이 바로 로제타 홀의 일기였습니다. 그리하여 저는 25년이나 늦게 하나님이 써주신 사랑의 편지를 읽게 되었습니다.

처음에는 그녀가 의사라는 직업을 가진 당시의 '신여성'으로 그 시대를 어떻게 살아 냈을까 하는 것에 가장 관심이 컸습니다. 지금 제가 빠져 있는 궁지에서 건져 줄 어떤 해답을 얻고 싶었기 때문입니다. 그러나 아쉽게도 로제타 홀 역시 스스로 헤어날 수 없는 궁지에서 "내게서 가장 소중한 것을 빼앗은 하나님이 내게 가르치시려는 교훈이란 도대체 무엇인가?" 하는 물음으로 일기를 끝맺고 말았습니다. 그리고는 다음 세대를 살아갈 여성들에게 물려줄 지혜는 고사하고 신경쇠약으로 요양원에 들어가 버렸습니다. "역사를 알지 못하는 자는 그것을 되풀이할 수밖에 없다"(he who does not know history is doomed to repeat it)는 선인들의 가르침을 기억하면서 로제타 홀의 삶에 비친 역사를 솔직하게 탐구하여 올바로 이해하고 싶었는데 정말 안타까웠습니다.

3.

하나님은 참으로 오묘하십니다. 자격이 없는 제게 번역 일까지 맡기시면서 "그래서 어쩌라고요?" 하며 감아 버린 제 눈을 다시 열어 주셨습니다. 로제타 홀의 이야기는 아직 끝나지 않은 것입니다. 하나님의 이야기도, 나의 이야기도, 아니 그 누구의 이야기도 아직 끝나지 않은 것입니다. 이 일에 부르심을 받아 로제타 홀의 숨결이 느껴지는 손글씨를 옮기는 은총을 입었음에도, 그녀의 일기에 쓰인 영어 알파벳을 한 자 한 자 타이핑하면서 하나님의 사랑이 마음에 새겨졌음에도, 저는 아직도 우둔하고 눈먼 장님이었던 것입니다. 행여 한 자라도 놓칠까봐, 잘못 적을까봐 불의 촉수를 높이고 확대경을 들이댔지만 윤곽만 보고 있었습니다.

과거에서 무엇을 볼 수 있는가는 지금 내가 무엇을 볼 수 있는가에 달려 있습니다. 로제타 홀의 일기를 읽는 눈이 '몸의 눈'에 머물러서는 안 되겠기에 하나님께서는 번역 작업을 통해 저의 '믿음의 눈'을 열어 주셨습니다. 로제타 홀의 영혼이 스며든 내용을 우리글로 번역하면서 고난을 통한 그녀의 영적 승화를 볼 수 있게 해주셨습니다. 제 힘과 노력으로는 불가능하기에 성령의 불을 밝혀 주셨고, 어린 양의 확대경을 들어주셔서 어떻게 해야 제가 이해할 수 없는 하나님의 방법에 반항하는 마음을 극복하고 은혜에 들어갈 수 있는지 보여 주셨습니다. 로제타 홀도 결국에는 "그저 모든 감정을 예수님께 맡기고 절대적으로 그분을 신뢰해야 한다"는 것을 깨달았고, 또 하나님께서 그리 해주시기를 간절히 구했습니다. 하나님은 그녀의 겸손을 귀히 여기시고 그 기도에 응답해 주셨습니다. 그리하여 로제타 홀 자신도 남편과 딸처럼 '여호와께서 보시기에 귀중한 죽음'(시 116:15)을 맞이하고 영광의 문에 들어가는 축복을 받은 것입니다. 하나님께서 미리 써두신 사랑의 편지는 너무나 경이롭고 감미로웠습니다.

4.

　로제타의 이야기가 무엇을, 그리고 누구를 변화시킬 수 있는지 로제타 홀 자신은 몰랐을지라도 하나님은 아셨습니다. 우리에게도 이런 이야기들이 필요합니다. 빵보다 더 갈급합니다. 하지만 감추어진 이야기는 삶을 풍요롭게 할 수 없으며, 쪼개지지 않으면 아무리 맛난 빵이라도 나눌 수 없듯이 아무리 작고 상처투성이인 삶일지라도 우리는 나누어야 합니다. 어떻게 고난이 인내를, 인내가 연단을, 연단이 소망을 이루었는지(롬 5:3-4) 남겨주어야 합니다. 오늘을 사는 우리에게 로제타 홀의 이야기가 도전을 주었다면, 지금 우리 이야기도 후대에 엄청난 영향을 주게 될 것입니다. 아무리 과학이 발달하여 인간이 유전인자를 편집한다고 해도 출생에서 죽음까지의 삶의 여정에서 한 영혼이 갈구하여 찾고 구원받아 성숙하여 거룩함에 이르는 이 순례는 반복될 것이기 때문입니다. 만일 우리 이야기가 하나님의 구속사에 쓰임 받을 수 있다면 얼마나 큰 복일까요?

　전체적으로 로제타 홀 일기 여섯 권은 가슴 아리고 눈시울을 적시는 슬픈 내용입니다. 햇살이 깃든 행복한 순간들도 있었지만 남편 윌리엄 홀의 죽음과 어린 딸 에디스 마가렛 홀의 죽음은 전체 분위기를 압도합니다. 하지만 우리는 이 두 사람의 순교적 죽음을 통해 맺은 열매를 볼 수 있습니다. 그리고 그들의 영적 승리를 깨달을 수 있습니다. 로제타 홀의 이야기를 통해 하나님께서 사랑하시는 이들에게 어떻게 역사하시는지, 참으로 복된 삶이란 어떤 것인지 볼 수 있습니다. 죽음과 고통조차도 탄생과 희락처럼 우리에게 주어진 조건이며 하나님의 주권 아래 있음을 알 수 있습니다. 그러므로 우리는 어떻게 해야 참 기쁨과 자유와 평안을 누리며, 이 참 생명의 비밀을 세세토록 전할 수 있는지 지혜 주시기를 사모해야 할 것입니다.

5.

어리석고 낮은 자를 들어 사용하시는 하나님의 은혜는 실로 놀라웠습니다. 지난 3년 동안 한 걸음 한 걸음 인도해 주신 주님의 역사에 감격하지 않을 수 없습니다. 내게 일어난 영적 변화는 물론이거니와 이 일을 통해 합력하여 선을 이루는 참기쁨을 주셨습니다. 로제타 홀의 이야기를 통해 나를 가르치시고 치유하시고 참생명을 소유한 자에게 준비된 천국을 맛보게 해주신 하나님의 신실하심과 오래 참으심에 감사와 찬양을 드립니다. 로제타 홀 일기를 읽는 모든 분께도 그녀의 일기가 하나님께서 미리 써두신 사랑의 편지가 되어 자신의 삶을 깊이 성찰하고 영혼이 새로워지는 축복이 임하기를 간절히 바랍니다. 그래서 더욱 더 하나님을 사랑하고 내게 맡겨진 일에 충성하며 가정과 사회를 품고 온 세계와 모든 족속을 위해 헌신할 수 있으면 좋겠습니다. 이것이 우리가 후손에게 물려줄 수 있는 가장 값진 이야기가 되리라고 생각합니다.

이 대장정을 끝마치게 된 것은 어느 한 사람만의 노력으로 이루어진 것이 아닙니다. 양화진문화원의 여러분께서 번역원고를 검토해 주시고 모든 진행과정을 꼼꼼히 챙겨 주셨으며, 에스더재단의 강현희 이사님과 문선희 이사님도 밤낮으로 함께 수고해 주셨습니다. 무엇보다 홍성사의 여러분께서 하나님께 올려드린다는 정성으로 디자인과 편집을 잘 해주셨기에 아름다운 열매를 맺을 수 있었습니다. 아름답게 사진을 찍어 주신 남기용 선생님과 예리한 눈으로 일기의 해설을 맡아 주신 이용민 박사님 역시 로제타 홀 일기 전체를 더욱 더 빛나게 해주셨습니다. 또한 한국기독교선교100주년기념교회는 이 책이 곳곳에 배포되어 보다 많은 사람들이 이 책을 읽고 축복받을 수 있도록 지원해 주셨습니다. 이 모든 분이 자신의 자리에서 헌신해 주셨기에 가능한 일이라고 생각합니다. 동참해 주신 모든 분께 깊이 감사드리며, 헌신한 그 모든 수고를 하나님께서 은총으로 갚아 주시리라 믿습니다. 아울러 로제타 홀의 계보를 파악하는 데 도움을 주신 프랭크 P. 셔우드 교수님께도 감사드리며, 지극히 개인적이지만, 가장 깊은 신앙적 고뇌가 담긴 이야기를 우리에게 남겨 주신 로제타 홀 선교사님과 그녀의 일기를 보존하여 우리에게 나누어 주신 홀 가 후손들께 감사드립니다.

2017년 8월 15일
콜로라도 스프링스에서
김현수

옮긴이

김현수 *Hyunsue Kim*

경북 문경에서 태어나 열세 살 때 미국으로 이주했다. 애리조나 의과대학을 졸업했으며, 미국 하버-UCLA 메디컬센터에서 내과 전공의, 하버-UCLA 메디컬센터와 에머리 의과대학에서 혈액학·종양학 전임의와 인디애나 주 그레이터 라파예트 종양학 연구소 주치의를 역임했다. 현재 콜로라도 스프링스 로키마운틴 암센터에서 일하고 있다.

의료선교사의 소망을 가지고 기회가 주어질 때마다 전 세계를 찾아 의료봉사 활동을 펼치고 있으며, 평양에 의과대학을 세우는 일에 동참하고 있다. 미국 생활 중 알게 된 선교사 후손들과 교류하면서 그들이 보관하고 있는 선교 자료들이 유실되는 현실을 개선하기 위해 2010년 에스더재단을 설립했다.

문선희 *Sunhee Song Moon*

연세대학교에서 역사학과 신학을 공부했으며, 연세대 대학원에서 교회사를 전공하여 신학석사(Th. M.) 및 신학박사(Ph. D.) 학위를 받았다. 신학석사 과정을 마친 후 미국 캘리포니아 주 산호세로 이주하였고, 2000년부터 한인 2세를 비롯해 미국에서 생활하는 이민자들을 위해 설립된 코너스톤교회(Conerstone Church of Silicon Valley)에서 교육봉사자로 섬기는 한편 번역가로 활동하고 있다. 2010년부터 에스더재단 이사로 참여하여 한국 교회 초창기에 파송된 미국 출신 선교사들의 기록을 우리글로 옮기는 일에 헌신하고 있다. 옮긴 책으로 《로마서 주석》(공역, 로고스 출판사), 《켈트 성인들 이야기》(공역, 기독교문서선교회), 《헤럴드 램의 칭기스칸》(코리아닷컴) 등이 있다.

해설

이용민 *Yongmin Lee*

연세대학교 대학원에서 한국교회사 연구로 신학박사 학위를 받았다. 내한 선교사들의 한국에서의 활동과 본국 교단 선교부와의 관계에 관심을 두고 연구하고 있다. 현재 한국기독교역사학회 총무이사 및 아시아기독교사학회 총무이사로 섬기고 있다.

에스더재단 Esther Foundation

교육과 자선을 목적으로 미 연방 세법에 의해 비영리 법인단
체로 승인받아 2010년 4월 설립되었다. 한국 최초의 여의사
박 에스더를 기리는 마음에서 '에스더재단'이라고 이름 지었
다. 에스더재단은 초창기 내한 선교사들이 남긴 선교 자료들
을 발굴하여 책으로 발간, 번역, 출판, 배포하는 일을 중점적
으로 추진하고 있다. 이와 함께 치유를 통해 복음을 전하는 선
교 사업도 세계 곳곳에서 펼치고 있다.

–

양화진문화원 Yanghwajin Institute

양화진외국인선교사묘원에 안장된 선교사 및 한국 기독교
역사에 대한 자료 수집과 연구를 수행 · 지원하고, 교회와 사
회를 잇는 소통의 도구가 되기 위해 한국기독교선교100주
년기념교회에 의해 2005년 설립되었다. 전택부 유품 기증을
계기로 양화진문화원 내에 양화진기록관Yanghwajin Ar-
chives을 설립 · 운영하고 있으며, 초기 선교사들의 기록물
도 보존 관리하고 있다.

로제타 홀 일기 6
Diary of Rosetta S. Hall VI

2017. 11. 9. 초판 1쇄 인쇄
2017. 11. 20. 초판 1쇄 발행

지은이 로제타 홀
옮긴이 김현수 · 문선희
엮은이 양화진문화원
펴낸이 정애주
국효숙 김기민 김의연 김준표 김진원 박세정
송승호 오민택 오형탁 윤진숙 임승철 임진아
정성혜 차길환 최선경 한미영 허은
펴낸곳 주식회사 홍성사
등록번호 제1-499호 1977. 8. 1.
주소 (04084) 서울시 마포구 양화진4길 3
전화 02) 333-5161
팩스 02) 333-5165
홈페이지 www.hsbooks.com
이메일 hsbooks@hsbooks.com
페이스북 facebook.com/hongsungsa
양화진책방 02) 333-5163

ⓒ 에스더재단 Esther Foundation · 양화진문화원 Yanghwajin Institute, 2017

• 잘못된 책은 바꿔 드립니다.
• 책값은 뒤표지에 있습니다.

ISBN 978-89-365-1265-1 (93230)
ISBN 978-89-365-0543-1 (세트)